중국의 역사

중국의 역사

키시모토 미오 지음

권용철 옮김

차 례

　이 책은 일본 방송대학의 교과목인 '중국사회의 역사적 전개'
의 교재를 만드는 것을 목적으로 집필된 중국사 개설서이다.

　일본의 역사를 검토할 때에 중국과의 관계가 틀림없이 중요하
다는 사실은 말할 것도 없을 것이다. 일본은 중국을 중심으로 한
동아시아 문화권의 일부로서 한자·불교·유교·율령 등의 제도와
문화를 받아들여 국가로서의 모습을 만들어 왔다. 일본의 문화
중에는 중국에서 유래한 것이 많아 일본인에게 있어서 중국은 옛
날부터 가장 친숙한 국가였다고 말할 수 있을 것이다.

　한편으로 중국 사회와 일본 사회와의 사이에는 크게 다른 특징
도 있다. 또한 19세기 후반부터 20세기 전반에 걸쳐 일본과 중국
사이의 전쟁, 일본의 대륙 침략이 초래했던 참화(慘禍)는 지금에
이르기까지 양국 사이의 갈등이 되고 있어서 활발한 경제적, 문
화적 교류의 이면에서 잦은 대립과 불신(不信)의 원인으로 문제

가 되고 있다. '이웃 국가'라고 해도 중국 사회의 상태, 중국인들의 사고방식을 이해하는 것은 그렇게 간단한 일이 아니다. 그러나 중국 사회에 관심을 가지고 중국인들의 사고방식을 알기 위해 노력하는 것은 21세기의 일본이 근처 여러 국가와의 사이에서 우호적인 관계를 유지하고 안정적인 발전을 지속해 가는 것에 있어서 반드시 필요한 일이라고 할 수 있을 것이다.

중국 사회를 알기 위한 하나의 방법은 그것을 역사적인 시야 속에 넣어서 바라보는 것이다. 중국의 역사를 검토할 때에 예전에는 중국의 역사가 똑같은 왕조 교체의 반복이어서 발전이 없다고 보는 견해를 가진 사람들도 있었다. 또 한편에서는 중국의 역사도 유럽과 똑같은 발전을 해 왔을 것이라고 생각하고 유럽의 모델을 기준으로 삼아서 중국의 역사 발전을 이해하려는 시도도 이루어졌다. 그러나 이 두 관점 모두 균형있는 견해라고는 말할 수 없을 것이다. 중국 사회는 다른 지역과의 활발한 교류를 행하면서도 유럽, 일본과는 크게 다른 독자적인 과정으로 역동적인 역사적 전개를 보여주었다. 이 책은 그 과정에 대해서 되도록 이해하기 쉽고 간명하게 서술하고자 한 것이다.

이 책에서 유의했던 점이 몇 가지 있다. 첫 번째, '중국'을 고립적으로 다루는 것이 아니라 주변 여러 지역과의 관계를 중시했다는 것이다. 도대체 '중국'이란 무엇인가를 검토해 보았을 때에 중국 그 자체가 다양한 문화가 교류하는 복잡한 과정 속에서 만들어져 왔던 것이라는 생각에 이르게 된다. 주변 여러 국가들이 중국의 영향을 받았다고 하는 것 뿐만 아니라 중국 자체가 주변 여러 지역과의 대립, 문화적 융합을 통해 형성되어 왔던 것이다. 19세기 후반 이후 동아시아의 여러 국가들은 구미(歐美)를 중심으로 하는 근대적 국가체제 속에 편입되어 자립과 발전을 목표로 삼았고, 국가의식의 강화를 위해 노력했다. 그러나 이로 인해 역사학에서는 국가와 민족의 결속이 과도하게 강조된 결과 근대적인 민족주의가 과거의 역사에 몰지각하게 투영되었고, 국가의 구조에 꼭 들어맞지 않는 문화와 경제 교류의 복잡한 양상이 사상(捨象)되곤 하는 경향이 없었다고는 할 수 없다. 10여 년 동안 역사학에서는 근대적인 국가 구조에 사로잡혔던 견해를 반성하고 근대 이전 동아시아 여러 지역의 다양한 통합이라는 관점을 다양한 각도에서 고찰하고자 노력해 왔다. 이 책도 그러한 입장에 유의하여 '중국' 역사의 흐름을 유연한 시점으로 묘사하는 것을 목표로 삼았다.

두 번째, 중국 사회의 특질과 역사적 변화와의 관계이다. 중국 사회의 특질이라고 해도 그것이 아예 변화를 보이지 않는 고정적인 것은 아니다. 그러나 한편으로 왕조의 교체, 시대적인 변화를 통해서 존속하는 중국 사회의 특질이라고도 할 수 있는 것이 존재하는 것도 사실이다. 각 장마다 시대적인 흐름을 추적해 가는 이 책과 같은 서술 방식에서는 그러한 장기지속적인 특징은 누락

되기가 쉽기 때문에 이 책에서는 여기저기에서 의식적으로 그러한 중국 사회의 특징에 다가가기 위해서 노력했다. 특히 각 장에 배치된 '초점(焦點)'의 칼럼 중 몇 군데에서는 유교와 '가'(家)의 문제 등 중국 사회의 특징과 관계된 중요한 문제를 장기적인 관점에서 개략적으로 설명하고자 했다.

세 번째, 각 장에 '사료' 항목을 배치하여 독자들께 2페이지 정도의 사료를 읽어보실 수 있게 한 것이다. 역사를 배우는 즐거움은 단순히 지식을 얻는 것에만 있지 않고, 사료를 통해 당시 사람들의 목소리에 접근한다는 것에도 있다. 물론, 일본어로 번역을 한 것이기 때문에 당시 사람들의 목소리 그대로라고 할 수는 없겠지만 어느 정도로는 분위기를 느끼실 수 있지 않을까? 똑같은 사료에서도 다양한 착안점, 다양한 해독 방식이 있어서 같은 사료로부터 다른 결론이 도출되는 것도 역사학계에서는 종종 있는 일이다. 저자의 해설 이외에도 흥미가 깊은 논점이 발견될 수도 있기 때문에 독자 여러분들께서는 사료를 건너뛰지 말고 차분히 읽어주시기를 바란다.

이 책을 집필할 때에는 이전에 방송대학의 교재로 쓰였던 시바 요시노부(斯波義信), 하마구치 노부코(浜口允子)의 『중국의 역사와 사회』(1998년) 및 하마구치 노부코, 키시모토 미오의 『동아시아 속의 중국사』(2003년)에서 약간의 도판 그리고 연표를 옮겨와서 활용하였다. 그리고 후자의 키시모토 미오가 집필한 부분과는 문장이 겹치는 것도 있다. 이 점을 독자들께 양해를 구함과 동시에 관계자 분들께는 사례를 드리고 싶다. 이해를 돕기 위해 표, 그래프, 지도, 연표, 사진 등을 첨부하였으므로 이들을 십분 활용해 주신다면 다행이겠다. 또한 책의 끝에는 입수하기 쉬운 것들을 중심으로 일부이기는 하지만 참고문헌을 덧붙였다. 이 참고문헌들을 자료로 삼아 중국사의 더욱 풍부한 재미를 스스로 탐구해 보시기를 권하고 싶다.

그리고 끝으로 편집에 있어서 엄청난 노력을 들이신 방송대학교육진흥회의 이노우에 아키라(井上朗) 씨에게 이 자리를 빌려 큰 감사의 말씀을 드리고자 한다.

2007년 1월

저자

1장
'중국'이란 무엇인가?

　현대 중국은 광대한 영토 속에 다양한 자연조건의 지역과 여러 민족들을 포함하고 있다. 그러한 다양성에도 불구하고, 왜 중국은 하나의 국가로서 통합되어 있는 것일까? 중국의 역사를 배우기에 앞서 먼저 '중국'이라고 하는 말의 의미에서부터 생각해 보자.

'중국' 안의 다양성

　'중국'이라는 단어를 들었을 때에 우리들은 먼저 유라시아 대륙의 동부에 넓게 펼쳐진 중화인민공화국 영토의 지도를 떠올리게 될 것이다. 현재 중화인민공화국은 러시아, 캐나다에 이어 세계에서 세 번째로 넓은 영토를 가지고 있고, 960만㎢에 달하는 그 면적은 일본의 대략 25배이다. 광대한 화북 평원에서부터 서남쪽의 히말라야 산맥까지, 그리고 동남쪽의 습윤한 몬순지대에서부터 동북쪽의 아한대(亞寒帶), 서북쪽의 사막지대까지 중국은 그 영토 안에 다양한 지형과 기후를 가진 여러 지역을 포함하고 있다.

그곳에서 생활하는 중국인의 인구는 대략 12억 9,600만 명(2004년)이다.[1] 1970년대 말 이후로 엄격하게 시행된 한 자녀 정책[2] 때문에 2035년 전후에는 인구 수 세계 1위의 자리를 인도에게 넘겨줄 것으로 예측되고 있지만, 현재 세계 총인구(2004년 현재 63억 8,900만 명)의 1/5 정도를 점하고 있으니 인구가 정말 많은 국가이다.

다만 13억에 가까운 인구의 분포를 보면, 커다란 지역 차이가 있다. 중국사의 주된 무대를 형성해 왔던 것은 서남부의 고원에서부터 동쪽으로 흘러가는 두 개의 큰 강, 즉 황하(黃河)와 장강(長江) 유역이다. 두 강 모두 그 흐름의 원천은 티베트에 가까운 청해(青海) 지방인데, 황하는 북쪽으로 향해서 북방의 황토지대를 크게 굽이친 이후에 동쪽을 향해 흘러내려가고 화북 평원을 통과해 바다로 흘러들어간다. 한편, 장강은 비교적 산이 많은 남

---

1 【역주】 중국의 인구 조사에 따르면, 2021년 현재의 중국 인구는 대략 14억 1천만 명에 달한다.

2 1949년에 중화인민공화국이 성립된 이래 중국에서는 사망률이 저하함과 동시에 인구가 급증하면서 1979년까지 30년 동안 대략 1.8배의 인구가 불어났다. 식량생산이 인구 증가를 따라가지 못하고 인구 과잉의 문제가 심각해지는 와중에 중국 정부는 1979년에 엄격한 출생 제한 정책으로 전환하여 자녀가 1명인 가정을 우대하는 한편, 무계획적인 출산에는 벌금을 부과하는 등 인구 억제에 힘썼다.

부에서 동쪽을 향해 흐르고 유역에는 비옥한 평야를 만들면서 현재의 상해 부근에서 바다로 흘러들어간다.

현재에도 중국 인구의 대부분은 이 두 개의 큰 강 유역(그리고 광동의 주강珠江 유역)에 집중되어 있다고 말해도 좋다. 이것은 중국이 두 개의 큰 강을 각각의 중심으로 삼아 북과 남, 두 개의 부분으로 나누어지기 쉽다는 것을 뜻하기도 한다. 역사적으로 보면, 황하와 장강의 중간을 동서로 흐르는 회하(淮河) 유역은 여러 차례 남북이 분열되었을 때의 경계가 되었다. 농업의 측면에서 보아도 옛날부터 회하 부근이 북부의 밭농사 중심 지역과 남부의 벼농사 중심 지역을 구분하는 경계이다. 그래서 밀과 잡곡을 주식으로 삼는 북부와 벼를 주식으로 삼는 남부라고 할 정도로 식생활에서도 차이가 존재했다. 장강 하류 유역과 복건, 광동 지방에서는 지금도 북방과는 크게 다른 방언이 사용되고 있다. 이러한 남북 두 지역의 연결을 어떻게 유지하는가는 역대 왕조들에게 있어서 중대한 과제였고, 황하 유역과 장강 유역을 남북으로 잇는 대운하[3]는 그러한 노력의 대표적인 표현이라고 할 수 있다.

이 두 개의 큰 강 유역에 있는 농경지대를 둘러싸고 있는, 몽골국에 인접한 북부와 타림분지 및 티베트 고원 등 서부 지역에는

---

3 수 제국 시대(581 ~ 618)에 만들어졌고, 현재의 항주(杭州)에서부터 북경 부근까지를 남북으로 연결했다(97쪽 참조).

대략 1㎢에 10명도 채우지 못할 정도로 인구밀도가 낮은 지역이 펼쳐져 있다. 내몽골 일대는 강수량이 적은 한랭한 초원지대이고, 또한 타림분지의 태반은 타클라마칸 사막이 차지하고 있다. 그리고 티베트는 평균 해발고도가 4,000m를 넘는 '세계의 지붕'이라고 불리는 지역이다. 엄혹한 자연조건 아래에 있는 이들 지역은 역사상 유목, 오아시스 농업을 생업으로 삼는 여러 집단의 생활 무대가 되었다.

중화인민공화국의 민족 분류법에 따르면, 중화인민공화국에는 약 92%(2000년 조사)[4]라고 하는 압도적 다수를 점하는 한족(漢族) 외에 55개의 소수민족[5]이 거주한다고 여겨진다. 중화인민공화국은 그러한 여러 민족들로 구성된 다민족국가이고, 그 중에서도 북부에서부터 서부에 걸친 주변부에는 몽골족, 위구르족, 티베트족 등의 소수민족이 많이 거주하고 있고 내몽골자치구, 신강위구르자치구, 티베트자치구 등 성급(省級) 자치구가 설립되어 있다.

4　【역주】최근 중국의 인구조사에서도 한족은 여전히 인구의 90 ~ 91%를 점유하고 있다.

5　무엇을 가지고 민족을 구별할 것인가는 어려운 문제이지만, 중국에서는 언어와 풍속, 종교 등의 차이에 따라 민족을 구별하고 있다. 그 결과 현재에는 55개의 소수민족이 식별되고 있다. 소수민족 중에서 수가 가장 많은 장족(壯族, 광서를 중심으로 거주)은 1600만 명 이상의 인구를 가지고 있지만, 인구수가 1천 명 정도로 적은 민족도 있다.

'중국이란 무엇인가'를 생각할 때에 잊으면 안 되는 것은 중국의 풍토와 거기에 거주하는 사람들의 다양성이다. 이러한 다양성을 가진 지역과 인간 집단이 어떻게 '중국'의 일부라고 생각하게 되었을까? '중국사'를 배울 때에 우리는 종종 옛날부터 '중국'이라고 하는 국가가 있었고 같은 문화를 공유하는 '중국인'이라고 하는 명확한 집단이 있었던 것이라고 생각하는 경향이 있다. 그러나 '중국'이라고 하는 조직은 아주 오랜 옛날부터 현재와 같은 형태로 존재했던 것이 아니고, 다양한 문화와 생업을 가진 동아시아의 여러 집단의 교섭 속에서 장구한 역사를 거쳐 형성되어왔다는 것에 유의할 필요가 있다.

'중국' 관념의 형성

'중국'이라는 단어는 언제쯤부터 사용되었던 것일까? 기원전 10세기부터 기원전 8세기 경 주(周) 왕조 시대의 가요를 모아 놓은 것이라고 알려진 『시경(詩經)』[6]의 시 중에는 이미 '이 중국을 베풀어 사방을 편안하게 하자'라고 말하는 구절이 보인다. 같은 시에는 또한 '이 경사(京師, 수도를 일컫는 것)를 베풀어 사국(四國)을 편안하게 하자'라고도 언급하고 있는데 여기에서 말하는

---

6 중국에서 가장 오래된 가요집이다. 훗날에는 유학의 경전 중 하나로 여겨졌는데, 이는 여러 시들에 악정(惡政)을 비판하고 풍속을 개선하는 작용이 있다고 하는 사고방식에서 기인한 것이었다.

'중국'이란 오늘날 우리들이 생각하는 것과 같은 광대한 영역을 가진 '중국'이 아니고 수도 혹은 그 주변의 협소한 지역을 가리키는 것이라고 할 수 있을 것이다. 실제로 춘추시대(春秋時代)[7]까지의 초기 국가는 성벽으로 둘러싸인 도시를 중심으로 협소한 지역을 지배하는 도시국가와 그 연합체에 불과했던 것이다. 점재(點在)하는 도시 사이에는 국가의 통제가 미치지 않는 이민족들이 거주하는 황야가 펼쳐져 있었다.

그러나 그 후에 전국시대(戰國時代)[8]를 거쳐 농지의 개발이 진척되고, 광범한 영역을 면(面)으로 지배하는 국가가 탄생하게 된다. 그리고 전국시대의 여러 국가들 간의 교류 속에서 의식주 등 풍속과 의례를 공유하는 여러 국가가 동서남북의 '이적(夷狄)'과 대비되어 스스로를 '중국'으로 의식하게 되는 것이다. '덕으로써 중국을 회유하고, 형벌로써 사이(四夷)를 제압한다(『춘추좌씨전』[9])' 혹은 '중국을 다스려 사이를 안무하자(『맹자』[10])'와 같이 전국시대의 문헌에는 '중국'을 상위에 두고 '사이'와 대비시키는 용

---

7   기원전 770 ~ 기원전 403(46쪽 참조).

8   기원전 403 ~ 기원전 221(47쪽 참조).

9   『춘추(春秋)』는 제후의 하나였던 노(魯)나라의 연대기로, 유학의 시조인 공자가 편찬했다고 알려져 있다. 이 책에서 다루고 있는 시대를 훗날에 춘추시대라고 부르게 되었다. 『춘추좌씨전(春秋左氏傳)』은 기원전 4세기 후반부터 기원전 3세기가 시작될 때 즈음에 만들어진 『춘추』의 주석서이다.

10   기원전 4세기 후반부터 기원전 3세기가 시작될 때 즈음에 활약한 유가의 사상가인 맹자의 언행을 기록한 책이다.

법이 자주 등장한다.

전국시대 초기에 '중국'이라고 불리는 범위는 은(殷), 주 등 초기 왕조의 중심지에 가까운 황하 중류 유역의 여러 국가들에 한정되었고, 장강 남쪽의 여러 국가들(초楚, 오吳, 월越)과 서방의 진(秦) 등은 '융적(戎翟)', '만이(蠻夷)' 등으로 불리며 '중국' 속에 편입되지 않았다. 그러나 점차 그러한 국가들도 '중국' 속에 편입되어 가면서 스스로를 '중국'의 일부로 의식하게 된다. 그리고 진에 의한 통일을 거쳐 한 제국 시대가 되면, 통일왕조가 직접 지배하는 영역이 대체로 '중국'과 겹쳐지고, 그 이외의 영역과 대비시키는 용법이 정착하게 된다. '흉노(匈奴)는 항상 중국의 근심이다', '천하에 명산이 8개 있는데, 세 개는 만이에 있고 다섯 개는 중국에 있다(모두 『사기』[11]에서 인용)'라고 하는 언급은 그러한 용법의 예라고 할 수 있을 것이다.

'중국'과 '천하'

여기에서 주목하고 싶은 것은 '중국'이란 본래 국가의 이름이 아니라 복수의 국가들을 포함하는 광범한 문명권을 지칭하는 말이었다는 점이다. '중국(화하華夏, 중화中華 등으로도 표현된다)' 이라는 말은 이후에도 황제가 다스리는 시대를 거치면서 계속 활

---

11 한 제국 시대 사람인 사마천(司馬遷)의 저술이다(27, 29쪽 참조).

용되는데, 그것은 '세계의 중심에 있는 (우리들의) 영역'이라는 막연한 의미를 가진 것이었다.

'천하'의 중심에는 고도의 문명을 보유한 '중국'이 있고, 그 주변에는 아직 문명의 은혜를 받지 못한 '이적'이 거주하고 있다. 덕이 높은 군주가 출현하면, '이적'도 점차 감화되는 방향으로 나아가 '중국'에 종속되고 '중국'의 영역은 한계 없이 확장되어 갈 것이다. 이러한 전통적인 세계상은 오늘날 '화이사상(華夷思想)', '중화사상(中華思想)' 등으로 불리고 있다. 자주 비판을 받는 것처럼, 여기에는 확실하게 중국을 최고로 여기고 이적을 멸시하는 의식이 포함되어 있다.

그러나 이것이 반드시 이적에 대한 배외적 차별을 표현하는 것으로만 제한된 것은 아니었다. 당 제국 시대의 한유(韓愈)[12]는 '공자가 춘추를 저술했을 때에 제후로서 이적의 예를 사용한 자는 이적으로 여겼고, 중국에 들어온 자는 중국으로 여겼다'라고 서술하고 있는데, 중국 문화를 받아들인 사람이라면 출신을 불문하고 누구라도 '중국' 안에 포함시키려고 하는 포용성도 '중국' 관념의 한 특색이라고 볼 수 있다.

오늘날 우리들의 상식적인 세계상에서는 고유한 문화를 가진 민족이 각각의 국가를 만들고, 명확한 경계를 이용해 공존하며

12　768 ~ 824. 고문(古文)의 부흥을 제창했던 학자이다.

그 경계 안에서 각각의 국가는 다른 국가의 간섭을 받지 않고 주권을 행사한다는 것이 당연한 일이라고 생각할 수 있을 것이다. 이러한 '국민국가', '주권국가'의 사고방식은 16·17세기 이후 유럽에서 점차 성장해 왔던 것이고, 19세기 이후 구미의 세계진출과 함께 세계에 퍼져 나갔던 것이다. 구미의 지배에 대항했던 아시아, 아프리카의 민족운동도 또한 이러한 구미에서 기원한 국가관에 근거하는 것이었다.

이러한 '주권국가', '국민국가'의 세계상과 중국의 전통적인 '화이사상'의 세계상을 비교해 보면, 다음과 같은 차이점을 지적할 수 있을 것이다. 첫 번째, 각각의 고유한 문화를 가진 다양한 국가들이 경쟁한다고 하는 '국민국가'의 세계상과는 달리 '화이사상'에서는 천하의 중심은 단일하고, 그 중심에 주변이 복속하는 것이 당연한 태도라고 생각한다. 두 번째, '주권국가'의 세계상에서는 국가가 영토라고 하는 관점에서도, 국민이라고 하는 관점에서도 확실한 경계를 가지고, 그 내부에서는 배타적인 관할권을 가지는 것에 반해 '화이사상'의 경우에는 국가의 경계가 명확하지 않고 덕이 높은 군주를 중심으로 주변부에 점차 감화가 미치게 된다는 이미지로 세계를 파악하고 있다.

'중국'이란 이상과 같은 화이사상의 세계상 속에서 '이적'에 대비되는, 문명도가 높은 중심부를 막연하게 가리키는 말로 사용되었다. 황제가 지배하는 시대의 '중국' 사람들에게 있어서 '국가

[초점] 중국 문화란?

'중국인'의 기준이 혈통보다도 문화의 수용에 있다고 한다면, 그 중국 문화란 어떠한 것일까? 시대에 따라서도 달라지겠지만, 크게 보면 예의풍속의 측면과 언어문자의 측면 두 가지를 언급할 수 있을 것이다.

예의풍속에 대해 살펴보면, 공자가 『논어』에서 '피발좌임'(被髮左衽, 머리를 풀어헤치고 옷깃을 왼쪽으로 여미는 것)이라는 말로 이적(夷狄)을 표현하고 있는 것과 같이 복장과 머리 스타일이 먼저 눈에 띄기 쉬운 지표(指標)이다. 그리고 존비(尊卑)와 장유(長幼)의 순서 및 남녀의 구별을 지키고 조상에 대한 제사를 행하는 것과 같은 가족 도덕도 '중국인다움'의 중요한 요소이다. 중국 사람들의 관점에서는 세대 간의 질서와 남녀의 구별을 엄격히 지키지 않는 주변 민족의 풍속은 '예'를 모르는 야만성이 드러나는 것으로 간주되었다.

한편, 한어(漢語)를 말하고 한자를 사용하고 한문을 쓰는 능력도 '중국인이라는 것'에 크게 관련되어 있다. 물론, 광범한 중국에서는 서로 말이 통하지 않을 정도로 다양한 방언이 존재했고 또한 일반 서민의 대다수는 한자를 읽고 쓰지 못했다. 그러나 올바른 한어를 존중하고, 한문을 쓰는 사람을 존경한다는 의미에서는 그들도 중국 문화 속에 있었다고 할 수 있다.

현재 동남아시아를 중심으로 세계 각지에 거주하는 중국인 이민의 자손들 중에서는 거주국의 국적을 취득하고 또한 중국어를 말하지 못하는 사람들도 늘어나고 있지만, 그러한 사람들 속에서도 조상 제사, 가족 관념에 근거한 '화인(華人)'의 아이덴티티는 강하게 존속되고 있다. 한편, 중국의 국적을 지닌 '중국인' 중에서도 언어, 풍속 등의 측면에서 '중국'과는 다른 문화적 전통을 유지하는 소수민족 사람들이 있다. 국적과 문화적 아이덴티티는 반드시 겹쳐지는 것은 아니기 때문에 '중국인', '중국 문화'라는 말을 사용할 때에는 그러한 점에 유의할 필요가 있다.

중국에서의 조상 제사 『청속기문(淸俗紀聞)』에서 인용. 『청속기문』은 18세기 말에 일본의 나가사키(長崎)에서 제작된 중국 풍속 도감(圖鑑)이다.

의 이름(국호)'은 '한', '당' 등 왕조의 이름이었고, '중국'이 이름
은 아니었다. 이외의 지역 사람들도 이 지역을 '중국' 혹은 그것
을 어원(語源)으로 하는 말로 부르는 경우는 별로 없었고, 가끔씩
접촉했던 왕조의 이름에서 유래한 말로 부르는 것이 보통이었다.
'진'에서 유래한 것으로 여겨지는 '친' 계열의 호칭(한문으로 번
역된 불교 경전[13] 속의 '지나(支那)', 영어의 차이나, 프랑스어의
신 등), '거란(契丹)'에서 유래한 '키타이' 계열의 호칭(러시아
어의 키타이 등), 일본에서 사용했던 '당(唐)' 등이 그러한 것들
이다.

근대 민족주의와 '중국' 관념

'중국'이라는 말이 확실히 국가의 이름으로 사용되었던 것은
근대 민족주의가 중국에 영향을 끼쳤던 19세기 이후의 일이다.
청 제국 말기의 개혁사상가인 량치차오(梁啓超)는 자국의 역사
를 어떻게 부를 것인가라는 문제에 관해서 여러 가지 호칭을 고
려한 결과 '중국사'라는 명칭을 제안하였다([사료] 참조).

황하 문명 이래 유라시아 대륙의 동부를 무대로 전개되어 왔던
역사를 '중국사'라고 부르는 것은 우리들에게 있어서는 당연한

---

13 인도에서 만들어졌던 불교는 기원후 1세기 경 중국에 전파되었고, 4세기 이후에
   는 불교 경전을 한문으로 번역하는 것이 활발하게 이루어져 사회 일반으로 퍼져
   나갔다.

일이지만, '중국사'라는 호칭은 고작 100년 정도 이전에 사용되기 시작했다는 것을 알 수 있다.

여기에서 량치차오가 채용했던 '중국사'라는 말에는 몇 가지 주장이 들어가 있는 것이라고 할 수 있다. 첫 번째는 '일본', '프랑스' 등과 나란히 세계 여러 국가들 중 하나로서 중국을 파악한다는 주장이다. '화이사상'에서 '중국'은 천하의 유일한 중심이었고, 그렇기 때문에 특별히 다른 것과 구별되는 이름을 붙일 필요가 없었지만 량치차오의 시대에는 '민족이 각각의 국가를 존경하는 것은 현재 세계에서 널리 통하는 정의'라고 생각하게 되었던 것이다. 두 번째, 국가의 본체(本體)는 왕조가 아니라 국민이라고 하는 사고방식이다. 한·당과 같은 왕조는 황제 일가(一家, 한은 유씨이고 당은 이씨이다)의 소유물에 불과하고, 왕조의 교체를 넘어 연속되는 국민국가를 표현하기에는 어울리지 않기 때문에 '중국'이라는 단어가 선택된 것이다.

량치차오를 필두로 하는 근대 중국의 민족주의자들의 과제는 중국을 엄혹한 국제적 경쟁 속에서 승리하여 살아남을 수 있을 정도의 강력한 국가로 만드는 것이었다. 이를 위해서는 훌륭한 군주를 중심으로 덕화(德化)가 주변에 영향을 끼친다고 하는 전통적인 세계관에서 벗어나서 명확한 구조를 가진 '중국'의 형상을 만들어 내는 것과 동시에 이를 뒷받침하는 기개(氣槪)를 지니고 단결하는 '국민'을 형성하는 것이 필요했다. 1912년에 성립된 중화민국도, 1949년에 성립된 중화인민공화국도 경제적, 제도적인 국가 건설뿐만 아니라 그러한 정신적 국가통합의 과제를 물려받았던 것이라 할 수 있다.

중국에만 한정되지 않고 일본도 포함된 근대 여러 국가들에게 있어서 역사학은 이러한 정신적 국가 통합의 과제와 결부되어 발전해 왔다. 우리들의 역사인식은 이러한 근대의 지적 행위가 만든 결과로서 형성되어 있다. 다만 그 시기에 중시되었던 근대적 국가 구조를 무조건 과거에 투영하여 역사를 보게 되면, 그때에는 예상하지 못한 왜곡이 발생할지도 모른다. 이 점을 계속 유의하면서 이제 '중국'의 역사적 과정을 돌아보고자 한다.

[사료] 량치차오*, '중국사서론(中國史敍論)', 1901년(『음빙실문집飲 氷室文集』6)

역사란 세상의 과거 사실을 기술하는 것이다. 그러나 세계의 학술은 나날이 발전하니 근대 역사가의 본분은 과거 역사가와는 다르다. 과거의 역사가는 과거의 사실을 기술할 뿐이지만, 근대의 역사가는 그러한 사실 사이의 관계와 원인 및 결과를 설명하지 않으면 안 된다. 과거의 역사가는 소수 권력자의 흥망성쇠를 기술할 뿐이어서 역사라고 해도 한 사람, 한 가문의 가계(家系)를 기록하는 것에 불과하지만, 근대의 역사가는 반드시 사회 전체의 운동, 진보와 모든 국민의 경험 및 그 상호 관계를 고찰하지 않으면 안 된다. 이러한 점에서 말하면, 중국에는 아직 역사서가 전혀 없다고 해도 과언이 아닐 것이다. …… 우리들이 가장 부끄러워하며 견딜 수 없는 것은 우리 국가에 국명(國名)이 없다는 것이다. 일반적인 호칭으로는 제하(諸夏)·한인(漢人)·당인(唐人) 등으로 부르지만 모두 왕조의 이름이다. 외국인이 부르는 명칭으로는 진단(震旦)**·지나(支那) 등이 있지만 모두 우리들이 스스로 이름을 붙인 것이 아니다. 하·한·당 등을 써서 우리가 역사를 명명하는 것은 국민을 존중한다는 방침에 어긋난다. 진단·지나 등을 써서 우리가 역사를 명명하면, 이름은 주인을 따른다고 하는 공리(公理)에 어긋난다. 중국·중화라는 명칭은 자만의 경향이 있다는 비판을 받을 지도 모르겠다. 그러나 한 집안의 소유물에 불과한 왕조의 명칭으로 우리 국민을 모독할 수는 없고, 외국인이 경솔하게 부르는 명칭을 우리 국민에게 강제로 쓰게 하는 것도 더욱 있을 수 없는 일이다. 세 가지 모두 결점이 있는 가운데 부득이하게 우리들이 평소 사용하고 있는 말을 채용하여 '중국사'로 부르고자 한다. 이것은 다소 거만한 말투일지도 모르지만, 민족이 각자의 국가를 존경하는 것은 현재 세계에서 널리 통하는 정의이고 우리 동포가 이름과 실질의 관계를 깊이 통찰하게 해 준다면 그것도 정신을 북돋우는 하나의 길이 될 것이다.

량치차오

* 량치차오(梁啓超, 1873~1929): 광동성 출신의 학자, 정치가, 저널리스트. 캉유웨이(康有爲)와 함께 청대 말기 개혁운동인 무술변법(戊戌變法)에 참여했지만, 보수파의 쿠데타가 일어나자 일본으로 망명하여 『청의보(淸議報)』, 『신민총보(新民叢報)』 등의 잡지를 간행해 일본에서 흡수했던 새로운 사상과 새로운 학문을 보급하는 것에 힘썼다. 그의 문장은 평이하면서도 명석하여 당시 중국의 젊은 지식인들에게 압도적인 영향을 주었다(11장 참조). 역사학 방면에서도 중국의 전통적인 역사학을 비판하면서 '사학혁명(史學革命)', '신사학(新史學)'의 필요성을 제창하였고, 개인의 행위나 왕조의 성쇠가 아닌 사회 전체의 진화를 명확히 밝혀야 한다고 주장했다.

** 진단: 인도에서 중국을 지칭할 때 사용했던 시니스탄(신(秦)을 지칭)의 땅이라는 뜻)이라는 말을 한자로 표기한 것이다.

2장
중국 초기왕조의 형성

2장에서는 중국에서 문명이 발생한 것부터 은·주 등 초기왕조
가 성립되기까지를 다룬다. 이 시대에 관한 연구는 20세기 초 이
래 고고학적인 발견에 의해서 비약적으로 진전되었고 중국 각지
의 신석기문명이 지닌 특징, 초기왕조의 실상이 명확하게 밝혀지
고 있다. 이러한 고고학·역사학의 움직임에도 주의하면서 이 시
대의 역사를 개관한다.

중국 역사의 기원

전한(前漢) 시대의 역사가 사마천(司馬遷)[1]이 저술한 『사기(史

---

1 기원전 145(기원전 135년이라고 하는 주장도 있다)~기원전 87년경. 한 무제 시
대의 사람이다. 기록을 담당하는 관료의 집안에서 태어났고, 부친이 사망한 이후
궁중의 도서와 자신의 견문에 근거하여 『사기』를 저술했다. 『사기』는 군주의 사적
을 연대순으로 기록한 '본기', 대신과 유명한 인물의 전기인 '열전(列傳)'을 조합한
형태로 서술되었고, 이러한 역사 기술 형식을 '기전체(紀傳體)'라고 한다. '기전체'
는 그 후 중국의 역사 기술에 있어 정통 스타일이 되었다.

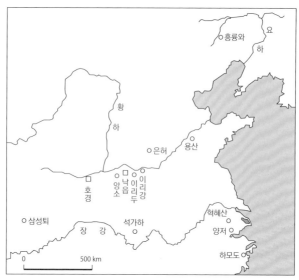

중국의 고고유적

▲ 도철(饕餮) 무늬가 새겨
진 은의 청동기

위에 있는 청동기의 일부를
확대한 것이다. ▶

▲ 은 왕조와 거의 같은 시대
의 것으로 간주되는 사천성
의 삼성퇴 유적에서는 튀어
나온 눈과 큰 귀를 가진 가면
등을 특징으로 삼는 청동기
가 다수 출토되고 있다.

記)』는 당시의 시점에서 본 '세계통사'라고 할 수 있는데, 여기에서 역사의 기원을 다음과 같이 서술하고 있다. 우선 '오제본기(五帝本紀)'에서는 황제(黃帝)를 시작으로 전설상에 존재하는 5명의 제왕(황제, 전욱顓頊, 제곡帝嚳, 요堯, 순舜)의 사적이 기록되어 있고, 이어서 순으로부터 천자의 자리를 물려받은 우(禹)가 건국했다고 알려진 하(夏) 왕조('하본기'), 폭군에 의해 국가가 어지러워졌던 하 왕조를 대신해 천하를 지배했던 은(殷) 왕조('은본기'), 똑같이 폭정에 의해 어지러워진 은을 멸망시킨 주(周) 왕조('주본기') 삼대(三代)[2] 제왕들의 통치가 기록되었다. 그리고 주가 분열의 상태에 빠진 춘추·전국의 동란 속에서 세력을 확대한 후 천하를 통일한 진(秦)나라의 역사('진본기')가 서술되어 있다. 이렇게 태고의 역사는 분열시대를 포함하고 있음에도 천하를 지배하는 왕조가 차례대로 순서를 이어받는 것처럼 마치 하나의 선으로 구성되어 있는 것이다. 황제가 통치하는 시대의 중국인들에게 있어서 『사기』의 기술은 고대사 인식의 기초를 이루는 것이었다.

역사의 기원에 대해서는 어디까지가 전설이고, 어디까지가 실제 역사인지 그 경계가 애매하지만 주 왕조 시대의 역사에 대해서는 왕조의 실재(實在)를 보여주는 청동기 등의 유물이 본래 풍

---

2 훗날 유교의 역사관 속에서 하, 은, 주(이를 통칭하여 '삼대'라고 한다)의 전성기는 훌륭한 통치가 이루어졌던 시대로서 이상화되었고, 개혁의 모델로 여겨지는 경우가 많았다.

부해서 송나라 시대 즈음부터 많은 학자들이 청동기의 명문(銘文)을 수집하는 등의 작업을 행해 왔다. 이에 반해 은 왕조 역사의 실상은 황제 통치 시대에는 여전히 망막(茫漠)한 상태였다. 19세기 말, 중국의 어느 학자가 한방 약재로 활용되고 있었던 짐승의 뼈 위에 기록되어 있던 문자와 『사기』 '은본기'와의 관련성을 우연히 깨달았던 것에서부터 갑골문자(甲骨文字)[3]의 해독이 진행되면서 은 왕조의 실재가 확실해졌다. 그리고 1928년부터 시작되었던 하남성(河南省) 안양시(安陽市)의 은허(殷墟) 발굴로 인해 은 왕조 후기의 대규모 궁전과 왕의 무덤, 대량의 청동기 및 옥기가 발견되었다.[4]

은허 발굴의 시작과 거의 비슷한 시기에 황하 유역에서는 중국 문명의 기원을 찾는 고고학적인 조사가 진행되었다. 스웨덴 학자에 의해서 하남성 앙소(仰韶)에서 채문토기(彩文土器)가 발견되었고, 중국 학자에 의해서 산동성(山東省) 용산(龍山)에서 흑도(黑陶)가 발견되는 등 중요한 발견이 잇달아 이루어졌다. 출토된 지층의 상하 순서에 근거하여 앙소문화로부터 용산문화가 성립되었다는 것도 명확해졌다. 그리고 중화인민공화국 성립 이후에는 은허보다 앞선 시기인 초기왕조의 유적을 찾는 발굴이 진행되

---

3 은 왕조에서 점을 칠 때에 사용했던 문자이다(37쪽 참조).
4 은허는 종래에 은 후기의 도성으로 여겨져 왔는데, 성벽이 발견되지 않았기 때문에 왕의 도성은 아니고 묘지(墓地)와 제사의 장소였다는 학설도 힘을 얻고 있다.

어 은허 이전인 은 왕조 전기의 도성으로 여겨지는 이리강(二里岡) 유적 및 중국의 많은 학자들이 하 왕조의 도성으로 간주하고 있는 이리두(二里頭) 유적(모두 하남성에 위치)이 발견되었다. 황하 유역에서 신석기문화가 발생했던 것에서부터 『사기』에 기록된 초기왕조가 성립할 때까지의 과정이 점차 해명되어 왔던 것이다.

중국 문명의 다원성

이렇게 황하 유역을 중심으로 한 고고학적 발굴 조사는 1920년대 이래 눈부신 발전을 이룩하였는데, 1970년대 즈음부터 중국의 고고학은 큰 전환점을 맞이하기 시작했다. 그것은 중국 문명의 발생을 둘러싼 '일원론'에서 '다원론'으로의 전환이라고 할 수 있다.

황하 유역에 초점을 두고 있었던 연구에서는 중국 문명이 황하 유역에서 발생했고, 그것이 주변으로 전파되어 나갔다는 견해가 유력하였다. 황하 유역 이외의 신석기문화는 황하 문명의 영향을 받아 성립된 후진적 문화라고 보는 경향이 있었던 것이다. 이것은 초기왕조의 기반이었던 '중원(中原, 황하 중류 유역인 현재 하남성과 그 주변 지역)'을 중심으로 역사의 기원을 서술했던 『사기』의 역사관과도 통하는 것으로 일원적인 관점이었다고 할 수 있다.

이에 반해 1970년대부터 급속하게 진행된 중국 각지에서의 발굴조사를 통해 각지의 신석기문화가 반드시 황하 유역의 영향을 받아서 발생했던 것은 아니고, 각 지역에서 독자적으로 발달했다는 것이 명확해졌다. 각지의 신석기문화들은 그 이후 왕조 형성으로 이어지지 못했기 때문에 역사서에 나타나지 않았던 것이지만, 같은 시기 황하 문명보다 열등하지 않은 수준을 가지고 있었던 것이다. 현재는 중국의 신석기문화에 몇 가지 상이한 계통이 있었다고 하는 다원론이 주류를 차지하고 있다. 예를 들면, 장강의 중류와 하류 유역을 중심으로 한 동남 계통, 중원을 중심으로 하는 화북 계통, 요하(遼河) 유역을 중심으로 하는 동북 계통의 삼대계통론(三大系統論)[5] 등이 있다.

농경의 확실한 증거가 나타나는 것은 기원전 6000년경인데, 황하 중류 유역에서는 조·기장·콩 등의 잡곡재배가 이루어졌고 장강 하류 유역에서는 수전(水田) 벼농사가 시작되었으며 수렵채집과 농경 및 돼지 등 가축 사육을 조합한 생업 형태가 받아들여지게 되었다. 기원전 5000년경에는 황하·장강 유역에서 모두 직경 100~200m 정도의 해자로 주위를 둘러싼 수백 명 규모의 집락(集落)이 출현했다. 요하 유역에서는 농경의 발생이 늦지만, 기원전 6000년경부터 황하·장강 유역의 유적에 뒤처지지 않는 대규모 집락이 확인되고 풍요로운 자연환경 아래에서 사슴·멧돼

---

5 중국의 고고학자인 엄문명(嚴文明)의 학설이다.

지·민물고기·호두 등의 수렵채집에 의존하는 부유한 생활을 영위했다고 알려져 있다.

이들 여러 문화의 교류가 점차 밀접해지면서 기원전 3000년경에는 공통의 문화요소를 가진 광역의 교류권이 형성되었다. 녹로(轆轤)[6]를 사용한 얇은 흑도가 황하 유역에서부터 장강 유역에 이르는 넓은 지역에 분포하고 있다는 것은 여러 문화의 상호작용이 긴밀하게 이루어졌음을 보여주는 하나의 예이다.

성벽으로 둘러싸여 있고 깊은 해자를 보유하면서 면적이 수십 헥타르에 달하는 대형 성곽 집락이 각지에 출현하는 것도 이 시기의 특색이다. 집락의 대규모화가 이루어진 배경에는 농경기술의 발전에 따른 인구의 증대와 함께 집락 사이의 교류가 밀접해진 것이 있었음을 언급할 수 있다. 교류가 밀접해졌다는 것은 문화의 전파뿐만 아니라 어떤 측면에서는 집락 간의 다툼을 야기한다. 기원전 3000년대의 유적에서는 화살촉이 박혀 있거나 석기로 베어진 흔적이 있는 전사자로 보이는 사람의 뼈가 출토되기도 한다. 집락 간의 다툼 속에서 스스로를 지키기 위해서는 다수의 사람들과 공동작업을 통해 대규모 성곽을 건설하는 것이 필요하다. 대량의 옥기가 매장되어 있었던 거대한 묘는 그러한 공사 및 전

---

6 【역주】녹로는 둥근 모양의 그릇이나 도자기를 만들 때 쓰는 회전 원반을 가리키는 것이다.

쟁을 지도하는 수장의 무덤으로 여겨진다. 용산문화가 최초로 발견되었던 산동성의 성자애(城子崖) 유적은 그러한 대규모 집락의 예인데, 화북은 물론이고 호북성의 석가하(石家河) 유적 등 장강 중류 유역에서도 거대한 성곽 집락을 중심으로 반경 100㎞에 달하는 주변의 여러 집락을 통합한 집락연합의 예가 확인된다. 중국의 초기왕조는 그러한 집락연합으로서 성립된 것이었다.

초기왕조의 형성

기원전 3000년대 후반에 장강 중류와 하류 유역의 여러 문화는 쇠퇴했고, 황하 중류 유역에서 용산문화를 이어 등장했던 이리두문화와 이리강문화의 영향력이 그 공백을 메우는 형태로 확대되어 갔다. 앞서 서술한 것처럼, 이리두와 이리강 유적은 중국의 초기왕조인 하와 은의 도성이라고 여겨지고 있다. 왜 이 지역이 초기왕조의 중심지가 되었는지의 이유로서는 이 지역이 '중원'이라고 불리는 중국 대륙의 동서·남북 교통의 결절점으로 지역 간 교류의 중심지였다는 점을 생각해볼 수 있다.

이리두 유적에서는 기원전 2000년경에 만들어졌던 궁전으로 보이는 큰 건축물의 흔적이 발굴됨과 동시에 청동기·옥기 등 의례용 기물(器物)이 출토되었고, 이에 대규모의 복잡한 정치조직이 존재했음을 추정할 수 있다. 『사기』 등의 문헌에 보이는 하 왕조와 이 유적을 연결시키는 학자도 많지만, 이 유적이 하 왕조의 궁전임을 입증하는 결정적인 증거는 지금도 나오지 않았다.

『사기』 등 중국 문헌에 등장하는 초기왕조 중에서 그 존재가 확증된 최초의 왕조는 은 왕조이다. 은허에서 출토된 갑골문에 보이는 왕의 이름(무정武丁, 조갑祖甲, 무을武乙[7] 등)은 『사기』에 기록된 은 왕조 왕들의 계보와 거의 일

갑골문자

치하고 있기 때문에 은허가 은 왕조 후기의 유적이라는 점이 증명되었던 것이다. 그리고 이후에 발견된 이리강 유적에서 출토된 토기의 조성(組成)과 형식이 은허의 토기와 같은 계통이었기 때문에 현재는 이리강문화에 속한 정주(鄭州)의 상성(商城)이 기원전 1700년경에 건국된 은 왕조 초기의 도성이라고 추정되

---

7 은 왕조 왕의 이름에는 갑, 을, 병, 정, 무, 기, 경, 신, 임, 계 10간의 글자가 들어있고, 이 글자들은 또한 날짜를 표시하기 위해서도 사용되었다. 마츠마루 미치오(松丸道雄)의 주장에 따르면, 이는 당시 '10개의 태양'의 신화에 따른 것이다. 즉 태양이 10개가 있고 각각 갑, 을 등의 이름을 가지고 있어 하나하나가 순조롭게 나오면 10일 동안에 한 번 순환하게 되고, 그래서 10개로 분할되었던 은의 왕족 조직 각각이 하나의 태양의 후예였다고 믿고 있었다. 요컨대, 갑의 태양이 나오는 날에 갑이라고 이름을 붙이고 갑의 태양의 자손인 일족의 왕의 이름에는 갑이라는 글자를 붙이며 갑이라는 이름의 선조는 갑의 날짜에 제사를 지냈던 것이다.

고 있다.

은 왕조의 특색을 먼저 그 정치조직의 측면에서 살펴보자. 은 왕조 후기에 그 지배의 영향력은 은허를 중심으로 동쪽으로는 산동, 남쪽으로는 장강에 이르는 반경 600km 정도의 지역에 이르렀다고 여겨지고 있다. 그러나 은 왕조가 직접 통치를 했던 곳은 도성 주변의 극히 제한적인 지역에 불과하다. 은의 지배체제는 '읍(邑, 성벽을 가진 도시)'[8]의 연합체라고 볼 수 있다. 대읍(大邑)을 중심으로 많은 소읍(小邑)을 종속시킨 유력한 씨족이 왕의 휘하에 연합하고, 왕은 중요한 곳에 군사거점을 설치하여 감시를 행함과 동시에 종교적인 의례를 통해 이들 씨족에 대한 지배를 유지했다. 왕족은 10개의 지파로 나뉘었고, 그들 지파 중에서 교대로 왕과 왕비가 선출되었다. 이러한 통치 방식은 훗날 중국 정치체제의 기본이 되는 세습적 군주에 의한 중앙집권적인 통치체제와는 크게 다른 것이다.

은 왕조의 또 다른 특색 중 하나는 종교적인 성격이 강하다는 점이다. 은 왕조에서는 조상에 대한 제사를 정중하게 행했던 이외에 '제(帝)'·'상제(上帝)' 등으로 불린 최고신을 숭배하고 있었다. 갑골문은 거북이의 배딱지나 소의 견갑골에 구멍을 내어 불

---

8   도시를 중국어로는 '성(城)', '성시(城市)'라고 하는데, 중국의 도시는 성벽으로 둘러싸인 것이 일반적이었다. 현재 중국의 도시 대부분에 성벽이 없는 것은 20세기부터 교통에 방해가 되는 성벽을 없앴기 때문에 생긴 결과이다.

에 그을렸을 때에 생기는 균열로 신의 뜻을 점쳤던 기록인데, 그 대부분은 날씨, 농작물의 작황, 전쟁의 승패 등에 관한 '제'의 의사를 물어보는 것이었다. 은 왕조의 종교적 성격을 보여주는 것으로는 이외에 청동기 주조기술의 발달이 있다. 은 왕조의 청동기는 정교하면서도 괴이한 문양이 두드러지는데, 거대한 것은 수백kg에 달하는 것도 있다. 이러한 청동기들에는 술·음식물을 넣는 그릇이 많은데, 모두 제사에 사용되는 것이었다. 특별히 도철문(饕餮紋)이라고 알려진 괴수 얼굴 문양을 새긴 것이 많이 보인다는 점이 은 왕조 청동기의 특색을 이루고 있다. 왕이 가진 신비로운 힘을 통해 여러 읍을 통합한다는 은 왕조의 통치 방식에서 신의 뜻을 묻는 것과 무겁고 큰 제기(祭器)를 활용한 제사 등의 의례는 매우 중요한 것이었다.

그리고 중국사에서 은 왕조의 중요성은 오늘날 한자의 원형이 된 문자를 사용한 것에 있다. 갑골문자 이전의 문자라고 여겨지는 것이 신석기시대의 유물 속에서 발견되고 있지만 이러한 것들은 극히 드문 예이고, 한자의 기원이라고 간주될 수는 없다. 이에 반해 현존하는 갑골 조각 속에는 대략 5,200자의 문자가 확인되고, 그것이 오늘날의 한자에 직접 연결되는 것이다. 중국문화의 핵심 중 하나가 한자라고 한다면, 그 기초는 은 왕조 시대에 만들어졌다고 할 수 있다.

주 왕조와 봉건제(封建制)

은 왕조는 기원전 1700년경부터 600년 이상에 걸쳐 중원을 지배했는데, 은 왕조를 멸망시킨 것은 은 왕조 지배영역의 서쪽 끝(현재 섬서성 주변)에서 세력을 확장했던 주 왕조였다. 주 왕조는 기원전 11세기에 은 왕조를 멸망시키고 호경(鎬京, 현재 서안西安 부근)에 수도를 정했다.[9] 은-주 교체의 사정에 대해서 『사기』 등의 문헌사료에는 은 왕조의 주왕(紂王)이 폭군이었고, 주지육림(酒池肉林)의 환락에 탐닉하는 한편 무거운 세금과 가혹한 형벌로 사람들을 고통스럽게 했기 때문에 주 왕조의 무왕(武王)이 사람들의 지지를 얻어 정의로운 군대를 일으켜 은 왕조를 멸망시켰다는 이야기가 기록되어 있다. 이 이야기를 그대로 믿을 수는 없겠지만, 적어도 당시 주 왕조 사람들이 '은 왕조의 지배자 계층이 술에 빠져 악정을 행했기 때문에 천명(天命)을 상실하고 주 왕조에 패배했다'라는 형태로 은-주 교체를 정당화했다는 것은 확실하다. 이는 주 왕조 전기의 청동기에 새겨진 명문에 주 왕조 왕의 말로 '은이 명(천명)을 상실했던 것은 은의 관리들이 중앙에서도, 지방에서도 술에 빠져 버렸기 때문이다'라는 내용이 있다는 것으

---

9 그 이후 기원전 8세기 전반에 주 왕조는 낙양(洛陽)으로 수도를 옮기는데, 낙양으로 천도하기 이전 시기를 서주(西周)라고 부른다. 낙양 천도부터 진에 의해 멸망될 때까지를 동주(東周)라고 하는데, 동주 시기에 주 왕조는 지배의 실권을 상실했기 때문에 일본에서는 이 시기를 동주 시대라고 칭하지 않고 춘추·전국시대라고 부르는 경우가 많다.

로도 알 수 있다. 41쪽의 [사료]에 인용된 『서경(書經)』의 한 구절은 무왕의 아들 성왕(成王)이 숙부인 강숙봉(康叔封)에게 한 말이라고 여겨지는데, 그 구절도 이러한 사고방식을 드러내고 있다. 하늘은 악정을 행하는 군주로부터 천명을 거두어들이고, 덕이 높은 인물에게 천명을 주어 새로운 군주로 삼는다고 하는 사고방식이 왕조교체를 설명하는 논리로서 이 시기 이후에도 널리 퍼져나갔다.

은 왕조를 멸망시킨 이후 주 왕조에서는 왕의 일족 중 유력자·공신·토착 수장들에게 읍을 주어 세습 제후로 삼았고, 제후는 또 그 가신(家臣)에게 세습 영지(領地)를 나누어 주어 백성들을 다스리게 하였다. 봉토(封土)의 분여를 통해 맺어진 주 왕조 시대의 이러한 정치 시스템은 '봉건'[10]이라고 불린다. 주 왕조의 경우에도 은 왕조와 마찬가지로 왕조가 직접 전체 영역을 통치하지는 않았고, 읍을 지배하는 제후를 왕의 권위를 통해 통합하는 정치 형태를 취했다고 할 수 있다. 그러나 그 통치 방법은 은 왕조의 그것과는 달랐다.

그 차이는 첫 번째, 종교적 성격의 강약에서 나타나고 있다. 은

---

10 본래는 흙을 쌓아 올려 경계를 정하고 토지를 나누어 주어 다스리게 하는 것을 일컫는다. '봉건'이라는 용어는 근대에 이르러 서양 중세의 feudalism을 번역한 용어로 사용되었고, 현재 역사학에서는 서양 중세와 유사한 분권적 정치 시스템과 토지제도를 지칭할 때에 '봉건'이라는 말을 사용하고 있다. 보다 일반적으로는 비민주적인 제도와 사상을 비판할 때에 '봉건적'이라는 말을 사용하기도 한다.

왕조 시대는 갑골을 이용해 점을 치는 것과 호화로운 제사를 통해 왕권을 지탱하는 신의 신비적인 힘을 강조하였는데, 이는 원시사회가 가지고 있던 신화적인 세계 해석을 계승한 것이었다. 이에 반해 주 왕조 시대의 경우에는 점을 치는 것과 호화로운 제사는 시행되지 않았고, 보다 세속적이면서 현실적인 사회도덕과 인간관계가 중시되었다. 두 번째, 혈연적인 질서의 상태가 변화했음을 들 수 있다. 은 왕조와 주 왕조 모두 조상 제사를 중시했지만, 몇 개의 지파가 교대로 왕위에 올랐던 은 왕조와는 달리 주 왕조 시대에는 왕·제후의 자리를 아버지에서 아들로 계승하는 것이 원칙이 되었기 때문에 친족 집단 내부의 존비(尊卑)와 장유(長幼)의 순서를 명확하게 정한 정밀한 혈연 질서 시스템이 만들어졌다. 이를 '종법(宗法)'이라고 한다. 주 왕조 시대 정치의 이러한 성격은 유교를 통해서 훗날 중국의 정치사상에 큰 영향을 끼치게 된다.

[사료] 『서경(書經)』의 주고(酒誥)

　왕이 다시 강숙(康叔)에게 말씀하셨다. "봉(封)아, 우리 서방의 땅은 옛날부터 국가들의 군주들도, 여러 관리들도, 젊은이들도 항상 능히 문왕(文王)의 가르침을 활용해 술에 빠지지 않았다. 그래서 우리들은 지금에 이르러 은(殷)의 뒤를 이어 천명(天命)을 받을 수 있었던 것이다. …… 나는 이렇게 들었다. '옛날 은의 조상인 총명한 왕들은 신분이 높은 사람도, 비천한 사람들도 모두 존경하였고 덕을 항상 변함없이 행하였으며 총명함을 지켰다. …… 덕을 이룬 왕, 신중한 대신(大臣), 그리고 여러 관리들은 해야 할 직무가 없을 때에도 마음대로 틈을 내어 놀거나 제멋대로 즐거움을 추구하지는 않았다. 하물며 '모여서 술을 마시지 않겠는가?' 따위의 말은 하지 않았다.' …… 나는 또 이런 말도 들었다. '최근에 와서는 은의 대를 잇는 왕이 은은 천명을 받았다는 것에 익숙해지고 여기에 빠져서 백성들의 고통을 돌아보려고도 하지 않고, 백성들의 원한을 받고 있는데도 전혀 개의치 않으며 그러한 행동을 후회하며 바꾸려고도 하지 않는다. 그것뿐인가. 하고 싶은 일은 제멋대로 하고, 도리에 어긋나는 일로 빗나가면서 위의(威儀)를 태만하게 상실해 버렸다. 백성은 마음을 아파하지 않는 것이 없었는데, 그런데도 끝없이 술에 빠져서 그것을 중단하기는커녕 멋대로 즐기고 있다.' …… 옛날 사람이 가르친 것이 있다. '백성을 다스리는 자는 늘 그러는 것처럼, 물에 내 모습을 비춰보는 것이 아니라 사람들의 모습으로 내 정치의 성패를 비춰보고 경계해야 한다.' 지금, 은은 그 천명을 상실했다. 우리는 이 일에 우리 주(周)의 장래를 비춰보지 않아도 되는 것인가?"(赤塚忠 譯, 『書經

· 易經(抄)』, 平凡社中國古典文學大系, 1972년에서 인용)

* 『서경』은 고대 제왕(諸王)의 사적을 서술한 책으로, 유교 경전 중에서는 『시경(詩經)』과 함께 비교적 이른 시기에 만들어져서 늦어도 전국시대에는 현재 『서경』의 원본이 되는 문헌이 완성되었다고 여겨지고 있다. 요(堯), 순(舜), 우(禹) 등의 전설적 제왕의 사적을 다루는 부분은 물론이고, 은과 주의 제왕들의 사적에 대해서도 『서경』에 전해지는 내용이 역사적 사실이라고는 할 수 없다. 그러나 여기에서 인용한 '주고(誥는 왕의 포고문을 지칭)'의 내용은 서주 초기 청동기에 새겨진 글과도 겹쳐있어 은이 멸망했던 원인을 과도한 음주에서 찾는 사고방식이 서주 시대에 있었다는 것은 확실하다고 할 수 있다. 이것은 단순히 은 왕조 시대 사람들이 술을 좋아했다는 것을 보여주는 것일 뿐만 아니라 호화로운 제사를 통해서 하늘의 은총을 받으려고 했다기보다 오히려 민생을 안정시키는 것으로 천명을 이어받으려고 했던 주 왕조의 사고방식을 반영하고 있다.

[초점] 혁명(革命)

'혁명'이라는 말은 현대 일본과 중국 등 한자 문화권의 국가들에서 광범하게 사용되고 있는 단어인데, 그 어원은 주 왕조 시대의 역사와 결부되어 있다. '혁명'이란 '천명이 바뀐다'라는 의미로 덕을 상실한 지배자로부터 천명이 제거되고, 덕을 갖춘 새로운 지배자에게 천명이 내린 결과 이루어지는 왕조교체를 가리키는 말이다. 혁명 중에는 옛 지배자가 새로운 지배자에게 스스로 자리를 양도하는 '선양(禪讓)'이라는 방식과 새로운 지배자가 무력으로 옛 지배자를 타도하는 '방벌(放伐)'이라는 방식이 있었고 모두 중국 역사 속에서 자주 등장하였다. 물론, '선양'이라고 하더라도 자발적인 것은 아니었고 세력을 상실한 옛 왕조의 군주가 새로운 권력자에게 어쩔 수 없이 강제적으로 양위하는 경우가 많았지만 표면적으로는 새로운 권력자를 덕이 높은 인물이라고 인정하여 스스로 양위한다는 형태를 취했던 것이다.

북경의 천단(天壇)과 환구단(圜丘壇) 명, 청 시대의 황제가 하늘을 제사지냈던 장소이다.

'혁명'의 관념은 전국시대의 맹자(孟子)에 의해 이론화되어 유교의 정치론에서 중요한 일부분이 되었다. 군주에 대한 충의(忠義)를 주장하는 유교의 도덕으로 판단하면, 인민이 군주에게 반역한다는 것은 본래 있어서는 안 되는 일이지만 현실에서는 왕조 교체가 발생한다. 이를 '천명'의 관념을 통해 정당화했던 것이다. 맹자에 따르면, 정의를 파괴하여 백성을 고통스럽게 하는 폭군은 이미 천명을 상실한 한 명의 남자에 불과하기 때문에 타도해도 괜찮다고 한다. 그러나 실제로 천명은 눈에 보이는 것이 아니기 때문에 어느 군주가 천명을 상실했다고 말하는 것은 왕조의 교체가 일어나기 시작했음을 알려주는 것이 된다. 즉, '이기면 관군(官軍)'이라고 하는 결과론적인 설명이라고도 할 수 있다.

19세기에 이르러 구미의 레볼루션(revolution) 관념이 동아시아에 들어오게 되면서 일본인은 중국의 고전에서부터 '혁명'이라는 말을 빌려 그 번역 용어로 삼았고, 중국에서도 '혁명'이라는 말이 '천명'의 의미에서 분리되어 사회구조의 대변혁을 가리킬 때 사용되었다.

3장
춘추·전국시대에서 진의 통일로

3장에서는 주 왕조가 쇠락하고 많은 국가가 서로 경쟁하게 되었던 춘추시대에서부터 전국시대를 거쳐 진에 의해서 중국이 통일되기까지 500년 정도를 다룬다. 이 시기에는 분열과 동란이 계속 일어났지만, 정치와 경제 및 사상 등 다양한 방면에서 훗날 중국의 기본이 되는 특질이 만들어졌다는 점에서는 매우 중요한 시기이다.

춘추·전국의 동란(動亂)

인적 관계를 통해 광범한 지역의 정치적 통합을 도모했던 주 왕조의 봉건적 정치제도는 시간이 지나면서 처음에는 강력했던 인적 관계가 옅어졌고, 또한 제후 서로 간의 경쟁이 격렬해지게 되면서 점차 그 통합력이 약화되어 갔다. '견융(犬戎)'이라 불린 이민족 집단의 공격을 받았던 주 왕조가 관중(關中)[1]의 호경에서

---

1 【역주】현재 중국의 섬서성 위하(渭河) 유역 일대를 가리키는 지명이다. 동쪽으로는

부터 중원의 낙읍(洛邑, 현재의 낙양)으로 천도했던 것을 시작으로 많은 국가들이 서로 경쟁하는 춘추(기원전 770~기원전 403), 전국(기원전 403~기원전 221)이라는 동란의 시대가 시작되었다.

춘추시대라는 명칭은 공자가 정리했다고 알려진 노(魯)나라의 연대기인 『춘추』가 거의 이 시대와 겹치는 시기를 다루고 있는 것에서 유래한다. 이 시기에는 주 왕조의 왕이 가지는 실질적인 지배력이 쇠퇴해 있었지만, 제후들 또한 주 왕조를 대신할 정도의 힘은 가지지 못했기 때문에 유력한 제후는 주왕의 권위를 빌려 제후들을 불러모아 맹약을 주재하면서 스스로의 힘을 키워나갔다. 이러한 맹약의 의식(儀式)을 회맹(會盟)이라고 하고, 그 실질적인 주재자가 된 유력한 제후는 패자(覇者)[2]라고 불린다. 패자라고 불린 유력한 제후들 중에는 본래 주의 세력 아래에 있었던 제(齊)의 환공(桓公), 진(晋)의 문공(文公) 등 북방의 제후와 장강 유역에 있었던 초(楚)의 장왕(莊王), 오왕(吳王) 합려(闔閭), 월왕(越王) 구천(句踐)과 같이 본래 주의 지배 아래에 있지 않고 중원과는 다른 문화를 보유했던 신흥 강국의 지도자가 있었다. 이 시기는 초·오·월 등 본래 주변의 이적으로 간주되었던 세력이 한자 등 중원문화를 수용하고 중원의 여러 국가들과 경합하면서 중화

함곡관(函谷關), 남쪽으로는 무관(武關), 서쪽으로는 산관(散關), 북쪽으로는 소관(蕭關)이 있어 그 위치가 네 개 관문 안에 있다고 하여 관중이라는 이름이 붙었다.
2 패자란 덕이 아닌 힘으로써 지배하는 사람을 가리킨다.

로 편입되어 가는 시기였다고 할 수 있다.

  기원전 5세기 말 이후의 시대는 이 시대를 다룬 『전국책(戰國策)』이라는 책의 이름을 따서 일반적으로 전국시대라고 불리는데, 구체적으로 몇 년 이후를 전국시대라고 칭하는가에 대해서는 여러 주장이 있다. 이 책에서는 편의에 따라 진(晋)이 한(韓)·위(魏)·조(趙) 삼국으로 분열되고 이 삼국이 주로부터 제후의 지위를 인정받았던 기원전 403년으로 시대를 구분한다. 전국시대가 되면 주의 권위는 명목상으로도 의미를 상실하게 되고, 군사력과 경제력과 같은 국가의 실력이 힘이 되는 세계로 변하였다. 진나라의 분열에서 확인되는 것처럼, 본래 주로부터 분봉을 받았던 제후가 신하에게 실권을 빼앗기는 일도 일어났으며 이전에는 주의 권위를 존중했던 중원의 여러 국가들도 주왕에 대항하면서 점차 왕을 칭하게 되었다. 주는 기원전 3세기 중반에 진(秦)에 의해 멸망될 때까지 겨우 명맥을 유지했지만, 천하의 중심으로서의 권위는 완전히 상실해 버렸다. 전국칠웅(戰國七雄)이라 칭해지는 7개의 강국(한·위·조·연·제·초·진)은 주의 권위에 의지하지 않고 각각 부국강병 정책을 채용하여 국내에서의 집권화와 대외적 세력 확대를 목표로 삼았다.

춘추·전국시대에 일어난 사회와 국가의 변용
  춘추·전국시대는 사회경제의 변화와 맞물려 정치제도도 크게 변화한 중요한 변동기이다. 여기에서는 다양한 측면에서 뒤얽혔던 이 시기의 사회경제와 정치체제의 변화를 간단하게 정리해보고자 한다.

(1) 소농민 자립경영의 진전

사회경제적 변화로서는 먼저 농업 생산력의 향상과 이에 수반한 소농민 자립경영의 진전을 언급할 수 있다. 철제 농기구가 보급된 결과 소를 이용해 철제 쟁기를 끌면서 밭을 경작하는 방식이 널리 퍼져나갔다. 이러한 농법을 통한 농업 생산력의 향상은 사람들이 집단으로 생산하거나 생활하지 않고 가족 단위로 자립하여 경영을 행하는 것을 가능하게 만들었다. 춘추시대 이전의 농업 생산 방식은 잘 알려져 있지 않지만, 봉건적인 정치제도가 씨족 집단의 결속을 기반으로 삼고 있었다고 한다면 소농 경영의 자립은 씨족 집단의, 더 나아가서는 봉건적 정치제도의 해체를 초래했다고 생각된다.

이는 씨족의 힘을 억제하고 중앙집권적 정책을 추진하려 했던 정부의 자세와도 일치하는 것이다. 전국시대의 진나라에서 부국강병 정책을 추진했던 상앙(商鞅)이 부자·형제의 동거를 금지하고 소가족을 늘리는 정책을 채택했던 것이 그러한 점을 보여주는 것이다.

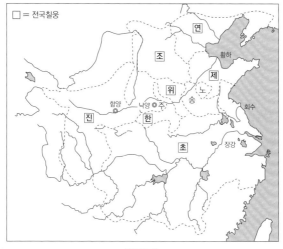

전국칠웅

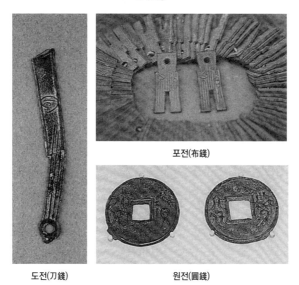

도전(刀錢)　　　포전(布錢)　　　원전(圓錢)

(2) 도시와 상업의 발달

도시의 발전과 상업의 발달도 사회경제적으로 큰 변화이다. 각
국의 부국강병 정책은 농업뿐만 아니라 무기를 필두로 하는 각종
군수물자, 전략물자의 획득으로도 뒷받침되고 있었다. 상업의 진
흥과 물자의 구입을 통해 그 수요를 충족시키려 했던 정부의 정
책은 화폐경제를 발전시키지 않을 수 없었다. 전국시대에는 각지
에서 각각 특유한 형태로 된 청동 화폐가 주조되어[3] 유통되었다.

(3) 화이의식(華夷意識)의 형성

본래 춘추시대 초기의 국가는 읍을 거점으로 삼아 점과 선을
지배하는 성격을 여전히 가지고 있었고, 읍과 읍 사이에 있는 들
판에는 문화가 다른 여러 집단이 또한 존재하고 있었다. 그러나
춘추·전국시대에 각각의 국가에서 영역적인 지배가 확장됨과 동
시에 다른 문화를 가진 집단들은 소멸의 방향으로 나아갔다. 또
한 춘추시대와 전국시대 여러 국가들 사이의 활발한 교류를 통해
중원의 문화를 공유하는 여러 국가들 사이에서 공통의 '중화'의
식이 형성되었다. 앞서 서술했던 것처럼, 장강 유역의 여러 세력
도 한자 등 중원의 문화를 받아들여 스스로를 중화라고 간주하게

---

3 포전(布錢, 농기구의 형태를 모방한 동전)은 주로 중원 지역에서, 도전(刀錢)은 주
   로 연나라와 제나라에서, 원전(圓錢)은 주로 진나라에서 사용되었다.

되었다. 이렇게 광역적인 중화와 그 주변에 펼쳐진 이적의 세계를 대비하는 세계관이 탄생한 것이었다. 이는 중화의 문명을 가치가 높은 것으로 보고, 중화와는 다른 이적의 습속을 깔보는 차별의식과 표리일체를 이루고 있었다. 이러한 화이의식은 중국 사람들의 세계관에서 중요한 한 측면을 차지하고 있었고, 그 후 청 제국 말기까지 지속되었다.

(4) 사회의 유동화와 다양한 사상 조류(潮流)

씨족 집단의 해체와 화폐경제의 발전은 인간의 이동을 촉진한다. 도시에는 능력이 있으면서도 맡은 일이 없는 사람들이 모여 사회적 상승의 기회를 노렸다. 한편 유력자 측에서는 무예(武藝)를 가지고 있거나 언변이 뛰어난, 실력이 있는 인재를 찾았고 전도가 유망한 인물에게는 성심성의를 다해 파격적인 후대를 베풀었다. 다양한 재능이 있는 식객(食客)을 포용한다는 평판은 그 주인의 위신과 연결되었다. '재능이 있는 사람은 자신을 알아보는 자를 위해 죽는다'라는 속담은 『사기』에 나오는 것으로, 넓은 세계를 떠돌아다니는 남자들 사이에서 이렇게 강력한 신뢰관계는 주 왕조 시대의 씨족적 결합과는 다른 새로운 형태의 인간 결합을 만들어냈다.[4]

---

4 마스부치 타츠오(增淵龍夫)는 춘추·전국시대에 널리 퍼진 이러한 결합 방식을

전국시대에 활약했던 제자백가(諸子百家)의 사상가들도 이 시대에 떠돌아다니는 지식인의 일부분을 이루었다. 가족적인 질서를 토대로 그것을 국가, 천하로 확대시키고자 했던 유가(儒家), 혈연을 뛰어넘는 무차별적 사랑을 주장한 묵가(墨家), 권력을 집중적으로 가진 군주가 법과 술(術)을 통해 신민을 통합해야 한다고 주장한 법가(法家) 등 그 주장은 다양하였고 서로 비판을 하기도 했지만 이들 모두 스스로를 등용해주는 군주를 찾아 여러 국가를 돌아다녔다. 이러한 광역적인 문화 교류도 여러 국가들이 서로 경쟁하는 상황 속에서 '중국'이라고 하는 아이덴티티가 생겨나는 하나의 요인이었다. 왜 전국시대에 이렇게 다양한 사상이 꽃을 피우게 된 것일까? 당시 사람들의 관점에서는 종래의 신분 질서가 붕괴되고 사람들이 서로 경쟁하는 사회 속에서 어떠한 새로운 질서를 만드는 것이 좋을까라고 하는 것이 긴급한 과제가 되었기 때문이었을 것이다. 유가에서도, 묵가에서도, 법가에서도 인간이란 무엇인가를 깊이 고찰하면서 마땅히 존재해야 하는 사회의 모델을 제시했다. 이러한 사상들은 중국 사회사상의 원류가 되어 장기간에 걸쳐 생명력을 유지했다.

　'임협적 습속에 근거한 인적 결합관계'라고 부르고 있다. '임협(任俠)'이란 당시에 좋은 의미로도, 나쁜 의미로도 사용된 말로 일단 맡은 바는 결단코 철회하지 않으면서 신변의 위험을 돌아보지 않고 사람을 궁지에서 구출하는 것과 같은 의협(義俠) 정신과 그러한 행동을 가리키는 용어이다.

(5) 중앙집권화의 움직임

이러한 사회경제적 움직임과 대응하여 각 국가의 국내에서는 중앙집권화가 추진되었다. 군주가 직접 지방관을 파견하여 전체 영토를 통치하는 정치제도는 봉건과 대비되어 군현(郡縣)이라 불린다. 중국 영토 전체에 군현제가 시행되었던 것은 뒤에서 서술하는 진시황제가 중국을 통일한 이후의 일이지만, 군현제적 통치 시스템은 진시황제가 통일을 했을 때에 시작된 것은 아니었고 춘추시대 이래 여러 국가의 정치제도 속에서 점차 성장해갔던 것이었다.

'현(縣)'이라고 하는 말은 춘추시대부터 사용되었다. 대국이 소국을 멸망시킨 이후에 국경지대에서 새롭게 영유한 도시 등을 '현'으로 삼아 중앙에서부터 장관을 파견하여 관리하게 했던 것이다. 다만 이러한 장관의 지위는 세습되는 경우도 있어서 몇 년마다 관료를 교대하게 하는 것이 원칙인 군현제와는 달랐다. 그 이후 전국시대에 이르면, 현의 장관을 세습하는 것은 점차 시행되지 않았다. 그리고 여러 개의 현을 통괄하는 관청으로서 군(郡)이 생기면서 훗날 군현제로 이어지는 제도가 정비되었다.

지금까지 춘추·전국시대의 사회와 국가의 변화를 몇 가지 측면으로 나누어 정리해 보았다. 진의 중국 통일이라고 하는 사건의 획기적인 의미에도 불구하고 소농 경영·화폐경제·화이의식·제자백가의 사상·중앙집권적 관료제 등 진나라 이후 2천 년에 걸친 황제 통치 시대의 특색인 여러 특징들은 이미 춘추·전국시대의 여러 국가들에서 배양되고 있었다고 할 수 있다. 그러한 의미에서 춘추·전국시대는 동란기임과 동시에 새로운 시대의 질서를 만들어낸 요람기였던 것이다.

진의 통일과 황제정치의 시작

전국칠웅 중에서 서방 변경에서부터 탄생했던 신흥국가 진(秦)은 적극적인 부국강병책을 채용했다. 특히 기원전 4세기 효공(孝公)의 시대에 법가의 상앙을 등용하여 시행했던 개혁은 대가족을 분해시켜 소가족으로 만든 법(분이分異의 법), 군공에 따라 작위를 주는 장려책(군공작軍功爵), 서로 감시하고 연좌되는 시스템 등 군주의 권력을 강화하여 국가의 구석구석까지 지배력이 미치게 하는 것이었다.

상앙의 개혁과 대규모 수리개발을 통해 국력을 키운 진은 기원전 230년 이후 동방의 여섯 국가들을 차례대로 멸망시켰다. 기원전 221년에 중국을 통일한 진왕 정(政)은 '왕'을 뛰어넘는 천하의 지배자로서 '황제'의 칭호를 만들고 황제의 자리에 올랐다. 이 사람이 시황제(始皇帝)[5]이다.

---

5 주 왕조 시대에는 천하를 통치해야 하는 주왕을 부르는 말로 '천자(天子)'를 사용했지만, 진왕 정은 권위가 떨어진 '천자' 호칭을 대신해 새롭게 '황제'라는 호칭을 만들어냈다. '제(帝)'라는 글자는 본래 은 왕조 시대에는 자연계와 인간계를 지배하는 절대신을 가리키는 것이었고 그 이후 신격화되었던 전설적인 제왕들의 이름으로 사용되었던 것이기 때문에 '황제'란 '눈부시게 빛나는 신'이라는 의미였다고

시황제가 시행했던 통일정책은 『사기』의 '진시황본기(秦始皇本紀)'에 상세하게 기술되어 있다. 이에 따르면, 진은 전국의 무기를 몰수하고 도량형·화폐·문자·수레가 지나가는 길을 통일하였으며 전국을 36군(이후에는 48군)으로 나누어 관료를 파견하여 통치했다. 즉 춘추·전국시대 이래 점차 확대되었던 군현제를 전국에 시행했던 것이다. 다만 뒤에 인용할 '진시황본기'의 내용에 의하면, 군

병마용(장군용)

현제도를 전국적으로 시행하는 것을 반대하는 주장도 있었는데 이는 책을 불태우고 학자들을 처형하는 진나라의 탄압(일반적으로 이를 '분서갱유'라 부른다)을 초래했다고 한다. 또한, 시황제는 직접 전국을 순행하면서 장성(長城)의 복구, 아방궁과 시황제무덤[6]의 건설 등 대규모 공사를 시행하였다. 그러나 동방의 옛 여섯 국가가 있던 지역에서는 진에 대한 반감이 강력했는데, 병졸로 동원된 서민인 진승(陳勝)과 오광(吳廣)이 일으킨 반란을 계

생각된다. 또한, 시황제는 그가 사망한 이후의 호칭이었고 살아있을 때에는 '황제'라고만 불렸다. 그의 뒤를 이은 역대 황제는 '2세 황제', '3세 황제' 등으로 불리는 것으로 예정되어 있었다.

6 시황제 무덤 부근에서 발굴된 사람 크기와 같은 병마용(兵馬俑, 병사와 군마를 본떠서 만든 도용陶俑)은 진 제국 시대 정예부대의 모습을 생생하게 보여주고 있다.

[사료] 『사기』* 권6, '진시황본기'에서 인용

시황제는 함양궁(咸陽宮)에서 연회를 베풀었고, 박사 70명이 황제의 앞에 나와서 장수를 기원했다. 복야(僕射, 관직명) 주청신(周靑臣)이 칭송하면서 말하기를, "이전에 진의 영토는 천리에 지나지 않았으나 폐하의 신과 같은 뛰어난 능력으로 인해 해내(海內)를 평정하고 오랑캐를 내쫓으니 해와 달이 비추는 곳에서 복종하지 않는 자가 없습니다. 제후를 군현으로 바꾸니 사람들은 안락함을 누리고 전쟁을 걱정하지 않게 되었으니 이러한 상황을 만세에 전하게 되었습니다. 상고 시대 이래 폐하의 위덕(威德)에 다다르는 사람은 없습니다."라고 하였다. 시황제는 기뻐했다.

제나라 출신의 박사인 순우월(淳于越)이 나와서 말했다. "제가 들은 바로는 은·주의 왕이 천 년 넘게 계속되었던 것은 자제, 공신을 봉하여 나뭇가지처럼 왕을 떠받쳤기 때문입니다. 지금 폐하께서는 해내를 지배하시는데, 자제들도 서민이니 반역자가 나타났을 때에 떠받치는 사람이 없다면 누가 도움을 주러 오겠습니까? 모든 일에 있어서 옛날의 방법을 익히지 않고 오래 지속될 수는 없습니다. 지금 주청신이 아첨을 하면서 폐하의 잘못을 무겁게 하고 있으니 충신이라고 할 수 없습니다."

시황제는 이 문제를 대신에게 논의하게 하였다. 재상 이사(李斯)가 다음과 같이 말했다. "······ 옛날에는 천하가 분열되어 있어 통일을 할 수 없었기 때문에 제후들이 병립했던 것입니다. 언론은 모두 옛것을 칭송하면서 현재를 비판하는데, 허언을 꾸며 사실을 혼란스럽게 하는 것입니다. 사람은 스스로가 마음대로 배운 학문에 의거하여 조정의 제도를 비판합니다. 지금 황제께서 천하를 병합하고, 흑백을 구별하는 유일한 권위를 가진 존재가 되셨습니다. 그러나 학자들은 제멋대로 논의하고, 도당을 조직하여 비방하고 있습니다. 이것을 금지하지 않으면, 위로는 군주의 세력이 쇠락하고 아래로는 도당이 형성되기에 이를 것입니다. 이를 금지하는 것이 좋습니다. 진의 역사 이외의 역사서는 불태워버리고, 박사 이외의 집에서 『시(詩)』, 『서(書)』 및 제자백가의 문헌을 가지고 있는 자는 군의 관청에 내어놓게 하여 불태워버리고, 『시』와 『서』에 대해 논의하는 자는 처형시켜 대중들에게 보이고, 옛것을 근거로 삼아 현재를 비판하는 자는 일족을 모두 죽여야 합니다. …… 폐기하지 않아도 되는 책은 의약, 점복, 농업에 관련된 책뿐이고 법령을 배우고자 하는 사람은 관리에게서 익히게 하십시오." 황제는 "좋다."라고 말했다.**

* 사마천과 『사기』에 대해서는 27쪽의 주석 (1)을 참조.

** 이 부분은 봉건과 군현의 우열에 대한 논의가 '분서갱유(책을 불태우고 학자들을 매장시키는 것)'라고 하는 엄혹한 사상 탄압을 야기했던 상황을 묘사하고 있다.

[초점] '봉건'과 '군현'

대략적으로 살펴보면, 유력자에게 봉토를 주어 세습적 통치를 하게 한 주 왕조 시대의 봉건제도가 춘추·전국시대의 동란 속에서 사라진 이후, 관료를 파견하여 통치하는 군현제도가 진에 의해 전국적으로 채용되었고 그 후 2천 년 이상에 이르는 황제 통치 시대를 관통하는 제도가 되었다고 볼 수 있다. 그러나 본문에서 서술했듯이 새롭게 획득했던 토지에 '현'을 두어 직접 통치하는 방법은 춘추·전국시대부터 보이는 것이기 때문에 진의 독창적인 제도가 아니다. 그리고 진의 통일 이후에도 '봉건'적인 지배방식은 없어지지 않았다. 국내에서는 일족과 공신에게 영토를 주어 세습적 통치를 하게 하는 경우(4장에서 서술할 한의 '군국제' 등), 국내에서 소수민족의 수장에게 세습적 지배권을 주어 간접통치를 하는 경우(9장에서 서술할 명·청의 '토사' 제도 등), 주변 여러 국가의 군주에게 왕의 호칭을 주어 중국을 중심으로 하는 세계질서 속에 편입시키는 경우(5장에서 서술할 '책봉' 제도 등)와 같이 중국의 황제 통치 시대를 통해 '봉건'적인 지배양식은 유연하게 활용되었던 것이다.

그리고 황제 통치 시대의 지식인이 황제의 전제정치(專制政治)를 비판하는 경우에도 주로 '봉건'은 고대의 훌륭한 제도로 인용되었다. 즉 황제 한 사람이 천하의 모든 일을 결정하고자 하는 것은 결국 무리한 것이고, 신하의 의욕을 없애는 것이며, 백성을 고통스럽게 하는 결과로 연결되는 경우가 많은데 봉건의 시대에는 각지의 사정을 잘 알고 있던 세습 지배자가 지역의 실정에 맞는 통치를 행하고 군주도 그 의향을 존중하지 않을 수 없었기 때문에 백성의 뜻에 보다 적합한 정치가 행해지기 용이했다는 것이다. 물론, '봉건'을 높이 평가하는 이러한 논의에 대해서 '봉건은 고도의 문명이 국가의 구석구석까지 빠짐없이 골고루 퍼지지 못했던 미개한 시대의 제도이다' 혹은 '봉건제도 아래에서는 제후 사이의 다툼이 일어나기 쉽다'와 같이 '군현'을 지지하는 입장에서의 반론도 전개되었다. 그러나 어느 쪽이 되었든 '봉건과 군현 중에서 어느 것이 좋은 제도인가?'라는 문제는 황제 정치 시대 내내 중국 정치론의 중심적인 과제로 남아 있었다.

그 후 19세기 말이 되면, 청 제국 통치 하의 중국에서도 지식인들 사이에서 서양의 정치제도에 대한 관심이 높아지면서 의회제도의 도입을 주장하는 사람들도 늘어났는데, 그들이 서양의 의회제도를 '고대 봉건과 비슷한' 것으로 이해하고 있었다는 것이 흥미롭다. '봉건'이 뒤떨어진 제도로서 오로지 나쁜 의미로 사용되는 것은 신해혁명으로 황제의 통치가 타도된 1910년대 이후의 일이었다.

기로 각지에서 봉기가 일어나 진은 통일 이후 15년 만에 멸망했다. 동란의 와중에서 농민 출신인 유방(劉邦)이 초(楚)의 명문 출신인 항우(項羽)를 격파하고 전국을 평정하여 기원전 202년에 황제의 자리에 올라 한(漢)을 건국했다.

4장
한 제국과 주변 지역

4장에서는 전한(前漢)과 후한(後漢)의 대략 400년 동안의 역사를 다룬다. 국내에서는 중앙집권화의 움직임과 이에 대항하는 움직임이 보이는데, 이는 대외정책의 변화와도 관련되어 있었다. 국내의 정치·경제·문화의 동향과 대외정책이 결부되었던 한 제국 시대 역사의 동향을 전반적으로 이해한다.

전한 초기의 정치

한을 건국한 유방은 패현(沛縣, 현재 강소성 북부에 있다)의 농민 출신으로, 정장(亭長, 치안 유지를 맡은 하급관리)의 임무를 맡았던 때에 마을의 유력자 및 유협(遊俠) 무리와 친교를 맺었고, 진승과 오광의 반란이 확대되는 와중에 휘하의 군대를 이끌고 거병했다. 유방은 다른 집단보다 앞서서 진의 수도였던 함양(咸陽)을 함락했고, 항우 등의 경쟁자 세력을 격파하면서 기원전 202년에 장안(長安)에서 황제의 자리에 올라 한을 건국했다. 한 고조

(高祖)가 즉위한 것이다.[1]

고조 유방은 한을 건국한 이후 진의 가혹한 정치 방침을 바꾸어서 백성의 생활 안정에 주안점을 두는 정책을 채택했다. 또한, 진에 의해 강제적으로 시행된 군현제가 반발을 불러일으켰다는 것을 감안하여 '봉건'의 요소를 받아들여 '군국(郡國)' 제도를 채용했다. 즉 군현제로 직접 통치를 하는 부분을 남겨놓으면서도 영토의 상당 부분을 공신, 일족에게 봉토('국')로 나누어 주면서 세습하게 한 제도였다. 그러나 이 제도는 봉토를 받은 '왕'과 '후(侯)'가 독립국처럼 세력을 확장하는 상황을 만들어냈다. 공신들의 세력 확대를 염려한 고조 유방은 공신 출신의 제후왕을 대신해 유씨 일족을 제후왕으로 만들기 위해 노력했는데, 유방이 사망한 이후 몇 세대가 지나가는 동안에 유씨 제후왕도 중앙의 통제에 따르지 않게 되었다. 6대 황제인 경제(景帝)가 삭번(削藩)[2] 정책을 추진하자 이에 반항하여 기원전 154년에 '오초칠국(吳楚七國)의 난'이 일어났다. 이 반란은 3개월 만에 진압되었지만, 제

---

1 고조가 즉위한 이후부터 뒤에서 서술하는 왕망(王莽)이 신(新)을 건국할 때까지를 전한이라고 부른다. 신이 타도된 이후 유수(劉秀)가 한을 재건하는데, 재건된 이후의 한을 후한이라고 부른다. 전한의 수도는 장안이고, 후한의 수도는 장안의 동쪽에 있는 낙양에 두어졌기 때문에 전한을 서한(西漢), 후한을 동한(東漢)이라 부르기도 한다.

2 【역주】삭번이란, 번왕(제후왕)의 봉지(封地)를 삭탈한다는 의미로 제후왕의 세력을 감소시켜 중앙의 권력을 강화하기 위해 시행된 것이었다.

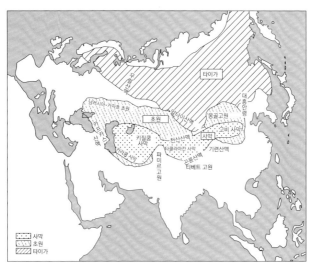

중앙유라시아의 지형과 식생

후왕의 세력을 억제하는 것은 한 제국 초기 중앙정부에게 있어서 큰 과제였다.

한 초기에는 변경의 자립정권과 주변 민족 정권에도 왕호(王號)를 수여하여 그 지역에 대한 지배를 용인하는 정책을 펼쳤다. 예를 들면, 운남에 있는 '서남이(西南夷)'의 수장을 '전왕(滇王)'으로 삼았고 광동의 조씨(趙氏) 정권을 '남월왕(南越王)'으로 봉했는데 이는 직접적 지배가 미치지 않는 지역의 수장을 명목적으로 신하에 임명하여 작위(爵位)와 관위(官位)를 수여하고 그들의 영역 통치를 승인하는 '봉건'적 지배양식에 의거한 것이었다. 또한, 이러한 '봉건'적 방식의 '책봉(冊封)' 제도가 그 후 대외관계에서 종종 채용되었다. 후한 시대에 규슈(九州)로부터 조공을 했던 노국(奴國)이 '한왜노국왕(漢倭奴國王)'의 인(印)[3]을 받았던 것도 그러한 사례이다.

한 제국에게 있어서 최대의 위협이 되었던 것은 유목기마민족인 흉노(匈奴)였다. 진이 멸망한 이후의 동란을 틈타 침입을 반복했던 흉노에 대해 한 고조는 대군을 일으켜 이들을 막기 위한 전투에 출격했는데, 흉노군에 의해 포위되면서 도망쳐 돌아오지 않을 수 없었다. 그 이후에 한은 흉노와 화친의 약조를 맺고 어쩔 수 없이 매년 비단·술·쌀 등의 공물을 바치게 되었다.

북방의 상황을 돌아보면, 유라시아의 초원지대에 기마유목민이 등장하는 것은 기원전 9세기부터 기원전 8세기경의 일이라고 여겨진다. 중국의 북방에서도 유목기마민족의 활동이 전국시대부터 활발해졌고 연·조·진 등 전국시대 여러 국가들은 장성을 쌓아 유목민을 방어했다. 기원전 4세기 말 조나라의 무령왕(武靈王)처럼, 통소매로 된 바지와 같은 기마민족의 의복과 말을 타고 화살을 쏘는 전투방법(이를 호복기사胡服騎射라고 한다)을 받아들여 전투력을 강화한 군주도 출현했다. 기원전 3세기 말, 진에 의

---

3 이 금인(金印)은 에도(江戶) 시대에 후쿠오카(福岡) 현의 시카노시마(志賀島)에서 발견되었다. 중국의 역사서인 『후한서』에는 '건무중원(建武中元) 2년(57), 왜의 노국이 공물을 들고 조하(朝賀)하러 왔다. (노국은) 왜국의 남쪽 끝에 있다. 광무제는 그 사절에게 인수(印綬, 수綬는 인장에 매다는 끈이다)를 하사했다'라고 기록되어 있어서 발견된 금인은 광무제가 사여했던 인장이라고 생각된다.

한 통일의 움직임과 때를 같이 하여 몽골 고원에서 활동하고 있었던 동호(東胡)·흉노·월지(月氏) 세 유목집단 중에 흉노가 급속하게 세력을 확대하였다. 진의 시황제는 장군 몽념(蒙恬)을 파견하여 흉노 세력을 격파했고, 전국시대의 여러 국가가 만든 장성을 연결하여 만리장성을 쌓아 흉노의 침입을 막았다. 그러나 시황제가 사망한 후, 묵돌선우(冒頓單于)[4]가 흉노의 군주가 되면서 흉노는 동호를 멸망시키고 월지를 서방으로 쫓아내면서 초원지대 동부를 통일하고 서역의 오아시스 국가들도 지배 아래에 넣었다. 건국한 지 얼마 되지 않은 한이 직면했던 것은 이렇게 강력한 흉노 세력이었다.

흉노 사회의 특징에 대해서 『사기』의 '흉노열전'에는 대략 다음과 같이 서술되어 있다.

그들이 많이 기르고 있는 것은 말, 소, 양이고 물과 풀을 따라 이동한다. 성곽·정주지·농경지는 없지만 각자가 나누어 받은 땅이 있다. 아이들도 양에 타서 활을 당겨 쏘아서 새와 쥐를 잡을 수 있다. 점점 성장하면 여우·토끼를 쏘아 식량으로 삼는다. 장년(壯年)이 되면 강력한 활을 당길 수 있게 되고, 모두 갑주(甲胄)를 착

---

4 기원전 209년부터 기원전 174년까지 재위했다. 선우란 흉노 군주의 칭호로, '광대한 모습'을 표현하는 말이라고 한다.

용한 기병이 된다. 그 습속은 일이 없을 때에는 가축과 함께 이동하면서 새·짐승을 사냥하는 것을 생업으로 삼는다. 전쟁을 할 때에는 모두 전투를 익혀 침략한다. 이것이 천성(天性)이다. 멀리 있을 때 쓰는 도구는 활과 화살이고 가까이 있을 때에 쓰는 병기는 칼과 창이다. 유리하면 진격하고, 불리하면 퇴각하는데 도망가는 것을 수치로 여기지 않는다. 이익이 있으면 달려들고, 예의를 알지 못한다. 군주와 그 아래 사람들은 모두 짐승의 고기를 먹고, 가죽을 입으며 펠트로 된 옷을 덮는다. 젊은이들이 좋은 것을 먹고, 노인들은 남은 것들을 먹는다. 건강한 자들을 귀중히 여기고, 노약자를 천시한다. 부친이 사망하면 그 후처(後妻)를 아내로 맞이하고, 형제가 사망하면 그 처를 취해 아내로 삼는다.

이러한 흉노 사회는 한 제국 사람들의 관점에서 보면, 야만적인 것으로 보였지만 한편으로는 흉노의 생활에 보이는 소박함과 건강함을 비교하면서 자신들의 문명이 가진 문제점을 스스로 반성하는 사고방식이 존재하기도 했다. 이는 다음 쪽에 인용한 『사기』의 '흉노열전'에서 중항열(中行說)이라는 인물이 한에서 흉노로 파견되었던 사절에게 말했다고 하는 내용을 통해서 알 수 있을 것이다. 몽골 고원의 이볼가 유적에서는 한 제국 시대 중국의 것과 아주 유사한 토기, 농기구 및 한자가 적힌 지석(砥石) 등이 발견되어 흉노 사회에 들어와 흉노화해 갔던 한인도 있었음을 추측할 수 있다.

[사료] 『사기』 권110, '흉노열전'에서 인용

한의 사신: "흉노 풍속에서는 노인을 천대하고 있소."

중항열(中行說)*: "그러나 한의 풍속에서도 원정에 종군하는 사람이 출발할 때에 그 늙은 부모가 몸소 따뜻한 옷과 맛있는 음식을 주어 보내지 않는가?"

한의 사신: "그렇소."

중항열: "흉노는 분명히 전쟁을 업으로 삼고 있는데 노약자는 싸울 수가 없소. 그래서 맛있는 음식을 건장한 사람에게 먹이는 것이니 이는 스스로를 지키기 위함이오. 이렇게 해서 아비와 자식이 모두 무사할 수 있는 것이오. 어찌 흉노가 노인을 가벼이 여긴다고 할 수 있겠소?"

한의 사신: "흉노의 아비와 아들은 같은 천막에서 잠을 자고 있소. 아비가 죽으면 후처를 취하고, 형제가 죽으면 형제의 부인을 처로 삼고 있소. 관(冠), 대(帶)의 장식도 없고, 궁정의례도 없소."

중항열: "흉노의 풍속에서는 사람은 가축의 고기를 먹고 그 젖을 마시며 그 가죽을 입고 있소. 가축이 풀을 먹고 물을 마셔야 하기 때문에 때에 따라 이동하는 것이오. 그래서 전시에 사람들은 말타기와 활쏘기를 익히고, 평시에는 일이 없이 즐기는 것이오. 그 규범이 많지 않아서 실행하기 쉽소. 군신 간의 관계도 단순하여 한 나라의 정치는 한 몸을 다스리는 것과 같소. 아비와 자식, 형제가 죽었을 때 그 부인을 처로 삼는 것은 핏줄이 끊어지는 것을 피하기 위함이오. 그래서 흉노는 나라가 어지러워도 반드시 뒤를 이을 자손이 있는 것이오. 지금 중국에서는 부형(父兄)의 처를 취하지 않는다는 겉모양을 취하고 있지만, 친족 간에는 소원하

여 서로 죽이는 일도 있소. 역성혁명(易姓革命)에까지 이르는 것이 모두 이러한 부류요. 또한 예의가 번거로워서 위아래 사람들이 서로 불평을 품고 있고, 사는 집이 지나치게 사치스러워서 그것을 짓는 것에 힘을 다 쓰고 있소. 농사와 양잠에 종사해서 옷과 음식을 얻고, 성곽을 쌓아 대비를 하기 때문에 전시에는 전투를 익히지 못하고 평시에는 일을 하느라 지치게 되는 것이오. 아! 흙집에 거주하는 사람들이여. 번지르르 말만 잘하는 것은 그만두시오. 말을 잘하고, 훌륭한 의복을 입고, 관을 쓴다고 한들 무슨 소용이 있겠소?"

* 중항열은 한의 문제(文帝)가 종실의 딸을 공주(황제의 딸)로 삼아서 선우의 비(妃)로 시집을 보낼 때에 수행했던 환관인데, 선우에게 충성을 맹세하고 한과 대항하는 방책을 선우에게 진언(進言)했던 사람이다. 중항열이라는 사람이 실제로 이러한 말을 했을지는 의문이지만, 당시 중국 사람들이 스스로의 화이사상에 대한 자기비판의 관점을 가지고 있었다는 점은 알 수 있을 것이다. 흉노와 같은 유목민족은 '후진적', '야만적'인 사람들이 아니었고 그들에게는 그들의 논리가 있었던 것이다.

무제(武帝)의 시대

한 제국 초기에는 진의 강경한 정책이 불러온 실패를 교훈으로 삼아 대내외적으로 비교적 소극적인 정책을 펼쳤는데 이러한 한 제국 초기의 소극적 정책이 적극적 정책으로 크게 변화해 갔던 것은 7대 황제 무제(재위 기원전 141~기원전 87) 시대였다. 국내에서는 '오초칠국의 난'이 진압된 이후의 상황을 물려받아 무제는 제후왕 세력의 삭감에 힘썼다. 영토의 분할 상속을 허락하여 그 세력을 줄이게 하는 것을 도모하였고('추은령推恩令'), 황금을 헌상하는 액수를 규정하고 이를 채우지 못하면 영지를 몰수하고 삭감('주금률酎金律')하는 등의 정책을 시행했던 것이다. 이러한 정책의 결과, 제후왕 세력은 약화되어 갔다.

무제는 대외적으로도 적극적인 정책을 펼쳤다. 무제는 앞서 흉노에 의해 쫓겨나 서쪽으로 이주했던 대월지와 동맹을 맺어 흉노를 협격하고자 계획하여 장건(張騫)을 서역으로 파견했다. 장건은 흉노의 포로가 되어 10년 남짓을 흘려보내고 대월지에 이르렀으나 목적을 달성하지 못하고 귀국했다. 그러나 그가 서역에 체재하면서 수집한 서역 여러 국가들에 관

거연(居延)에서 출토된 한의 목간(木簡)

한 정보는 한이 서역으로 진출할 때에 중요한 역할을 담당했다. 대월지와의 동맹 정책이 실패한 이후, 무제는 위청(衛靑)과 곽거병(霍去病) 등의 장군들에게 명령을 내려 대군을 이끌고 흉노를 공격하게 하여 하서회랑(河西回廊)[5]을 탈취함과 동시에 고비 사막에서부터 흉노의 세력을 몰아냈다. 무제는 점령한 토지에 병사를 보내 둔전(屯田)을 시행하게 하고, 또 군대를 주둔시켜 흉노의 침입에 대비했다. 흉노에 대한 방어를 위한 군사시설(봉화대 등)에서 출토된 목간(木簡)[6]은 현재 한 제국 시대 연구의 사료로서 활용되고 있다. 흉노를 몰아낸 한은 이후 하서(河西)를 통해 타림 분지로 진출하여 오아시스 여러 국가들을 지배 아래에 편입시켰다. 오아시스의 여러 국가들에서 나오는 수입을 상실한 흉노는 점차 쇠퇴하였고, 내분으로 인해 더욱 분열되어 그 중 일부는 한의 지배 아래로 들어왔다. 한은 또 남쪽에서는 남월(南越)을 멸망시켜 현재 베트남까지 이르는 지역에 9개의 군을 두었고, 동쪽에서는 점령했던 고조선에 낙랑군(樂浪郡)을 필두로 4개의 군을 설

---

5 현재 감숙성에 속해 있고, 북쪽의 사막과 남쪽의 산맥 사이에 끼어 있으면서 중국 내지와 타림 분지의 오아시스 지대를 연결하는 좁은 '회랑'과 같이 되어 있는 일대를 가리킨다. 한은 여기에 서쪽에서부터 순서대로 돈황(敦煌)·주천(酒泉)·장액(張掖)·무위(武威)의 네 군(郡)을 두었다.

6 당시는 종이가 아직 보급되지 않았기 때문에 다양한 장부, 규칙 등은 모두 가느다란 나무 조각에 적어서 통보하거나 보존하였다. 출토된 목간 중에는 병사의 명단, 식량과 군수물자 장부, 봉화를 올리는 방식의 규칙 등 다양한 내용이 포함되어 있어 당시 병사와 관료의 생활을 알 수 있게 해 준다.

치했다. 이를 통해 보면, 무제 시대의 대외진출 방법은 책봉체제의 형식이 아니라 오히려 점령지에 군을 설치하여 직접 통치하고자 했던 식민지 형태의 특색을 가지고 있었음을 알 수 있다.

무제 시기의 적극적인 대외진출은 재정 수입의 증대를 필요로 하였다. 무제는 먼저 소금과 철을 전매(專賣)하게 하여 철기와 소금의 판매를 국가가 독점하는 체제를 만들었다. 그리고 균수법(均輸法)[7], 평준법(平準法)[8]을 통해서 정부가 필요로 하는 물품을 상인의 손을 거치지 않고 조달하였고 시장에 개입하여 물가의 안정을 도모하였다. 이러한 정책으로 인해 재정에 밝은 실무 관료를 존중했다. 이와 같은 경제 정책에 대해서는 민간의 이익을 빼앗는 것이라고 하여 당시부터 강력한 비판이 존재했다. 이 정책을 둘러싼 논의를 기록한 『염철론(鹽鐵論)』에는 무제의 정책을 지지하는 실무 관료와 민간의 호족(豪族) 및 상인의 입장을 대변

---

7 【역주】장기간의 대외원정으로 인해 물자의 구입과 소비가 늘어난 상황에서 중간 상인을 통한 물품 구입은 과다한 지출 및 화물의 적체 현상을 야기했다. 이에 한 제국에서는 정부의 과다한 지출을 줄이고 신속한 물자 운송을 위해 지방 각지에 균수관(均輸官)을 두어 물품 구입과 중앙으로의 운송을 담당하게 하였다. 이러한 균수법의 시행으로 운송체계의 합리화가 도모되었고, 중간상인을 배제하면서 국가가 이득을 얻었으며 물자의 유통도 원활해졌다.

8 【역주】평준법의 목적은 국가가 물가를 조정함과 동시에 국가가 직접 물자를 구입하고 판매하는 것을 통해 이윤을 얻고자 함이었다. 이에 전국 각지에서 저렴하게 구매한 물자를 수송하여 수도의 창고에 저장하였다가 가격이 오르면 판매하였다. 이러한 구매, 판매 과정을 통해 지역적 차이에 의한 물가의 격차를 해소하면서 국가가 직접 구매와 판매에 개입하여 여기에서 생기는 이윤을 수입으로 충당하였던 것이다.

하는 학자와의 의견 대립이 생생하게 묘사되어 있다.

무제의 이러한 적극적 정책은 한 제국의 영토를 넓혔지만, 한편으로는 재정난과 황제로의 과도한 권력 집중이라는 문제를 발생시켰다. 무제가 사망한 이후 궁정에서는 외척과 환관에 의한 정치 개입이 활발해지면서 정쟁이 끊이지 않았고, 지방에서는 고위 관료와 거대한 상인들이 토지와 노비를 사서 모으며 권세를 강화해 나갔다. 이러한 상황 아래에서 외척인 왕망(王莽)이 세력을 팽창하였고 결국에는 황제의 자리를 빼앗아 '신(新)'(8~23)이라는 국가를 세웠다.

후한의 정치

왕망의 정치는 유가 고전 중의 하나인 『주례(周禮)』[9]에 의거하여 개혁을 실행한다는 복고적(復古的)인 것이었지만, 그 주안점은 호족과 상인의 힘을 억제하고 국가의 통제력을 회복하겠다는 것에 있었다고 할 수 있다. 왕망은 천하의 토지를 '왕전(王田)'으로 삼아 사적인 매매를 금지했고, 대토지 소유자의 토지 소유를 제한했으며 노비 매매를 금지했다. 그리고 시장 관리, 물가의 조

---

9 주 왕조 시대의 여러 제도가 정연하게 기록되어 있지만, 실제 주 왕조 시대의 제도는 아니었고 후대의 학자들이 창작했던 것이었다. 그러나 여기에 기록된 이념적인 모든 제도는 이후 시대 사람들이 정치개혁을 시행하고자 할 때에 주된 근거로서 자주 이용되었다.

절 등 적극적인 시장 개입 정책을 펼쳤다. 또한, 흉노에 대해서도 대외 원정을 시행했지만, 이것이 실패하면서 오히려 흉노 세력이 회복하는 계기가 되었다.

전한 말부터 계속된 기근과 왕망의 가혹한 정책으로 인해 각지에서 호족과 민중에 의한 반란이 일어나 신은 15년 만에 멸망하였고, 한 황실의 혈통을 보유한 호족인 유수(劉秀)가 한을 재건했다(후한, 25~220). 후한의 정치는 무제의 정치 방침과는 달리 대외적 발전에는 대체로 소극적이었고, 민간의 사회경제에 개입하여 거대한 상인과 호족을 억압했던 정책도 채택하지 않았다. 호족은 토지 집적과 상업 활동을 통해 부를 축적하고, 유교적 교양을 쌓으며 관계(官界)로 진출했다.

후한 시대 호족의 이러한 동향은 전한 이래 정치가 유교화된 동향과도 관련이 있을 것이다. 진의 정치는 법가적인 사상을 기초로 삼아 유교적인 '봉건' 사상을 배제하고 황제의 전제권력을 강화하는 것을 목표로 삼았다. 한 제국의 전반기에도 그러한 경향이 지속되었다. 그러나 황제 권력을 안정시키기 위해서는 단순히 실력뿐만 아니라 황제의 권력을 정당화하는 논리가 필요했다. 그 논리로서 채택되었던 것이 유교의 천명론(天命論)이었다.[10]

---

10 전한 무제 시대 사람인 동중서(董仲舒)는 천변지이(天變地異)는 악정(惡政)에 대한 하늘의 질책이라는 주장을 내세우고, 황제 권력을 지탱하는 것은 천명이라고 주장했다. 종래의 학설에서는 이 시기에 유교가 국가의 정통 학문이 되었다고

황제 권력이 천명에 의해 정당화된다고 하는 것은 동시에 황제는 스스로의 의지를 강요할 수 없고, 하늘이 명령한 자연의 질서에 의거하여 정치를 행하지 않으면 안 된다고 하는 것이기도 하다. 민간의 호족 세력, 주변의 다른 민족 세력에 강제적으로 개입하지 않고, 덕화(德化)를 으뜸으로 여기는 이러한 동향은 내외에 대한 방임적인 정책으로 표출되었다.

그 결과, 후한의 전반기에는 큰 반란, 대외전쟁이 일어나지 않으면서 정치가 비교적 안정되어 갔다. 그러나 2세기에 들어오면 북방에서는 흉노를 대신해 선비(鮮卑), 오환(烏桓), 정령(丁零) 등의 여러 민족이 세력을 팽창했고, 중앙에서는 환관, 외척의 격렬한 다툼이 계속되어 지방의 명사(名士)인 유교 관료가 대거 탄압을 받는 사건(당고黨錮의 금禁)[11]도 일어나면서 사회 불안을 야기했다. 184년에 종교 집단의 지도자가 일으킨 황건(黃巾)의 난을 시작으로 중국은 동란의 시대를 맞이하게 된다.

보았지만, 최근 연구에서는 유교가 국가의 정통 학문이 된 것은 더 늦은 시기인 전한 말 혹은 왕망의 시대였다고 보고 있다.

11　【역주】환관들과 대립했던 관료들이 환관들로부터 정치적 공격을 받았고, 이에 황제는 관료들을 고향에 돌아가게 하면서 종신 금고(禁錮)의 형벌을 내렸다. 이를 '당고의 금'이라 한다. 금고는 관료에 임명될 자격을 박탈하는 것이었고, 이는 관료계에서 영원히 추방되는 것을 의미했다. 이러한 당고의 금에 의해 당시 지식인 관료들의 정치 활동이 금지되면서 환관의 정치적 기반이 더욱 강고하게 확립되었다.

[초점] 유교란 무엇인가?

유교란, 춘추시대의 공자에서 비롯된 가르침으로 제자백가의 하나로 불릴 때에는 '유가(儒家)'라고 하고 특별히 학술적인 방면에 대해서 말할 때에는 '유학(儒學)'이라고 부른다. 2천 년에 가까운 세월에 걸쳐 중국의 사상학술에서 중심이 되었던 유교는 매우 다양한 측면을 지니고 있기 때문에 '유교란 무엇인가'를 한 마디로 서술하는 것은 쉬운 일이 아니지만, 그 중심에는 가족윤리를 기초로 하는 도덕을 통해 바람직한 사회질서를 완성시키고자 하는 사고방식이 존재한다고 할 수 있다. 유교 학자들에게 있어서 부모에 대한 효라는 가족도덕은 인간이 지닌 가장 본질적인 감정이고, 모든 인간관계의 기초이다. 이러한 인간관계의 질서를 눈에 보이는 형태로 표현하는 것이 '예(禮)'이다.

유교라고 하면 황제의 권력을 지탱하는 이데올로기라고 생각하는 경향이 있지만, 유교에서 가장 중시하는 것은 황제 권력 그 자체보다는 인간의 보편적인 도덕이기 때문에 유교는 황제의 악정에 대한 비판의 토대가 되기도 한다. 또한, 유교는 번잡한 예와 도덕을 강제하여 사람들의 자유를 속박한다는 비판도 자주 받았지만 유학자 자신의 사고방식에서 바라보면, 유교의 근본은 가족을 대하는 듯한 자연스러운 애정('인(仁)')을 사회 전체에 넓혀 간다는 것에 있고 단순히 형식적인 예와 도덕을 굳게 지키는 것에 있지 않다.

공자와 맹자를 필두로 하는 유교의 교설(敎說)은 주 왕조 시대를 이상적인 시대로 중시하고 있어서 언뜻 보면 복고적인 사상이라고도 할 수 있다. 그러나 유교의 특색은 씨족사회의 혈연윤리를 춘추·전국시대의 활동적이면서 개방적인 사회에 계속 적응시키면서 보편적인 도덕으로 재구성하는 것에 있다. 그렇기 때문에 2천 년에 걸친 중국의 역사

속에서 생생하게 생명력을 유지했던 것이라고 할 수 있다.

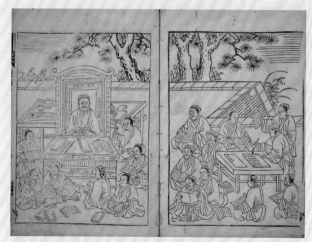

공자성적도(孔子聖蹟圖) 제자들에게 학문을 가르치는 공자(왼쪽 가운데에 위치). 명제국 시대에 간행된 책을 에도시대의 일본에서 그대로 인쇄하여 출판한 것이다. 유교는 조상 숭배의 의례를 중시하는 점 등 종교적인 요소도 지니고 있지만, 그 주안점은 현실 세계에서 도덕적인 질서를 구축하는 것에 있다. 공자는 최고의 덕을 실현했던 사람으로 '성인(聖人)'이라고 칭해지는데, 초자연적인 힘을 가져야만 하는 것이 아니라 누구라도 학문을 깊이 연구하면 '성인'에 가까워지는 것이라고 본다.

5장
분열과 융합의 시대

5장에서는 후한의 멸망에서부터 수의 재통일까지 370여 년을 다룬다. 후한이 멸망한 이후, 중국은 분열과 항쟁의 시대를 맞이하는데 그 사이에 북방에서는 유목민의 전통과 농경민의 전통이 융합되어 새로운 문화와 정치제도가 만들어졌다. 강남에서도 남하한 한인들에 의해 농경지 개발이 이루어졌고, 선주민들과의 융합이 진행되었다. 또한, 한반도와 일본 등 주변 여러 국가들 속에서 국가의 통일이 진척되어 중국 여러 왕조와의 사이에서 활발한 교류가 시작되었다.

중국의 분열과 북방민족의 진출

유라시아 대륙의 초원지대에서는 4세기부터 5세기에 걸쳐 유목민의 대규모 이동이 시작되면서 남방의 농경사회를 크게 뒤흔들었다. 유럽 게르만족의 대이동에 의한 서로마 제국의 멸망, 후한이 멸망한 이후 주변 민족들이 화북으로 진출한 것은 모두 이러한 대규모 움직임의 일환이었다.

황건의 난 이후, 중국은 무력집단이 항쟁하는 시대를 맞이했다. 화북에서 세력을 키웠던 조조(曹操)의 아들 조비(曹丕)가 후한의 헌제(獻帝)로부터 선양(禪讓)[1]을 받아 위(魏)를 건국하였고, 장강 하류 유역에서는 손권(孫權)이 오(吳)를 건국했으며 사천(四川)에서는 유비(劉備)가 촉(蜀, 혹은 촉한)을 건국하면서 삼국이 정립하는 형세가 되었다. 삼국 중에서 가장 강대했던 위는 촉을 멸망시켰지만, 얼마 지나지 않아 위의 장군 사마염(司馬炎, 진 무제)이 위의 황제로부터 선양을 받아 진(晉, 265~316)을 건국하였고 오를 격파하면서 중국을 통일했다.

무제는 일족을 왕으로 봉했는데, 무제가 사망한 이후에는 이 왕들 사이에서 다툼이 발생하였고(팔왕八王의 난), 이 내란의 와중에 병력으로서 활약했던 유목민의 여러 민족이 세력을 팽창하면서 각지에서 봉기했다. 이들 여러 민족은 당시에 '오호(五胡)'(흉노·갈·선비·저·강)라고 총칭되었다. 기마 기술을 보유한 '오호'는 삼국시대부터 병사로 활용되고 있었다. 산서(山西)에서 거병한 흉노족의 유씨(劉氏)가 진의 수도인 낙양을 점령하자 진의

---

1 왕조가 교체될 때에 무력을 써서 군주의 지위를 빼앗는 것이 아니라 전 왕조의 군주가 스스로 자리를 양도하는 방식을 선양이라고 한다. 요·순 등의 옛 성왕(聖王)이 선양을 행했다고 하는 전설이 있지만, 실제로 시행되었던 것은 신의 왕망 때가 최초이다. 그 이후, 위진남북조 시대에는 선양이 활발하게 행해졌다. 물론, 자진해서 자리를 양도하는 것은 아니었고 실제로는 강제적인 것이었다.

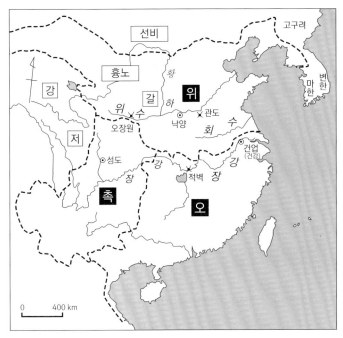

삼국의 정립과 여러 유목민족

황족은 강남으로 도망쳐서 건강(建康, 현재의 남경)에서 즉위했다(동진의 건국). 그 이후, 화북에서는 100년 여에 걸쳐 오호의 여러 민족들을 중심으로 많은 군소 국가들이 흥망을 거듭했다. 이를 총칭하여 '오호십육국'이라 한다.

5세기 전반에는 선비족 탁발씨(拓跋氏)가 건국한 북위(北魏, 386~534)의 태무제(太武帝)가 화북을 통일했다. 북위가 동서로 분열된 이후, 동위(東魏)는 북제(北齊)에 의해 멸망하고 서위(西

魏)는 북주(北周)에 의해 멸망하였으며 북제는 북주에 병합되었다. 북위 이후의 다섯 국가는 북조(北朝)라고 총칭된다. 한편, 강남에서는 동진(東晉)의 무장 유유(劉裕)가 실권을 장악하여 동진의 황제로부터 선양을 받아 송(宋)을 건국했다. 그 이후, 강남에서는 송-제(齊)-양(梁)-진(陳) 네 국가가 흥망을 거듭했다. 이 네 국가를 총칭하여 남조(南朝)라고 부른다. 남조와 북조의 대립은 약 1세기 반 정도 지속되었다.

북조에서 호한(胡漢)의 융합

북위[2]의 초대(初代) 황제인 도무제(道武帝) 탁발규(拓跋珪)는 평성(平城, 현재 산서성 대동)에서 건국한 후, 여러 부족장들의 부족 백성들에 대한 지배권을 박탈하고 황제의 지배권을 강화하는 개혁을 추진했으며 선비족의 여러 부족들을 8부(部)로 재편했다. 이 부들이 북위 군대의 핵심이 되어 이후의 화북 통일을 뒷받침하게 된다.

북위는 한인 관료를 등용하여 중국식의 관제를 정비하고, 동지에는 하늘에 제사 지내고 하지에는 땅에 제사 지내는 중국식 제사를 채택하는 등 중국 왕조를 모방하는 개혁을 추진했다. 그러

---

2 북위의 발상지는 본래 대흥안령 북부로, 현재 흑룡강성 서북부에 있다. 황제의 조상이 거주했다고 하는 동굴이 현재도 남아 있다. 이후에 점차 남하하여 진 제국 시대에는 현재의 내몽골에서부터 산서에 이르는 지역에서 영토를 획득했다.

나 이러한 개혁이 반드시 곧바로 선비족의 '한화(漢化)'를 의미하는 것은 아니었다. 중국식의 행정제도로 운영되는 외조(外朝) 이외에 내조(內朝)라 불리는 기구가 있어 오로지 선비족 사람들이 임용되어 외조에 대한 감독을 시행했던 것이다. 또한, 중국식 제사 이외에도 4월에 서교(西郊)에서 하늘에 제사를 지내는 유목민의 전통적인 의례를 시행했다. 북위 전기의 선비족은 선비어를 말하였고, 호복(胡服)을 필두로 북방민족의 풍속과 관습을 계속 유지하면서 중국식의 관료 제도를 받아들여 집권화를 추진해 갔던 것이다.

이러한 체제가 크게 전환되는 것이 효문제(孝文帝, 재위 471~499) 시대이다. 중원에 들어온 지 1세기 가까이가 지난 그의 시대에는 선비족 사람들 중에서도 선비어를 말하지 못하는 경우가 있었다. 또한, 황제의 일족인 탁발씨를 중심으로 한 결집력도 흔들리고 있었다. 그러한 상황 속에서 효문제는 선비식의 여러 제도를 폐지하는 정책을 단행하였고, 중국적 제도의 전면적 채용을 결단하였다. 그는 평성에서 낙양으로 천도함과 동시에 서교에서의 제천의례를 폐지하고 내조를 해체하였으며 호족(胡族, 북방민족)의 복장 및 조정에서 선비어의 사용을 금지했다. 그리고 황제의 성인 탁발씨를 원씨(元氏)로 바꾸는 등 호족의 성을 중국식의 한 글자 성으로 변경하는 대개혁을 시행하였다. 또한 선비의 여러 부족 중에서 귀족 가문을 정해 한인 귀족과의 사이에서 혼인을 행하게 하면서 호한의 융합을 도모하였다.

이렇게 급격한 한화 정책은 개혁의 와중에서 불리한 입장에 빠지게 된 군인들의 반란을 초래하였고, 북위는 동서로 분열되었다.[3]

효문제의 개혁은 확실히 '한화'라는 말로 표현할 수 있을 것이다. 다만, 이것을 단순하게 '문화가 후진적인 이적이 자진해서 중화문명에 동화했다'라는 관점으로만 이해할 수는 없을 것이다. 다민족 국가를 유지해 나가려는 노력 속에서 중국식 제도와 풍속을 선별해서 받아들일 때에 여기에서 목표로 삼는 것은 한족 문화의 현상을 단순히 뒤쫓아 따르는 것이 아니다. 오히려 중화 문명 속에 포함되어 있는 보편주의적인 '천하'의 이념이 순화되어 선택된 다음에 채용되었다고도 할 수 있다.

예를 들면, 북위의 도성인 평성과 낙양의 설계는 이후 수와 당의 장안성으로 연결되는 정연한 도시 계획의 선구가 되었는데, 중국 고래의 고전적인 이상적 도시를 모델로 삼은 이러한 대규모 도시 계획이 비한족 정권에 의해서 시작되고 실시된 이유는 무엇일까? 이러한 도시에 들어오는 사람들은 여기에서 특정한 민족이 지닌 생활문화의 정취를 알아내기보다는 오히려 개개의 민족문화를 초월하는 보편적, 우주적인 이념을 감지했을 것이다. 한

---

3 평성의 북방에 설치되었던 여섯 곳의 군사 거점에 있던 군인들에 의한 반란으로, 육진(六鎭)의 난이라고 불린다.

족의 도시라고 하기보다는 천하의 다양한 종교, 문화를 향해 개방되어 있는 도시였던 것이다. 그래서 실제로 북위에서부터 수, 당에 이르는 이러한 도성은 다언어, 다문화 도시였고 여기에 거주하는 사람들은 유목민, 농경민을 포함한 다양한 종족으로 구성되어 있었다.[4]

『진서(晋書)』에는 흉노의 유연(劉淵)이 "제왕의 출신에는 정해진 바가 있는 것이 아니다. 대우(大禹)는 서융(西戎) 출신이고, 문왕(文王)은 동이(東夷)에서 태어났다.[5] 다만 덕을 통해서만 결정되는 것이다"라고 말했다는 기록이 있다. 이 말은 덕이 있는 사람이 제왕이 된다고 하는 유교의 사고방식과 비슷하면서도, 그 '덕'을 한족의 독점물이라고 보지 않고 호족이라고 해도 덕이 있다면 중화의 군주가 될 수 있다는 것이다. 이러한 사고방식은 북방민족이 중국을 지배할 때에 자주 등장하는 것으로, 종족 관념에 사로잡힌 협소한 중화사상을 돌파하려는 방향성을 지닌 것이었다.

화북에서 흥망을 거듭했던 북방민족 정권에서는 불교가 중시되었고, 평성의 서쪽 교외에 있는 운강(雲崗) 등의 대규모 석굴사

4　세오 타츠히코(妹尾達彦)는 이러한 계획 도시가 유목민의 정치적 조직력과 화북의 전통문화가 융합된 결과라고 주장하고 있다.

5　대우는 하 왕조를 건국했다고 알려진 우(29쪽 참조)를 가리키고, 문왕은 주 왕조를 창시한 사람(무왕의 부친)이다. 모두 덕을 갖춘 고대의 군주로 여겨지고 있다.

원이 조성되었다.[6] 이는 또한 종족을 뛰어넘는 세계 종교로서의 불교에 대한 관심에 근거한 것이라고 할 수 있다. 불교뿐만 아니라 이 시기에는 도교(道敎)도 체계화되었고, 북위의 도사(道士)인 구겸지(寇謙之)처럼 황제의 신임을 받는 사람도 나타났다. 도교의 세력이 강력할 때에는 불교에 대한 탄압도 시행되었다.

오호십육국부터 남북조 시대까지는 '종교의 시대'라고 불릴 정도로 다양한 종교가 꽃을 피운 시기였다. 이렇게 된 배경 중 하나는 동란이 계속되는 불안 속에서 사람들이 세속의 항쟁을 뛰어넘는 종교적 경지에서 영혼을 의지할 곳을 구하려고 했다는 것에서 찾을 수 있을 것이다. 학문의 측면에서도 정치에 깊숙이 관련된 유교를 혐오하고, 세속으로부터 은둔하여 자유롭게 철학적, 종교적 논의를 행하는 것(이러한 논의를 '청담淸談'이라고 한다)에 매력을 느끼는 지식인들이 많았다. 그런데 한편으로는 화북의 정권이 종교와 계속 연결되어 스스로의 정통성을 모색하고 있었던 것도 종교가 흥성하게 된 중요한 원인일 것이다. 정권이 불교와 같은 외래 종교와 결부되면서 중화의 관념은 보다 보편적인 것으로 새로 만들어지게 되었다고도 할 수 있다. 이 시기에 만들어진,

---

6 인도에서 탄생한 불교는 기원전후로 중국에 전파되었지만, 광범하게 보급되기 시작했던 것은 남북조 시대였다. 강남에서도 불교가 퍼져나갔지만, 석굴사원이 조성되었던 것은 화북의 특징이다. 돈황의 막고굴(莫高窟)은 벽화, 소상(塑像)으로 유명하고 운강과 용문(龍門, 낙양 부근)은 석불(石佛)과 석조(石彫)가 유명하다.

한 제국 이전과는 다른 새로운 중화관념이 수·당 시대 동아시아 세계의 질서를 뒷받침하게 되는 것이다.

육조(六朝) 정권과 강남의 개발

오·동진·송·제·양·진으로 잇달아 장강 유역 이남에서 건국되었던 국가는 모두 건강을 수도로 삼았고 이들을 아울러 육조라고 부른다. 오호십육국 시대 화북의 혼란은 중원에서부터 주변 지역을 향한 대량의 인구 이동을 야기했는데, 그 중에서도 황하 하류 지역에서부터 회하, 장강 하류 지역으로 이동하는 것이 가장 규모가 컸다. 북방에서부터 이주해 온 자들에 대해서는 본래 강남에 거주하고 있던 사람들의 '황적(黃籍)'과는 다른 '백적(白籍)'이라는 임시 호적을 만들어 본적지로의 귀환이 쉽게 이루어지도록 배려했지만, 남조에서는 종종 '토단(土斷)'의 법을 시행하여 북인과 남인의 호적을 구별하지 않고 북인도 남인과 똑같이 세금을 부담할 것을 명하였다. 이러한 과정을 거쳐 북방에서 온 이주민은 강남에서 토착화되어 갔다.

이러한 이주민들과 토착 호족들에 의해 이 시기에 강남의 개발이 진척되었다. 당시의 강남은 중원의 관점에서 보면 벽지(僻地)에 해당되었고, 산지에는 '산월(山越)'이라 불리는 선주민족이 거주하고 있었다. 춘추·전국시대에 이 지방에 국가를 세웠던 '월'족은 '문신단발(文身斷髮, 몸에 문신을 하고 머리를 묶지 않고 자른 것)'이라고 일컬어졌듯이 중원과는 다른 풍속을 지닌 민족이었는데, 이 지방이 진과 한 제국의 판도에 들어간 이후에도 그 문화적인 고유성은 사라지지 않았으며 오 등 남조 정권을 향해서 종종 반란을 일으켰다. 남조의 사회는 아직 개발 중에 있는 변경이라는 측면을 가지고 있었던 것이다. 그러나 육조 시기 이후로 이러한 선주민족과 한족과의 융합은 한층 진전되어 갔다. 오늘날 중국 동남 지역에 거주하는 사람들은 대부분이 모두 스스로를 '한족'이라고 간주하고 있다고 보아도 좋지만, 그 곳에는 북방의 표준어와는 크게 다른 여러 방언이 분포하고 있다.[7] 이는 한 제국 시대에 '조어(鳥語)' 등으로 칭해졌던 선주민족의 언어와 한어가 오랜 시간에 걸쳐 융합되어 갔던 결과이다. 북방에서 호한의 융합이 이루어지고 있었던 시기에 강남에서도 다른 형태의 융합이 진행되고 있었다고 할 수 있을 것이다.

북방민족이 건국한 북조 정권을 남조 측에서는 '삭로(索虜)' 등으로 부르며 오랑캐로 취급했지만, 북조의 입장에서 남조는 '도이(島夷)'라고 불렀다. 남북조 시대는 쌍방의 정권이 다민족 융합의 과제를 떠안고 있으면서 정통성을 다투었던 시대라고 할 수 있다. 그러한 과정 속에서 수·당 시대에 연결되는 새로운 '중

---

7   상해어, 복건어, 광동어 등은 어휘 및 발음 체계도 북방의 중국어와는 크게 달라서 단순한 지방의 사투리라고 볼 수는 없다.

화'가 탄생하게 되는 것이다.

　지금까지 중국의 북방과 남방에서 분열, 동란과는 상반되는 측면에서 진행되었던 민족 융합의 상황을 서술했는데, 이러한 동란을 통해 사회경제, 사상의 측면에서도 새로운 전개가 이루어졌다. 이 시기에는 삼국시대 위의 둔전제(屯田制)와 북위의 균전제(均田制) 등 농민에게 토지를 분배하는 제도가 화북에서 제정되었는데, 그 이유는 농민이 도망치면서 황폐해진 토지가 늘어났기 때문이었다고 할 수 있다. 이러한 토지제도는 훗날 수·당 시대에도 계승되었다. 전란을 피하기 위해 친척, 친구들과 함께 집단을 이루어 산속의 요해지로 이주하여 자급적 생활을 보내는 사람들도 존재했다. 지식인들 사이에서는 정치에 연루되는 것을 피하고, 은둔하여 고상한 철학적 담론을 즐기며 취미 생활을 보내는 것을 이상으로 여기는 풍조가 널리 퍼졌다. 88~89쪽에서 인용한 도잠(陶潛, 도연명이라고도 한다. 365~427)의 '도화원기(桃花源記)'는 유토피아 이야기이지만, 당시의 현실과 사람들의 희망을 반영했던 문장이라고 할 수 있다.

[사료] 도잠, '도화원기'*

진(晉) 태원(太元) 연간(376~396)에 무릉(武陵, 호남성 도원
현桃源縣) 사람으로, 고기잡이를 업으로 삼은 남자가 있었다. 골
짜기의 물을 따라 거슬러 올라가다가 어느 정도의 길을 왔을 무
렵, 갑자기 복숭아꽃이 피어 있는 숲과 마주쳤다. …… 숲은 하천
의 근원에서 끝났고, 그곳에 산이 하나 있었다. 산에는 작은 동굴
이 있었고, 그곳에서부터 희미한 빛이 비치고 있는 것 같다고 생
각했다. 즉시 배에서 내려 그 입구에서부터 들어갔다. 처음에는
매우 좁아서 한 사람이 겨우 지나갈 정도였지만, 이후 수십 걸음
을 나아가니 갑자기 눈앞이 탁 트였다. 살펴보니 토지는 평평하
게 펼쳐져 있었고 집의 모양도 반듯하게 정돈되어 있었으며, 좋고
비옥한 땅과 아름다운 연못이 있었고 뽕나무와 대나무 등이 심어
져 있었다. 길은 사방으로 통하고 있었고, 닭과 개의 소리가 들려
왔다. 여기에서 왕래하며 농사를 짓는 남녀의 옷차림은 모두 외부
사람들과 똑같았고, 백발의 노인도 머리를 땋은 어린 아이들도 모
두 기뻐하며 각각 즐거워하고 있었다.

어부를 보고는 매우 놀라면서 어디에서 왔는지를 물었다. 자세
하게 사정을 대답하니 곧바로 초대해 집으로 함께 돌아가서 술자
리를 마련하고 닭을 잡아서 먹을 것을 대접해 주었다. 마을 안의
사람들은 이런 사람이 왔다는 말을 듣고 모두 찾아와서 물어보았
다. 그리고 말하기를, "선대에 진(秦) 제국 때의 난리를 피해 처자
와 마을 사람들을 데리고 이 외딴 곳에 왔습니다. 이후에 이곳에
서부터 한 걸음도 나가지 않아서 이와 같이 바깥사람들과 떨어지
게 되었습니다"라고 하였다. 지금은 무슨 시대인가를 묻는데, 한

제국 시대가 있었던 것도 모르니 위(魏)와 진(晋)은 말할 것도 없었고, 이 사람이 들은 것을 상세히 말해주자 모두 탄식하였다. 다른 사람들도 각자 또 자기 집으로 맞이하여 모두 술과 음식을 내놓았다. 며칠을 머물다 작별하게 되었는데 이 중에 한 사람이 말하기를, "바깥사람들에게 족히 말할 것이 못됩니다"라고 하였다.

나온 뒤에 원래의 배를 찾고 그대로 왔던 길을 더듬어가며 곳곳에 표시를 해 놓았다. 군(郡)에 이르러 태수(太守)에게 찾아가 이런 일을 말하였다. 태수가 즉시 사람을 시켜 그가 갔던 곳을 따라가게 하였다. 전에 표시해 놓은 곳을 찾았으나 결국 헤매다가 다시는 길을 찾을 수 없었다.(伊藤正文, 一海知義 編譯, 『漢 · 魏 · 六朝 · 唐 · 宋散文選』 平凡社中國古典文學大系, 1970년에서 인용. 행을 바꾼 것 등 약간 변경한 부분이 있다.)

* 일족이 전란을 피해서 산지를 개간하여 방비를 군건히 하면서 자급적인 생활을 보낸 사람들이 당시에 적지 않았다. '도화원기'는 그러한 상황을 이상화하여 묘사했던 것으로 보이고, 그 모델을 역사적 사실 속에서 찾아보는 연구도 있다.

위진남북조 시기의 책봉관계

3세기 초에 후한이 멸망한 이후부터 수의 재통일(581)에 이르는 분열 시대 동안에 중국 내부의 혼란에도 불구하고, 주변 여러 국가와의 관계는 활발하게 맺어졌다. 많은 국가들이 중국의 왕조에 공물을 바치면서 신종(臣從)하는 의례를 행하였고(조공),[8] 중국 측에서도 답례품을 주는 것과 동시에 관작을 부여하여 책봉했다.

이 시기에 국가 간의 관계가 활발하게 맺어졌던 이유 중 하나는 한 제국과 접촉했던 주변 지역, 특히 한반도와 일본 등 '동이'의 여러 국가들 사이에서 국가 형성의 움직임이 점차 발생하고 있었음을 언급할 수 있다. 새로 흥기한 여러 국가들에게 있어서 중국 왕조의 승인을 얻는 것은 스스로의 정통성을 주장하고, 인근 여러 국가와의 관계에서 우위를 차지한다는 측면에서 중요한 것이었다. 한편, 항쟁하고 있던 남조와 북조 양쪽에 있어서도 주변 여러 국가와의 책봉관계를 맺는 것은 항쟁하는 상대방을 견제한다는 전략적인 의미가 있었다. 주변 여러 국가들이 천자의 덕을 흠모하여 조공을 하러 왔다고 하는 화이사상의 구조와는 달리 실제 조공-책봉관계는 엄혹한 무력을 배경으로 하는 외교 정책

---

8 조공(朝貢)이라고 할 때에 좁은 의미로는 사절이 황제에 대해 행하는 의례를 일컫지만, 넓은 의미에서는 조공 사절들을 따라 온 상인들이 수행하는 무역도 조공무역이라고 일컫는다.

속에서 맺어졌다고 보아도 좋다.

왜(倭, 일본)[9]는 위 제국 시기에 히미코(卑彌呼)가 조공하여 '친위왜왕(親魏倭王)'의 칭호를 받았고, 그 이후 5세기에는 남조로 다섯 명의 왕이 조공하여 각각 칭호를 받았다. 한반도에서는 전한 말기에 국가를 형성했던 고구려가 313년에 낙랑·대방(帶方) 두 군을 멸망시키고 한반도 북부를 차지했다. 4세기 말부터 5세기 초 광개토왕 시대에 영토를 확장한 고구려는 뒤를 이은 장수왕 시대에 남조와 북조 양쪽에 조공하여 각각으로부터 책봉을 받았다. 4세기 전반에 성립했던 백제는 왜와 같이 오로지 남조와 조공–책봉관계를 맺었다. 4세기 중엽에 소국들을 통일하고 성립했던 신라는 6세기 중반에 한반도 남부를 차지했고, 남조와 북조 양쪽과의 교섭도 6세기에 시작했다.[10] 이 시기에 책봉을 받았던 것은 일본과 한반도 등 동방의 여러 국가들이 대부분이지만, 서역의 한인 왕조인 고창국(高昌國)도 책봉을 받았다.

이 시기 책봉의 특색은 한 제국 시대처럼 왕호(王號)만을 수여했던 것과는 달리 '사지절도독(使持節都督), 왜·백제·신라·임나·

---

9   당시의 일본은 '왜'라고 불리고 있었다. '일본'이라는 국가 명칭은 훗날에 견수사(遣隋使)를 파견할 때에 처음으로 사용되었다.

10 【역주】4세기 전반에 백제가 성립했고, 4세기 중엽에 신라가 성립했다는 이 책의 서술은 백제와 신라의 초기 역사를 시야에 넣지 않은 것이기 때문에 그대로 인정하기 어렵다.

[초점] 동아시아 세계론

　중국·한반도·일본 등 동아시아 여러 지역의 문화가 지닌 공통성과 역사의 관련성에 대해서는 2차 대전 이전부터 지적되고 있었는데, 2차 대전 이후에도 이러한 국가들의 역사를 고립시켜 파악하지 않고 동아시아 세계라는 무대 속에 두고 파악하는 관점이 학계에서 광범한 지지를 받고 있다. 특히 니시지마 사다오(西嶋定生, 1919~1998. 도쿄대학 교수)의 '동아시아 세계론'은 동아시아의 여러 지역을 완전한 문화권(동아시아 세계)으로 만든 기초로서 중국을 중심으로 한 조공–책봉체제라고 하는 정치구조가 존재했다는 것을 강조하면서 학계에 커다란 영향을 주었다. 위진남북조 시대 동아시아의 움직임은 그러한 관점의 유효성을 증명하는 가장 적절한 사례 중의 하나일 것이다.

　물론, '동아시아 세계'라는 말을 이해하는 방식은 다양하다. 국가 간 관계로서의 책봉체제를 통한 문화의 전파를 중시하는 관점도 있지만, 14~16세기의 왜구(倭寇)처럼 국가의 틀을 넘어섰던 민중의 움직임에 주목하는 관점도 있다. 또한, 무역 네트워크에 주목하는 사고방식이 있고, 동아시아를 무대로 한 여러 세력의 힘에 따른 외교에 초점을 맞추는 관점도 있다.

　5장에서 서술한 것과 같은 책봉관계는 동아시아 국제관계의 질서를 만드는 시스템으로서 중요한 것이지만, 이는 국제관계의 하나에 불과하다. 일본의 예를 언급하면, 조공을 하면서 동시에 책봉도 받았던 시대로는 히미코와 왜의 오왕(五王) 시대(중국의 위진남북조 시대)와 무로마치(室町) 시대(중국의 명 제국 시대)를 언급할 수 있는데, 일본이 중국의 제도와 문화를 가장 적극적으로 받아들였던 견수사·견당사(遣唐使)의 시대에는 조공은 시행했지만 책봉은 받지 못했다. 가마쿠라(鎌倉) 시대, 에도 시대와 같이 조공관계도, 책봉관계도 없었던 시대도 있었다. 그러나 그러한 시대에도 무역, 사람들의 이동을 통한 경제와 문화의 교류는 존재했다.

동아시아 세계를 살펴볼 경우에는 각각의 시대가 지닌 특색에 주목할 필요가 있는 것이다.

양직공도(梁職貢圖) 남조의 양(梁)에 조공을 하러 왔던 사절을 묘사한 그림(송 제국 시대의 모사)의 일부이다. 위 그림은 백제의 사절을 그린 부분이다.

가라·진한·모한칠국제군사(倭·百濟·新羅·任那·加羅·秦韓·慕韓七
國諸軍事), 안동대장군(安東大將軍), 개부의동삼사(開府儀同三
司), 왜국왕(倭國王) (송에 대해 왜왕 무가 자칭한 것)'처럼 다른
지역에 대한 군사적 지배권을 포함하는 긴 관작 명칭이 붙여졌다
는 것이다. 이때 왜왕 무(武)의 관작 요구에 대해 송은 백제와 개
부의동삼사를 제외한 관작을 수여했고, 이러한 책봉은 중국과 주
변의 국가 양국의 관계뿐만 아니라 동아시아 전체의 국제질서에
관련된 문제였다는 것을 알 수 있다. 위진남북조 시기는 중국 대
륙에서 다민족의 융합이 진행되고 있었음은 물론이고, 중국 주변
지역에서 중국의 여러 왕조와 관계가 맺어지며 국가 형성이 이루
어졌다는 점에서도 중요한 의미를 지닌 시대였다고 할 수 있다.

6장
수·당제국의 형성

6장에서는 수의 중국 통일부터 오대(五代)까지 400년 정도의 시기를 다룬다. 수와 당은 남북조 시대 여러 민족의 융합이라는 성과를 계승하여 정연한 국가 제도와 국제적인 문화를 발달시켰다. 그 영향은 동아시아 전체에 미쳤고, 주변 여러 지역에서도 수·당의 제도를 받아들이면서 국가 제도의 정비가 이루어졌다.

남북의 재통일

북위의 한화 정책이 과도하게 시행되면서 군인의 반란을 초래했고, 북위는 동서로 분열되었다. 그런데 수 제국을 개창한 양씨(楊氏)와 당 제국을 개창한 이씨는 모두 서위(이후 북주에 의해 멸망)의 지배층이었던 군사집단에 소속되어 있었다. 양씨와 이씨는 한인 명문귀족 출신이라고 칭했지만, 북위 이래 군사집단 속에서는 한인과 선비족 등 북방민족의 융합이 진전되었기 때문에 어떻든 간에 북방민족의 영향을 강하게 받았던 사람들이었다고

계획도시의 계보

1. 북위의 평성

2. 북위의 낙양

3. 수, 당의 장안

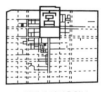

4. 발해의 상경용천부

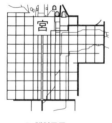

5. 헤이조쿄

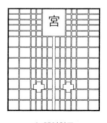

6. 헤이안쿄

할 수 있다.

양견(楊堅, 수 문제)은 581년에 북주 황제로부터 선양을 받아 수를 건국하고 장안에 새로운 도성을 건설했다(대흥성). 도성의 설계는 북위의 도성과 똑같이 정연한 방형(方形) 구획으로 된 구조였다. 당 제국의 장안성도 대흥성을 거의 그대로 계승하고 있다. 문제는 이어서 남조의 진(陳)도 멸망시키면서 서진 이후 270년 만에 중국을 통일했다.

수 제국의 과제는 오랜 기간 분열되어 있었던 남북을 통합하고, 집권적인 지배를 수립하는 것이었다. 이를 위한 정책의 예로, 관제의 정비와 과거제도의 도입 및 대운하의 개착(開鑿)을 언급할 수 있다. 수 문제는 지방 관제를 간소화함과 동시에 기존의 상급 지방관이 가지고 있었던 소속 관료 채용 권한을 폐지하고, 지방관 임명 권한을 중앙으로 회수했다. 또한, 당시의 인원 확보를 위해 과거제도를 채용하면서 시험을 통한 관료 등용을 시작했다.[1] 이어서 양제(煬帝)의 시대에는 현재 북경 부근부터 항주만(杭州灣)에 이르는 대운하의 건설이 시작되었다. 그 결과, 장안에서도 황하를 통해 수로로 강남에 이르는 것이 가능해졌다.

---

1 다만 수·당 시대에 과거제도를 통해 채용된 관료는 전체의 일부분에 지나지 않았다. 과거를 통한 관료 등용이 전면적으로 시행되는 것은 훗날의 송 제국 시대(10세기 이후)부터이다. 더구나 수 제국 시대에는 '회피제(回避制)'도 제정되면서 지방관이 자신의 출신지에 부임하는 것은 금지되었다. 이것도 중앙에 의한 관료 통제책의 일환이었다.

그러나 양제 시대 대토목공사에 따른 부담과 고구려 원정의 실패로 인해 각지에서 반란이 일어나면서 수는 멸망하였고, 이연(李淵, 당 고조)이 당을 건국했다. 고조에 이은 태종·고종의 시대에 당 제국의 판도는 최대에 도달했다.

국가 제도의 정비

당 제국 시대에는 그 이후 역대 왕조들 내내 채용되거나 동아시아의 여러 국가들에서 널리 시행되는 각종 제도들이 정비되었다. 그 중 몇 가지를 언급해 보자.

먼저, 율령제도의 편찬이다. 율(律)은 주로 형법에 해당하는 것이고, 령(令)은 행정과 관련된 법이다. 이러한 법령의 편찬은 진(晉) 제국 시대부터 확인되고 명·청 시대까지 이루어지게 되지만 수·당 시대는 법령 편찬이 특별히 정력적으로 이루어진 시기였고 그 정연한 구성으로 인해 광범위한 영향력을 가졌다. 당률(唐律)은 현재에도 기록이 남아 있지만, 당령(唐令)은 산일(散逸)되어 일본령 등을 참조하면서 복원이 진행되어 왔다.[2] 당시 국가 건설을 계속 추진했던 일본과 한반도 여러 국가들은 당의 율령을 중앙집권체제 정비의 주축으로서 중시했기 때문에 수에서 당 전반기에 이르는 시대는 종종 율령제의 시대라고 일컬어진다.

---

2 니이다 노보루(仁井田陞)의 『당령습유(唐令拾遺)』가 대표적이다.

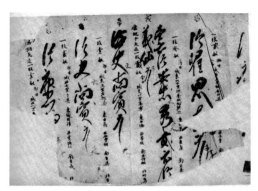

투르판의 토지 지급 문서 순서대로 누구에게 토지를 지급할 것인가를
기입해놓고 있다.

관제로는 중서성(中書省)·문하성(門下省)·상서성(尙書省)의
삼성(三省)과 상서성의 소속 관청인 이부(吏部)·호부(戶部)·예부
(禮部)·병부(兵部)·형부(刑部)·공부(工部)의 육부(六部)[3]를 중심
으로 하는 중앙 관제가 정비되었다. 송 제국 시대 이후 삼성은
차례대로 폐지되었고, 육부가 황제에 직속되는 체제가 만들어
지는데 청 제국 시대까지 유지되는 중앙 관제의 골격은 당 제국
시대에 정비되었다고 할 수 있다.

조세와 병역(兵役) 제도에 관해 살펴보면, 당의 조세제도는 북
위 이래 균전제에 의거한 조용조제(租庸調制)를 기본적으로 답

---

3 이부는 관료 인사, 호부는 재정, 예부는 의례(과거와 조공 등을 포함), 병부는 군대
   와 전쟁 관계, 형부는 법률과 재판, 공부는 토목사업을 각각 담당했다.

습했다. 이 제도는 성년 남자에게 정해진 크기의 토지를 지급함과 동시에 곡물(조), 노역 혹은 그를 대신해 바치는 물품(용), 견마(絹麻, 조)를 부과한다는 특색을 가지고 있었다. 균전제가 실제로 전국에서 시행되고 있었는지는 불명확하지만, 돈황과 투르판에 남아 있었던 당 제국 시대의 문서는 적어도 이들 지역에서는 토지의 지급과 반환이 실제로 이루어지고 있었음을 보여준다. 다만, 여기에 기록된 토지의 지급 액수는 규정보다는 훨씬 적었다.

부병제(府兵制)라고 불린 병역 제도는 일반 농민을 대상으로 하는 징병제였고, 농민으로부터 징발된 병사가 수도 주변과 변경 지대의 방비를 담당했다.

당 제국 시대 초기의 여러 제도를 이전의 한 제국 시대 혹은 당 이후인 송 제국 시대[4]의 제도와 비교해 보면, 명확한 이념에 근거하여 정연한 구성을 지닌 점에 그 특색이 있었다고 할 수 있을 것이다. 당 제국은 다양한 민족을 통합하기 위해서 명확한 이념을 필요로 했던 북조 정권의 여러 제도를 계승하였고, 이것을 집대성했다. 당 제국 초기 여러 제도의 이러한 성격은 동아시아에서 새로 흥기한 여러 국가들이 그것을 받아들이기에 적합한 보편성을 지녔던 것이라고 할 수 있을 것이다. 그러나 다른 측면에서 본

---

4   남북조 시대의 송과 구별하기 위해 조씨가 건국했던 10세기 이후의 송은 조송(趙宋), 남조의 송은 유송(劉宋) 등으로 부르기도 한다.

[사료] 이백(李白)*의 시에 보이는 당 제국 시대의 사회

곡조경형(哭晁卿衡)**

日本晁卿辭帝都　일본의 조경(晁卿)이 제국의 수도를 떠나서
征帆一片繞蓬壺　배에 올라 봉호(蓬壺)를 지나갔네
明月不歸沉碧海　밝은 달에 돌아오지 못하고 푸른 바다에 빠졌으니
白雲愁色滿蒼梧　흰 구름만 슬픈 빛으로 창오(蒼梧)에 가득하구나

소년행(少年行)***

五陵少年金市東　오릉(五陵)의 젊은이들이 금시(金市)의 동쪽에서
銀鞍白馬度春風　은 안장 얹은 백마에서 봄바람을 맞으며
落花踏盡遊何處　떨어진 꽃잎 다 밟으며 어디에서 놀려는가
笑入胡姬酒肆中　웃으며 들어가네 호희(胡姬)가 있는 술집으로

이백

* 이백(701 ~ 762)은 두보(杜甫)와 함께 당 제국 시대를 대표하는 시인이라고 여겨지고 있다. 젊었을 때에는 검술과 임협(任俠)을 좋아하여 각지를 유랑했다. 중년이 되어서는 장안에 나와 현종을 배알하고 관료가 되었지만, 분방한 성격 때문에 곧 실직했고 유랑을 하다가 일생을 끝마쳤다.

** '곡조경형'이라는 시는 아베노 나카마로(阿倍仲麻呂, 중국에서는 조형晁衡이라는 이름을 사용

했다)가 장안을 떠나 귀국했을 때에 배가 난파되어 사망했다는 소문을 듣고 이백이 지은 추도의 시이다. 아베노 나카마로는 장안에서 왕유(王維), 이백 등 명성이 높은 시인과 교우관계를 맺었던 것이다. 그러나 실제로 아베노 나카마로는 이때 안남(베트남)에 표착해 있었다. 그는 장안으로 돌아와 다시 관료 생활을 지속했고, 결국 일본으로 돌아가지 않았다.

*** '소년행'은 당시 수도의 봄 풍경을 묘사하고 있다. 부유한 젊은이가 말을 타고 수도의 대로를 활보하는 풍습, 마구(馬具)에 붙여 놓은 금·은 장식품, 그리고 이란계 미인이 서비스를 제공하는 술집 등은 여러 사람들의 마음을 사로잡는 도시 풍속이었다.

부녀승마용(婦女乘馬俑, 당 제국 시대) 당 제국 시대의 용(俑, 용은 부장품副葬品 중의 인형을 가리킨다) 중에는 여성의 기마상이 많이 보이는데, 당 제국 시대에는 여성이 말을 타고 외출하는 것이 보기 드문 일이 아니었음을 보여준다. 이는 중국의 다른 시대에서는 거의 보이지 않는 현상이다.

다면, 이러한 이념적 제도는 현실과 괴리되어 형해화하기 쉽다는 점도 존재했다. 균전제와 부병제가 8세기에 해체되어 버린 것이 그러한 예이다.

당과 주변 여러 지역

당은 주변 여러 국가와의 사이에서 책봉 이외에도 다양한 관계를 맺었다. 아래에서는 당의 대외관계를 지역별로 개관해보도록 하겠다.

동방에서는 주변 여러 국가에서 당의 각종 제도 도입이 적극적으로 이루어졌다는 점에서 그 특색이 드러난다고 할 수 있다. 그 대표적인 국가가 신라·일본·발해이다. 당은 7세기 후반에 신라와 연합하여 백제와 고구려를 멸망시켰고(이때 일본에 다수 망명했던 백제인들에 의해서 대륙문화의 수용이 촉진되었다), 한반도를 통일했던 신라와의 사이에서는 책봉관계를 맺었다.

일본과의 사이에서 수·당 시대에는 책봉관계가 맺어지지 않았지만, 일본은 7세기부터 9세기에 걸쳐서 10여 차례 견수사·견당사를 파견하여 당의 제도와 문화를 옮겨 수용하는 것에 힘썼다. 사신과 동행했던 유학생 중에는 아베노 나카마로(阿倍仲麻呂)처럼 당 제국에서 벼슬하며 고관이 되어 결국 귀국하지 않은 사람도 있었다.[5]

---

5 2004년에 서안에서 발견되었던 당 제국 시대의 묘지(墓誌)에 일본 출신인 세이신

7세기 말에 건국된 발해도 책봉을 받았고, 삼성육부의 관제 및 장안을 모방한 도성 등 당의 제도를 적극적으로 받아들였다.

캄보디아·참파·스리비자야 등 본래 인도 문화의 영향을 받았던 동남아시아의 국가들도 당에 조공했다. 향료 등 남해의 물산은 양주(揚州)·광주(廣州) 등 중국의 항구로 운반되었고, 여기에서부터 대운하를 거쳐 화북에서도 판매되었다. 당의 광대한 소비시장은 동남아시아 여러 국가의 교역 발전을 지탱하였다.

북방에서는 전기에 돌궐(突厥), 후기에 위구르가 주된 대항세력이었다. 당이 건국했을 때에 돌궐의 기병으로부터 도움을 받은 것도 있어서 돌궐은 큰 세력을 보유했지만, 630년에 당에 복속하였고 이때 서북 지역의 많은 유목민족은 당 태종에게 '천가한(天可汗)'[6]이라는 칭호를 바쳤다. 복속한 돌궐은 당의 기미(羈縻) 지배 아래로 편성되었다. 기미란, 본래 소나 말을 묶어 두는 줄을 의미하는 것으로 이민족 수장을 도독(都督), 자사(刺史) 등 관직에 임명하고 생활양식은 그대로 유지하면서 형식상 당의 지배 영역으로 편입하는 것이었다. 조정에서 파견된 관료는 도호부·도독부에 머무르며 이들을 감독했다. 북방과 서방에서는 종종 이러한

세이(井眞成)라는 인물의 이름이 기록되어 있어 화제가 되었는데, 세이신세이도 견당사를 수행했던 유학생이라고 여겨진다.

6 투르크어 텡그리 카간을 한자로 옮긴 말이다. 카간(카안)은 북방 여러 민족들의 정점에 서 있는 지배자를 가리킨다.

기미 방식에 의한 지배가 이루어졌다. 북방에서는 위구르가 안사(安史)의 난(755~763, 이에 대해서는 뒤에서 서술한다)에서 당을 구원했던 것을 계기로 세력을 확장했고, 당은 위구르와 형제관계를 맺고 공주(황제의 딸)를 시집보내는 것을 통해 관계를 유지했다. 위구르와 당 사이에서는 비단과 말이 교환되었고, 조공의 형식을 취했지만 실제로는 대등한 교역이었다.

티베트의 토번(吐蕃)은 634년에 처음으로 당에 사신을 보내당의 책봉을 받았고, 중국 문화를 적극적으로 도입하였다. 이후토번은 급속하게 세력을 확대하며 당의 서역 지배를 위협하였다. 안사의 난 이후 양국 관계는 '생구(甥舅, 사위와 장인)' 관계로, 대등한 맹약을 체결하는 것이었는데 이는 당이 공주(토번의 경우에는 황제의 친딸이 아닌 종실의 딸을 보냈다)를 토번에 시집보냈기 때문이었다.

타림 분지 오아시스의 여러 국가들은 동쪽의 당, 북쪽의 돌궐등 유목세력, 남쪽의 토번이라고 하는 세 방향으로부터의 압력을받으면서 복잡한 움직임을 보였다. 서역에서 당은 주로 기미 방식에 의한 지배를 시행했고, 8세기 전반에는 명목적인 것이기는했지만 카스피해 연안의 국가들에까지 왕호를 수여했다. 그러나당은 8세기 중반에 아바스 조와의 탈라스 전투에서 패배하였고, 또안사의 난이 일어나면서 서역 지배를 포기해야만 했다.

이상과 같이 당의 대외관계는 책봉관계 이외에 기미관계, 형제

혹은 장인-사위 등 친족에 비견되는 관계 등 다양한 관계를 사정에 따라 선택하고 있었던 것이다.

장안과 국제적 문화

당과 주변 여러 국가들 사이의 활발한 교류의 뒷받침을 받아 조공사절은 물론이고, 유학생과 상인 등 다양한 사람들이 주변 여러 지역에서부터 수도 장안을 방문했다. 장안의 정연한 도시계획을 일본의 헤이조쿄(平城京)와 헤이안쿄(平安京), 발해의 상경용천부(上京龍泉府) 등 주변 지역에서도 모방하였다. 장안(현재의 서안)은 위하(渭河, 황하의 지류)의 남안(南岸)에 위치하고 있었고, 북쪽으로는 위하가 있고 남쪽으로는 진령산맥(秦嶺山脈)이 있어 방어의 요해지였다. 주위에는 비옥한 관중평야가 펼쳐져 있어 풍부한 농산물을 얻을 수 있었고, 동시에 유목지대와의 관계도 밀접했다. 서주·진·전한 등 서방에서부터 흥기했던 정권, 유목지대와의 연결을 중시했던 정권은 장안에 수도를 두는 경우가 많았고 수·당도 예외가 아니었다.

7세기 중반에 사산조 페르시아가 신흥 이슬람 세력에 의해 멸망되었을 때에는 많은 이란인이 장안으로 이주했다. 소그드 지방[7]의 많은 상인들도 장안에 와서 금은 공예품과 비단 등의 교

---

7 사마르칸드 등 현재 서투르키스탄의 오아시스 지대에 해당된다.

역을 행하였다. 말에 타서 막대기로 공을 치는 폴로 경기와 같이 이란에서 기원한 놀이도 유행했다. 위진남북조 시대에는 '호(胡)'라고 하면, 북방민족을 가리키는 경우가 대부분이었지만 당 제국 시대에는 오히려 이란계 사람들과 그 풍속을 가리키는 말이 되었다. 당시에는

쇼소인에 보관되어 있는
유리 그릇

여성이 말을 타기도 했는데, 이것도 '호화(胡化)'의 한 예라고 할 수 있다.

장안성 내에는 수많은 불교 사원 이외에 사산조 페르시아에서 믿었던 조로아스터교(한자로는 천교祆敎), 에페수스 공의회[8]에서 이단으로 규정된 이래 동방으로의 포교를 목표로 삼았던 네스토리우스파 기독교(한자로는 경교景敎), 조로아스터교를 모체로 하여 기독교와 불교를 융합하여 위구르인 사이에서 널리 퍼졌던 마니교 등 서방에서 기원한 종교의 사원들도 건설되어 신자들을 모았다.

국제성을 지닌 당 제국 시대의 문화는 당과 관계를 맺은 주변

---

8 【역주】에페수스 공의회는 431년에 열린 기독교 공의회로, 여기에서 예수의 인성(人性)과 신성(神性)이 별개로 존재한다고 주장했던 네스토리우스의 교리가 이단으로 배척을 당하게 되었다. 이후 네스토리우스파 기독교는 중동 등 동방 지역에서 선교 및 교육 활동을 전개하면서 교세를 확장하였다.

[초점] 새로운 생활문화의 정착

오호십육국 시대부터 당 제국 시대 전반기에 걸쳐서 북방의 유목사회와 인도, 서아시아의 여러 도시의 영향이 널리 퍼지면서 중국의 생활문화를 크게 바꾸어놓았다. 예를 들면, 한 제국 시대의 중국에서는 상에 깔개 따위를 펼치고 직접 앉았지만 이 시기 이후에는 의자, 탁자를 갖춘 생활이 일반화되었다. 일본에서는 무로마치 시대부터 다다미가 보급되었고, 의자는 근대까지도 그다지 사용되지 않았던 것에 비해 중국에서는 당 제국 시기부터 의자에 앉는 생활이 일반적인 것이 되었다.

음식물의 측면에서 보면, 화북에서 밀은 옛날부터 생산되고 있었지만 한 제국 시대까지 주식은 조·피·수수 등 잡곡이었다. 그러나 당 제국 시대 중반 즈음부터 특히 관중평야에서는 밀의 재배가 보급되어 조 등을 대신하여 주식의 자리를 차지하게 되었다. 밀은 조 등과는 달리 제분(製粉)에 손이 많이 가지만, 다양하게 가공할 수 있고 맛이 좋다. 밀가루로 다양한 종류의 떡(일본의 떡과는 달리 밀가루를 반죽하고 얇게 펴서 찌거나 굽거나 튀긴 것)을 만드는 방법이 서아시아로부터 전파되면서 화북 사람들에게 환영을 받았다. 장안의 주변에서는 물의 힘과 가축의 힘을 이용해서 밀가루를 만드는 곳이 생겨 분식의 수요에 대응했다.

밀가루 떡을 필두로 서방에서 유래한 음식물은 '호식(胡食)'이라고 총칭되었고, 장안에서는 귀족과 서민을 불문하고 호식을 즐겼다. 호식의 대표적인 것은 '호병(胡餠)'이라 불린, 참깨가 묻은 빵이었는데 9세기에 중국을 방문했던 일본 승려 엔닌(圓仁)은 황제로부터 호병을 하사받았던 것과 일반 사람들 사이에서도 호병이 유행하고 있었던 것을 서술하고 있다. 그 외에 포도주도 이 시기 중국에서 환영받았던, 서방에서 기원한 음식물이었다.

당 제국 시대에 널리 퍼졌던 서방 기원의 풍속 중에는 그 이후 중국에서 거의 볼 수 없게 된 것이 많지만, 의자와 탁자를 갖춘 생활과 밀가루 음식은 이후 중국의 생활문화에서 중요한 한 가지 측면으로서 뿌리를 내렸다.

당 제국 시대 연회의 모습 당 제국 시대 중기 장안의 묘에 그려진 벽화에 보이는 연회의 풍경이다. 큰 탁자에 음식물과 술잔을 늘어놓고, 긴 의자에 앉아서 즐기고 있는 모습이 생생하게 묘사되어 있다.

여러 국가들에도 전파되었다. 일본의 헤이조쿄에서 번영을 누린 덴표문화(天平文化)가 그 전형적인 것으로, 나라(奈良)의 쇼소인(正倉院)에는 이란으로부터 직접 전래되었다고 여겨지는 유리그릇 등 이외에도 이란풍의 의장(意匠)으로 된 병풍과 금은 그릇 등의 보물이 다수 보관되어 있다.

당의 쇠퇴

당의 영토가 최대가 되었던 것은 7세기 태종·고종 치세이고, 당의 전성기는 8세기 전반기까지 지속되었다. 고종의 황후였던 측천무후는 고종이 사망한 이후 실권을 장악하고 스스로 제위에 올랐다.[9] 측천무후는 대립세력을 억제하기 위해서 과거제도를 통해 관료를 적극적으로 등용했는데, 이는 정치를 담당하는 사람이 오래된 가문의 귀족에서부터 과거에 합격한 관료로 바뀌는 계기가 되었다.

측천무후 사망 이후의 혼란을 거쳐 8세기 초에 즉위했던 현종

---

9 측천무후는 중국 역사상 유일한 여자 황제이다. 중국 역사 속에는 한 고조의 황후였던 여후(呂后), 청 제국 말기의 서태후(西太后, 203~204쪽 참조) 등 실권을 장악하고 국정을 움직였던 여성들도 있는데, 측천무후를 포함하여 그녀들은 정치를 혼란하게 만든 원흉으로 간주되면서 냉혹한 성격과 이상한 권력욕이 강조되는 경우가 많았다. 측천무후에 대해서도 경쟁자에게 죄를 뒤집어씌우기 위해서 자신의 딸을 죽이는 등 악녀의 모습만을 보여주는 에피소드가 많이 남아 있지만, 그녀들에 관한 사료의 기록에는 여성의 권력 장악에 대한 반감에 기초한 당시의 편견이 반영되어 있다는 것도 분명하다고 할 것이다.

의 치세는 당 제국 시대에도 가장 번영했던 시기라고 칭해졌다. 주변 여러 국가와의 교류가 활발하게 이루어졌고, 장안에서 이백(李白)과 두보(杜甫) 등의 시인이 활약했던 것도 '성당(盛唐)'이라 불린 이 시기였다. 그러나 한편으로는 병역 부담의 과중함 때문에 도망자가 속출하면서 부병제가 붕괴되어 갔던 것도 이 시기였다. 정부는 부병제를 대신해 모병제를 채용하지 않을 수 없었고, 그 지휘관으로서 절도사(節度使)를 두어 변경에 배치했다.

안사의 난[10]을 일으킨 안녹산(安祿山)은 소그드인 부친과 돌궐인 모친 사이에서 태어난 무장이었고, 반란 당시에 안녹산은 10곳의 절도사 중에서 3곳의 절도사를 겸직하고 있었다. 이 반란은 현종이 발탁하여 궁정에서 힘을 가지고 있었던 양국충(楊國忠, 현종이 총애하고 있었던 양귀비의 오빠)과 안녹산의 대립으로부터 비롯된 것이었고, 8년 동안 지속된 끝에 당이 위구르의 군사력을 빌려 겨우 진압했지만 이를 계기로 당의 체제는 크게 변모해 갔다.

재정난을 해결하기 위해서 조(租)·조(調) 이외의 세금이 늘어났고 780년에는 조용조제를 대신하여 양세법(兩稅法)이 시행되었다. 이는 균전제와 같이 일률적인 토지 지급을 목적으로 삼지

---

10 안녹산과 그의 무장인 사사명(史思明)이 중심이 되었기 때문에 안사의 난이라고 부른다.

않고, 현재 소유하고 있는 토지 면적에 따라 여름과 가을에 두 차례 동전으로 세금을 납부하게 한 것이었다. 이것은 민간의 대토지 소유가 용인되었음을 의미한다. 또한, 소금의 전매 제도도 시작되어 국가 재정 중에서 큰 비율을 차지하게 되었다.

절도사는 머지않아 내지에도 설치되었고, 감찰사(監察使, 감찰을 임무로 삼는다)를 겸하면서 지방행정권과 군사권을 한 손에 장악하게 되었다. 절도사 겸 감찰사가 지배하는 영역을 번진(藩鎭)이라고 했는데, 번진 중에는 당 제국의 명령에 따르지 않고 독립적으로 할거하는 경향도 나타났다.

9세기 말에 발생한 황소(黃巢)의 난은 소금 밀매상인이 일으킨 반란으로, 중국의 거의 전 지역이 반란에 휘말려 들어갔고 약 10년 동안 지속되었다. 안문절도사(雁門節度使) 이극용(李克用)[11] 등의 연합군에 의해 반란은 진압되었지만, 반란 이후의 당 제국은 서로 항쟁하는 번진에 대한 통제력을 상실했고 황소의 군대에서부터 당 제국에 항복한 장수였던 주전충(朱全忠)이 당 황제로부터 자리를 양도받아 후량(後梁) 제국을 세웠다(907). 그 후, 반세기 동안에 화북에서는 다섯 개의 제국이 교대로 세워졌는데 이 시기를 오대(五代)라고 한다.

---

11 사타돌궐(沙陀突厥)이라는 북방 부족 출신으로, 이후 후당(後唐)을 건국한다.
【역주】원서에는 오류가 있는데, 후당을 건국한 사람은 이극용의 아들인 이존욱이었다.

당의 멸망이 동아시아에 준 충격은 컸다. 당이 멸망하고 약간의 시간이 지났을 때에 한반도에서는 고려가 세워졌고, 신라와 발해가 멸망하였다. 운남에서는 남조(南詔)가 멸망하고 대리(大理)가 건국되었다. 북방에서는 거란이 세력을 강화하여 강력한 세력이 되었고, 남쪽에서는 베트남이 독립 정권을 세웠다. 일본에서는 헤이안 조가 계속되었지만, 율령제가 무너지고 독자적인 국풍문화(國風文化)가 번영을 누렸으며 또한 다이라노 마사카도(平將門)의 난이 일어나는 등 국가체제가 크게 변화해 가는 시기였다. 10세기는 동아시아 전체의 변동기였다고 할 수 있다.

7장
송 그리고 북방의 여러 민족

7장에서는 오대부터 남송 말까지의 약 3세기 반을 다룬다. 이 시기에는 대외적으로 북방민족의 세력 확장으로 인해 송은 항상 수세에 몰려 있었다. 그러나 이러한 대외적 긴장 아래에서도 중국에서는 정치·경제·문화 각 방면에서 새로운 움직임이 나타났고, 당 제국 말기부터 송에 이르는 시기는 중국사의 커다란 발전이 확인되는 시기로 간주되고 있다. 북방민족의 동향과 국내의 변화를 결부시키면서 이 시기 역사의 흐름을 파악해 보자.

북방 여러 민족의 동향

중국의 역사를 살펴보면, 통일 제국이라고 일컬어지는 시대라고 해도 제국이 통치하는 범위의 크기가 다양하다는 것을 깨닫게 될 것이다. 즉 북방·서방의 민족을 포함한 다민족적인 거대한 정치적 조직이 만들어진 시기와 북방·서방의 민족을 배제하고 이른바 한족(漢族)[1]을 중심으로 한 조직을 단위로 제국이 건설된

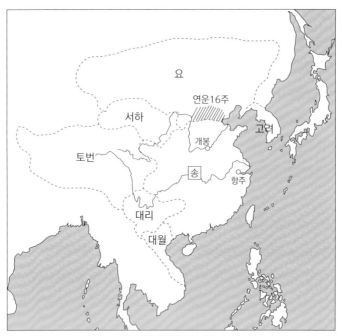

11세기 후반의 동아시아

시기가 파도처럼 반복되었던 것이다. 이러한 파도의 관점에서 말한다면, 수와 당은 영토가 그렇게 광범한 것은 아니었지만 북방과 서방의 문화가 혼합되면서 다민족적인 구조를 보여주는 제국이었다. 이에 반해 당말오대의 동란을 거친 이후 성립했던 송 제국

---

1 '한족'을 정의하기는 어렵지만, 아주 간단하게 말하면 한자를 사용하면서 한어를 말하고, 가족관계나 의식주 등에 관한 관습을 공유하고, 주로 농경생활을 영위하면서 '한족'으로서의 아이덴티티를 형성해 왔던 사람들이라고 할 수 있을 것이다.

시대는 한족 중심의 소규모 구조라는 성격을 전형적으로 보여주는 시대였다. 주변 민족의 관점에서 말하면, 주변 민족이 각각 독자적인 문화를 만들어서 자립해 가는 시기였다고도 할 수 있다.

수·당 시대에 북방에서 먼저 강력한 세력이 되었던 것은 돌궐이었고, 위구르가 그 뒤를 이었는데 이들은 모두 투르크계 민족이었다. 돌궐과 위구르에서는 독자적인 문자가 만들어졌는데, 이것은 북방 유목민으로서는 최초의 문자였다고 할 수 있다. 9세기 중반에 위구르가 서북부 몽골의 키르기스에게 패배하여 해체된 것을 계기로 초원, 오아시스 지대에는 대규모 변동이 일어났다. 위구르족의 일부는 남하하여 당의 영역 내로 들어갔고, 일부 다른 사람들은 서방으로 이주했다. 서방으로 향했던 투르크계 민족의 일부는 종래의 유목생활을 버리고 오아시스에서 정주생활을 시작하면서 그때까지 오아시스 지대에서 살고 있던 사람들과 융합해 갔다.[2] 그리고 9세기부터 10세기에 걸쳐 이 지역에 이슬람교가 전파되면서 투르크인의 이슬람화가 진전되었고, 훗날의 셀주크 조와 오스만 제국에서 보이는 것처럼 투르크인은 이슬람 세계의 중요한 일익을 담당하게 되었다.

이러한 투르크계 민족의 서방 이동 이후에 발생한 공백을 채웠

---

2 현재 파미르 고원 동서에 있는 오아시스 지대에는 투르크어 계통의 언어가 사용되고 있고, 이 지역은 '투르키스탄(투르크인의 땅이라는 뜻)'으로 불리고 있는데 이는 이 시기 투르크 민족의 이주에서 비롯된 것이다.

던 것은 몽골 고원의 동방에서부터 등장한 새로운 세력인 거란이었다. 야율아보기(耶律阿保機, 거란 태조)는 907년에 거란의 칸으로 즉위했고, 916년에는 황제를 칭하며 중국풍의 연호를 정했다.[3] 이후 태조는 발해 등을 멸망시키면서 급속히 세력을 확대했고, 뒤를 이은 태종의 시대에는 화북에 진입하여 연운십육주(燕雲十六州)[4]를 획득했다. 당시 송은 국내를 통일한 이후 연운 지방의 탈환을 목표로 삼으면서 거란과 송 사이에 전쟁이 일어났지만, 거란이 우위에 선 상황에서 강화가 성립되어 송으로부터 거란으로 매년 많은 액수의 은과 비단을 지불하는 것이 결정되었다. 거란은 북방민족으로서 본거지를 지키면서 중국 내지를 지배했던 최초의 제국이었고, 그 영역 내에는 수렵·유목·농경 등 다양한 생업을 가진 여러 민족들이 있었다. 그래서 통치에 있어서도 부족제에 기초한 북면관(北面官)과 주현제(州縣制)에 기초한 남면관(南面官)이라는 구별을 설정하고, 성격이 다른 사회를 통합해 갈 필요가 있었다.

11세기 전반에는 송의 서북쪽인 섬서, 감숙 지역에서 티베트계

---

3 거란제국은 민족 명칭인 거란을 국호로 사용한 적도 있고, 중국풍의 요(遼)라고 하는 국호를 사용한 적도 있었다.

4 현재 산서성 및 하북성 북부에 해당된다. 연(燕)이란 북경 주변을 의미하고, 운(雲)은 대동(大同) 주변을 가리킨다.

탕구트족이 서하(西夏)⁵를 건국하고 중국과 서방을 연결하는 통상로의 요충지를 장악하면서 송을 압박했다. 그리고 12세기에 들어오면, 동북의 송화강(松花江) 유역에서 여진족이 대두하여 금제국을 건립했다. 금은 송과 연합하여 거란을 공격했고, 거란은 멸망하였다.⁶ 이후에 금과 송 사이에서 영토 분쟁이 일어났고, 금은 화북을 공격해 들어가 수도 개봉(開封)을 함락하고 화북 일대를 지배했다. 송에서는 황제의 동생이 강남으로 도망가서 임안(臨安, 현재의 항주)을 수도로 삼아 제위에 올랐다.⁷ 송과 금은 회하(淮河)를 경계선으로 정했고, 송은 금에 대해 신하의 예를 취하면서 매년 은과 비단을 금에 보내기로 결정하였다. 남송 시기는 대외적으로 강력한 압박을 받았지만, 수도가 장강 이남으로 옮겨지면서 화중, 화남의 개발이 진척되었고 특히 장강 하류 지역에서 수전(水田)의 조성이 이루어졌다.

이렇게 송은 주변 여러 국가로부터의 엄혹한 군사적 위협에 직면해 있었다. 거란·금·서하는 모두 스스로 황제를 칭했는데, 이는 당의 황제가 유일한 황제로서 주변 여러 지역과 조공–책봉관계

---

5 【역주】정식 국호는 대하(大夏)이다.

6 이때 거란의 황족 중 한 사람이 서방으로 달아나 중앙아시아에서 서요(西遼)를 건국하였다.

7 임안으로 천도하기 이전에 개봉을 수도로 삼았던 시기를 북송(北宋)이라 부르고, 임안으로 천도한 이후를 남송(南宋)이라 부른다.

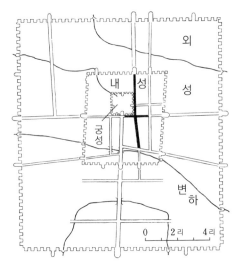

송 제국 시대의 개봉 130~131쪽의 [사료]에서 설명하고 있는 구역은
궁성의 동남쪽에 검은색으로 표시되어 있는 길 주변이다.

를 맺었던 당 제국 시대 동아시아의 질서와는 크게 다른 것이었
다. 또한 거란·금·서하는 각각 독자적인 문자를 가지고 있었으니
이러한 주변 여러 국가들의 대두는 문화적인 자각과도 연결되고
있었던 것이다. 이러한 '자립화'의 흐름은 북방과 서방은 물론이
고, 일본을 포함하는 것이기도 했다.[8]

---

8 '동아시아 세계론'을 주장한 대표적인 학자인 니시지마 사다오는 일본에서 가나
   문자가 보급된 것이 거란·금·서하 등에서 독자적인 문자가 제정된 것과 같은 시
   기의 일이라는 점에 주목하고 이를 동아시아에서 일어난 '한자문화로부터의 이탈
   현상'의 일환이라고 간주하고 있다.

당송변혁(唐宋變革)이란 무엇인가?

이러한 주변 여러 국가들의 자립화 움직임에 수반하여 중국의 정치와 문화도 크게 변화했다. 당 제국 시대의 국제적인 문화와는 달리 북방, 서방과는 다른 한족문화의 독자적인 특징이 송 제국 시대에는 짙게 나타났다고 할 수 있다. 당과 송 사이를 중국 역사상 큰 변동기라고 파악하는 것은 학계의 통설이 되었고, '당송변혁'이라는 말도 자주 사용된다.[9] 그렇다면, 당송변혁이란 어떠한 것이고 왜 일어나게 되었던 것일까?

907년에 당이 멸망하고 난 이후 약 50년 동안 화북에는 오대라고 일컬어지는 다섯 제국(후량·후당·후진·후한·후주)이 흥망을 거듭했다. 그 이외에 중국의 중부와 남부에서 차례차례 건국되었던 지방정권을 십국(十國)이라 하고, 이를 아울러 오대십국이라 부르기도 한다. 이 시대는 분열과 항쟁의 시대였지만, 동시에 장강 델타의 수리시설 정비 및 도시 교외의 상업중심지 성장 등 이후 시대로 연결되는 경제발전도 이루어졌다.

후주의 무장이었던 송 태조 조광윤(趙匡胤)은 960년에 부하들

---

9   당과 송 사이에 큰 변혁이 있었다고 보는 학설은 일본 동양사학의 창시자 중 한 사람으로 여겨지는 나이토 코난(內藤湖南, 1866 ~ 1934. 교토제국대학 교수)에 의해 1910년 전후에 최초로 제기되었다. 나이토 코난은 송 제국 시대에 군주독재제도의 강화, 상품경제와 도시의 발전, 유학의 쇄신과 같은 정치·경제·문화에 걸친 다면적인 지표를 언급하며 송 제국 시대와 르네상스 시대 유럽과의 유사성을 논하면서 송 제국 시대 이후를 중국 역사상 근세(近世)로 간주하였다.

에 의해 옹립되어 즉위하면서 통일을 추진하였고, 2대 황제 태종의 시대에 중국의 주요 지역의 통일이 일단 완성되었다. 그러나 북쪽에서는 거란이 연운십육주를 점거하고 있었고, 서북쪽에서는 감숙과 섬서에 서하가 진출하였으며 서남쪽에서는 대리가 운남, 귀주를 지배했기 때문에 역대 통일 제국에 비해서는 다소 소규모의 통일이었다.

송 제국 시대에 보이는 새로운 특징 중 첫 번째는 황제를 중심으로 하는 중앙집권적인 문관통치제도가 확립되어 갔다는 점이다. 태조와 태종은 종래 지방의 군사권과 행정권을 한 손에 장악하고 있던 절도사의 권력을 삭감하면서 중앙집권화를 추진했다. 이를 위해서 한편에서는 절도사의 휘하에 있던 지방관을 중앙에서 직접 임명하는 제도를 고쳐서 만드는 것과 동시에 수 제국 시대 이래의 과거제도를 확충하여 중국 특유의 관리 등용제도를 정비했다.[10] 과거의 특색은 우선 출신을 불문하고 남성이라면 대부분 누구라도 받아들인다고 하는 개방성에 있다. 여성과 일부 천민은 받아들이지 않았고, 또한 장기간에 걸친 수험 공부를 위해서는 상당 정도의 경제력이 필요했지만 수험 자격이 일부 가문으로 제한되었던 것은 아니었다. 고급 관료의 자식이 은전(恩典)을 받아 특별히 임용되는 제도도 있었지만, 과거의 자격은 원칙적으

---

10 관리를 등용하는 제도로는 문관의 과거와 무관의 무거(武擧) 등 두 가지가 있었지만, 문관 쪽이 압도적으로 중요시되었다.

로 1대에 한정되어 있었다. 그리고 과거의 내용이 실무적인 지식이 아닌 유학 경전의 이해를 묻는 것이었다는 점은 또 하나의 특색이다. 과거에 합격하는 것은 유학의 교양을 지닌 덕이 높은 인물이라는 것을 증명하는 것으로 간주되었기 때문에 만약에 실제 관료가 되지 않더라도 부역제도와 법률의 측면에서 우대조치를 받았고, 지방사회의 명사(名士)로서 존경을 받을 수 있었다.

송 제국 시대 사회의 특색을 이룬 두 번째는 상업의 발전이다. 북송의 수도 개봉은 대운하와 황하를 잇는 지점에 위치한 상업 도시였기 때문에 장안이 유목지대와 가깝고 중국의 서북쪽에 치우쳐 있던 것과 비교하면, 중국 내부에서 동서남북 교통의 요충지에 위치해 있었다. 성벽 내부의 도로는 정연한 바둑판 모양은 아니었고, 뒤얽혀 있는 도로가 주류를 점했으며 성 내에는 운하가 굴착되어 있었다. 장안에는 도로로 분리되어 있는 하나하나의 구획이 벽으로 둘러쳐져 있었지만, 개봉에는 그러한 벽이 없었고 상점은 도로에 직접 맞대고 있었다.

물론, 송 제국 시대 중국의 경제는 농업을 기반으로 삼고 있었지만, 토지 경영방식도 상업화의 영향을 받아 변화했다. 당 제국 중기에 양세법이 시행된 이후, 대토지 소유가 발전하면서 송 제국 시대에는 신흥 지주층이 성장했다. 대토지 소유라고 해도 송 제국 시대의 지주는 하나로 정리된 영지를 세습적으로 지배하면서 자급자족적인 경영을 행했던 영주(領主)와는 달리 이익을 추구하면서 이곳저곳의 토지에 투자하는 상업적인 성격을 지니는 지주가 많았다.

송 제국 시대에는 대외적 교역도 활발해졌다. 대외교역으로는 육로를 통한 거란·서하와의 교역, 해로를 통한 일본·고려와의 교역, 같은 해로를 통한 남해무역(동남아시아 교역)을 언급할 수 있다. 중국의 주요 수출품으로는 견직물·도자기·서적·문방구·동전 등이 있었고 그 대가로 거란과 서하에서는 말·모피·인삼(약용 인삼) 등을 수입했다. 일본에서는 금·진주·수은·유황·도검·부채 등의 공예품이 수입되었으며 동남아시아의 여러 국가들에서는 향료, 약품 종류가 중국으로 수입되었다. 이러한 교역들은 정치권력과 연계되어 이루어지는 경우도 많았지만,[11] 당 제국 시대처럼 정식 국교(國交)의 표현이었던 조공으로 시행되는 것은 아니었다. 송 제국 시대에는 광주·천주(泉州)·명주(明州, 현재의 영파寧波)·항주에 시박사(市舶司)가 설치되어 외국무역을 관리했다. 당 제국 말기 이래 조공과 책봉을 통해 성립했던 국제적인 정치질서가 무너졌지만, 이를 대신하여 상인들을 통한 교역 활동이 동아시아 세계를 연결시켰던 것이다.

송 제국 시대의 특색 중 세 번째는 사대부(士大夫, 과거제로 임

---

11   일본과 송의 무역을 적극적으로 추진했던 일본의 다이라 씨(平氏) 정권은 그러한 예이다.

용된 관료 혹은 그에 준하는 유학 교양을 쌓은 지식인을 지칭한다)를 주체로 하는 문화가 흥성했음을 언급할 수 있다. 중국사상사 연구자인 시마다 켄지(島田虔次)는 송 제국 시대에 나타난 유학의 특징으로 (1) 정통주의의 확립, (2) 도덕과 정치의 일치, (3) 사변주의(思辨主義)를 언급하고 있다. (1)의 정통주의란, 도교와 불교에 대한 유교의 정통성을 주장했다는 것이다. 인간은 사회적 존재이고, 인의도덕(仁義道德)을 통해 사회의 올바른 질서를 일으키는 것이야말로 학문의 사명인데 도교와 불교는 인의도덕을 무시하고 사회로부터의 도피를 목표로 삼는 것이라고 비판했던 것이다. (2)의 도덕과 정치의 일치란, 스스로의 몸을 도덕적 기준에 맞추는 것이 훌륭한 정치와 직접적으로 연결된다고 하는 사고방식이다. (3)의 사변주의란, 광범한 지식을 찾지 않고 깊이 사색하고자 하는 태도를 가리킨다. 당 제국 말기까지의 유학은 훈고학(訓詁學)이라고 일컬어지는 것처럼, 경전의 주석(注釋)을 중심으로 삼았지만 송 제국 시대의 유학은 한 글자, 한 구절의 주석보다는 오히려 경전 전체를 통해 우주 만물의 올바른 존재 방식을 철학적으로 탐구하려는 것이었다. 그 올바른 존재 방식을 보여주는 중요한 단어로서 '이(理)'라는 용어가 사용되었기 때문에 송 제국 시대 이래의 유학을 '이학(理學)'이라고도 부른다.[12]

12　송 제국 시대의 새로운 유학은 남송의 주희(朱熹)에 의해 집대성되었기 때문에

송 제국 시대 학문이 가진 이러한 특색은 송 제국 시대의 예술과도 공통점이 있다. 즉 화려함과 다채로움, 구상적(具象的)인 아름다움보다는 내면적인 심오함을 추구하려는 방향성이다. 백자·청자, 한 가지 색의 먹물로 그린 문인화(文人畵) 등은 그러한 특색을 잘 보여준다고 할 수 있을 것이다.

정치제도, 사회경제, 문화의 여러 측면에 걸친 이러한 변화가 왜 당·송 사이에 일어났던 것일까? 이는 중요한 문제이다. 이 변동은 중국 국내의 정치·사회·문화의 발전으로만 설명할 수 있는 것이 아니고, 동아시아에서 주변 민족이 대두한 정세 속에서 이해할 필요가 있을 것이다.

대외적 위기에 대해 송 제국은 중앙집권을 강화하는 것을 통해 대처하고자 했다. 중앙재정이 팽창하고, 이전에는 없던 많은 액수의 동전을 발행한 것으로 인해 전국적인 상품유통도 촉진되었다. 또한, 사대부 사이에서는 순수한 중화를 목표로 삼는 중화정통주의 풍조가 강해졌다. 중앙집권화, 상품경제의 발전, 사대부들 사이의 중화정통주의라고 하는 경향은 당 제국 말기부터 이미 나타났던 것이지만 항상 대외적 긴장 속에 놓여 있었던 송 제국 시대에 이르러 정착한 것이라고 할 수 있다.

송 제국 시대 정치의 특징인 격렬한 당쟁도 대외적 위기와 직접

'주자학(朱子學)'이라고 부르는 경우도 많다.

적, 간접적으로 관련되어 있다. 11세기 후반, 신종(神宗)의 시대에는 전쟁으로 인한 재정난을 타개하기 위해서 왕안석(王安石)을 발탁하여 대개혁을 시작했지만 이것이 그 후 북송 정치를 일관(一貫)하는 신법파(개혁 지지파)와 구법파(개혁 반대파)의 항쟁을 야기하게 되었다. 차례차례 시행되었던 왕안석의 신법을 몇개의 그룹으로 나누어 보면, 먼저 청묘법(靑苗法)과 모역법(募役法)[13]처럼 농민의 구제를 목표로 삼은 법이 있었다. 두 번째 그룹으로는 균수법(均輸法)[14]과 시역법(市易法)[15]처럼 상업과 관련된 법이 있었다. 모두 대상인의 이익을 억제하고, 정부가 유통에 직접 관여하는 것을 통해 물자 유통의 촉진과 가격 안정을 도모했던 것이라고 할 수 있다. 세 번째 그룹으로는 보갑법(保甲法)[16]과

13　청묘법은 종래의 지주와 상인 등 고리대금업자에게 의지하지 않을 수 없었던 농민들에게 정부가 동전을 낮은 이자로 빌려주고, 수확기에 곡물로 갚게 하는 방법이다. 모역법은 농민을 윤번제로 징발하여 관청에서 일을 하게 하는 잡역(雜役)을 폐지하고 그 대신에 일정 액수의 동전을 납부하게 하여 그것으로 사람을 고용해 일을 시키는 방법을 말한다.

14　【역주】왕안석의 신법 중에서 가장 먼저 실시되었던 것이다. 조정에서 필요한 물건을 가격이 싼 곳에서 사들이고 운송비를 절약하면서 상인이 물가를 조작하여 이익을 얻는 폐단을 막아 물가의 안정을 도모하고자 했다.

15　【역주】시역법은 상인이 물가를 조작해서 이득을 보는 것을 억제하기 위해 시행하였다. 시역무(市易務)를 설치하고 수도의 물가를 파악하여 값이 싸면 사들이고 값이 오르면 되팔아서 그 이익을 국가에서 확보하여 상인들이 물가를 좌우하지 못하게 했다.

16　【역주】왕안석이 시행한 일종의 민병(民兵) 제도이다. 군비의 절감, 군대의 강화를 위해 단위를 편성하여 활·화살 등의 무기를 스스로 갖추게 하고 무예를 배우

보마법(保馬法)[17]처럼 민병(民兵)을 조직하고 민간에서 군마를 키우게 하는 것을 통해 군비의 삭감을 도모했던 방법이 있었다. 이러한 법들은 모두 국가 재정의 재정비를 커다란 목표로 삼은 것이었기 때문에 정부가 경제에 개입하여 관료 지주와 대상인의 이익을 제한함과 동시에 직접 생산을 하는 사람들의 몰락을 막으려는 것이었다. 정부의 이러한 개입에 대해서는 관료지주들 사이에서 민간의 이익을 빼앗는 것이라는 격렬한 비판이 일어났고, 신종이 사망한 이후에도 구법파와 신법파의 격렬한 갈등은 계속되었다.

남송 시대가 되면, 금에 대한 전쟁이냐 화의냐를 놓고 일어난 대립이 직접적으로 정치투쟁의 표면에 등장하게 되는데 어쨌든 송 제국 시대 정치와 경제·문화를 생각할 때에는 긴박했던 대외관계가 불러온 긴장감이 항상 그 배경에 존재했다는 것에 주의해야 한다.

몽골의 등장

이제 여기에서 다시 눈을 북방으로 돌려보자. 금을 건국했던 완안아골타(完顔阿骨打, 금 태조)는 여진의 전통 군사조직이었던 맹안(猛安)과 모극(謀克) 제도[18]를 정비하고 이것을 국가행정의

게 했다. 평상시에는 지역의 순찰과 경계를 맡게 했다.

17　【역주】북송의 수도 개봉을 포함한 일부 지역의 보갑(保甲)에게 명하여 말을 키우게 하면서 일부 세금을 면제해주었던 제도이다. 이렇게 키운 말은 주로 군마(軍馬)로 공급되었다.

18　300호(戶)를 1모극, 10모극을 1맹안으로 삼아 전쟁이 있을 때에는 1모극으로부

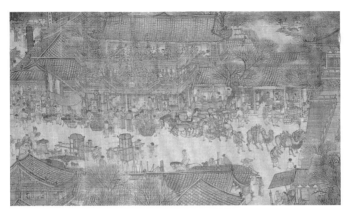

청명상하도(清明上河圖)의 일부분 북송 말기(12세기)에 그려진 두루마리 그림이다. 청명절(4월 초) 날 개봉의 번화함을 묘사하고 있다. 주루(酒樓, 식당)의 본점인 정점(正店), 집 앞의 노점(露店), 많은 사람들이 왕래하는 무지개다리 및 인물의 복장 등 당시의 정경을 전해주는 귀중한 자료이다.

[사료] 「동경몽화록(東京夢華錄)」* 권2, 동각루가항(東角樓街巷)

선덕루(宣德樓)에서 동쪽으로 가면 나오는 동각루(東角樓)는 황성의 동남쪽 모서리에 있다. 네거리[十字街]에서 남쪽으로 가면 강행(薑行, 생강 가게)이 있고, 고두가(高頭街)에서 북쪽으로 가면 사행(紗行, 얇은 견직물 가게)에서부터 동화문가(東華門街), 신휘문(晨暉門), 보록궁(寶籙宮)을 지나 구산조문(舊酸棗門)까지의 길은 점포가 가장 번화하였다. …… 동쪽으로 가면 반루가(潘樓街)이다. 반루가의 남쪽을 응점(鷹店)이라 불렀는데, 매나 송골매를 파는 상인들만 있었고 그 외에는 모두 진주·옷감·향료·약물을 파는 가게들이었다. 남쪽으로 통하는 거리 중 하나는 계신(界身)이라고 불렀는데 금·은 및 다양한 색의 비단을 사고파는 점포가 즐비하게 늘어서 있었다. 웅장한 건물, 폭이 넓은 점포들은 바라보면 위엄이 있는 모양이었고, 한번 물건을 사고팔면 천만(千萬)의 금품이 이동하였으니 사람들의 이목을 놀라게 했다.

그 동쪽 거리의 북쪽은 반루주점(潘樓酒店)이었는데, 그 아래에서는 매일 오경(五更, 오전 4시 무렵)부터 시장이 열려서 의류·서화(書畵)·진귀한 노리개·물소의 뿔·보옥(寶玉) 등을 매매했다. 날이 막 밝아지면 양의 머리·폐장(肺臟)·신장(腎臟)·위대(胃袋) 및 메추라기·토끼·비둘기 등 산림에서 잡은 식용 짐승과 게, 바지락 종류를 거래하였고, 이것이 끝나면 다양한 직인(職人)이 시장에 나와 자질구레한 재료를 매매했다. ……

거리의 남쪽에는 상가와자(桑家瓦子, 와자는 환락가를 의미한다)가 있었고, 북쪽 근처에는 중와(中瓦), 그 다음에 이와(裏瓦)가 있었다. 와자 안에는 크고 작은 공연 장소가 50여 개 있었고, 그 중에서도 중와자의 연하붕(蓮荷棚)·목단붕(牡丹棚)과 이와자의 야차붕(夜叉棚)·상붕

(象棚)이 제일 커서 수천 명을 수용할 수 있었다. …… 와자 안에서는 약을 팔고, 팔괘(八卦)를 보고, 헌 옷을 팔고, 음식을 걸어놓고 팔고, 종이를 잘라 공예품을 만드는 사람들의 부류도 많아 하루 종일 머물고 있기에, 날이 저무는 것도 깨닫지 못했다.(松枝茂夫 編, 『記錄文學集』平凡社中國古典文學大系, 1969년에서 인용)

* 『동경몽화록』은 작자 맹원로(孟元老)가 남송 초에 북송 말년 개봉(開封)의 모습과 행사 관습을 상세하게 묘사한 회상 기록이다. 장택단(張擇端)의 '청명상하도(淸明上河圖)'도 똑같이 북송 말년의 개봉을 묘사했다고 여겨지는 그림 두루마리인데, 그림과 문장을 대조해서 보면 개봉의 상황을 구체적으로 떠올릴 수 있을 것이다. 이 부분은 궁성의 동남쪽 귀퉁이를 중심으로 그 동쪽의 번화한 일각(一角)의 모습을 묘사하고 있다. 당 제국 시대 장안의 지도(96쪽)를 보면, 장안에서는 상업이 동시(東市)와 서시(西市) 두 구역으로 한정되어 있었다. 이에 반해 개봉에서는 거리를 따라 점포가 이어져 있었고, 또한 길가에서 열리는 아침 시장과 같은 것들도 번영하고 있었음을 알 수 있다.

[초점] 사대부의 윤리와 생활

'사대부'라는 말은 본래 주 왕조 봉건시대의 지배자였던 '대부(大夫)'나 '사(士)'에서 유래한 것인데, 송 제국 시대 이래로는 유학의 소양을 쌓은 지식인을 가리킬 때에 사용하는 말이 되었다. '독서인(讀書人)'이라는 말도 같은 의미이다. 주 왕조 시대의 '사', '대부'가 세습적이었던 것에 반해 송 제국 시대 이래 사대부의 지위는 학문을 쌓아 과거에 합격하거나 혹은 과거 합격자와 같은 수준의 교양을 지녔다고 인정받는 것을 통해서 획득해야만 하였다. 일반적 서민에 비해 과거 합격자는 형법, 부역 제도의 측면에서 우대를 받았고 일단 과거에 합격하면 사회적으로도 존경을 받으면서 큰 세력을 얻을 수 있었기 때문에 과거 합격의 좁은 문을 둘러싸고 격렬한 수험 경쟁이 이루어졌다. 과거 수험을 목표로 삼은 아이들은 8살 정도부터 선생에게서 유교 경전을 읽는 방식을 배우고 수십 만 글자에 달하는 주요 경전의 문장을 암기하면서 답안을 적는 방법을 연습했다. 20대에 과거에 합격하여 관직을 얻는 사람은 뛰어난 인재였고, 몇 차례 시험을 보아도 낙제하여 시험공부에 일생을 열심히 쏟아 붓는 사람들도 있었다.

유교의 정신을 체득한 지식인으로서 사대부는 고결한 도덕을 지닌 주체였다고 기대할 수도 있는데, 시험공부에 열심히 매진하면서 들어간 밑천을 되찾을 필요도 있어서 관료가 되면 뇌물이나 추가적 세금으로 사사로운 이득을 채우는 것이 보통이었다. 고결해야 하는 사대부가 사리사욕과 허영심 때문에 음습한 암투를 벌이는 모습을 청 제국 시대의 『유림외사(儒林外史)』, 『관장현형기(官場現形記)』 등의 소설에서는 빈정거리는 어투로 서술하고 있다.

문인화(文人畵) 북송 시대의 문학자인 문동(文同)의 묵죽도(墨竹圖)이다. 겉모습을 자세하고 실제와 비슷하게 공들여 그리는 매우 뛰어난 솜씨가 아니라, 오히려 기세가 있는 필치로 대상의 생생한 모습을 단숨에 그려내는 것이 사대부의 회화에서 중시되었다.

중심에 두었다. 3대 황제인 희종(熙宗) 시대에는 중국적 관제와 과거제를 받아들였고 율령도 제정하여 중국적 방식으로 화북을 지배하게 되었다. 이렇게 화북의 한인을 중국적 관제를 통해 지배하였고, 이를 맹안과 모극으로 편성된 여진인이 감시하는 체제가 활용되었던 것이다. 쿠데타를 통해 희종으로부터 황제의 자리를 빼앗은 해릉왕(海陵王)의 남송 원정이 실패로 끝난 이후에 뒤이어 즉위한 세종(世宗)은 남송과 화의를 맺는 한편, 여진인의 한화를 막기 위한 차원에서 여진어의 보급 등에 힘썼지만 그가 사망한 이후 몽골의 침입이 시작되면서 금은 쇠퇴의 길을 걷게 되었다.

위구르 제국이 9세기에 멸망한 이후, 몽골 고원에서는 크기가 다양한 유목집단이 할거하면서 항쟁을 지속하고 있었는데 몽골 고원의 동북쪽에 있는 오논 강 상류 유역의 조그만 부족 출신인 테무진이 점차 두각을 드러냈고, 몽골 고원의 통일로 나아가기 시작했다. 테무진은 고원 동부의 케레이트 부족, 그리고 서부의 나이만 부족을 격파하면서 몽골 고원의 태반을 차지했다. 1206년, 테무진은 오논 강가의 초원에서 개최되었던 쿠릴타이[19]에서 칸의 자리에 올랐고 칭기스 칸이라는 명칭을 취했다.

칭기스 칸이 즉위한 이후 최초로 실시했던 것은 유목민 집단의

터 1천 명의 병사가 무기와 식량을 스스로 부담하여 종군(從軍)하는 것이었다.

19 몽골어로 '모임'이라는 뜻이다. 유력한 부족장들이 모여서 칸의 선출, 원정 등 중요한 사항을 결정했다.

재편성이었다. 지배 하의 유목민을 95개의 집단(천인대千人隊)으로 편성하고 군공(軍功)이 있는 신하와 일족을 그 대장으로 임명했다. 그리고 이 천인대를 여러 개씩 칭기스 칸 자신의 아들과 형제들에게 나누어 주었고, 남은 것은 자신의 직속 부대로 삼았다. 천인대들은 단순한 군사 조직이 아니었고, 행정과 사회생활 전체의 단위가 되는 조직이었으며 각각의 유목지는 칭기스 칸에 의해 지정되었다. 그 이외에 케식이라고 하는 친위대도 있었고, 천인대는 물론이고 새로 지배 아래에 편입시킨 부족의 자제들도 발탁하여 케식에 참가하게 하면서 칸과 강고한 개인적 관계로 맺어진 특권집단을 형성했다.

이후 칭기스 칸은 정복전쟁에 나섰고 중앙아시아의 서요, 이란 방면의 신흥 국가 호라즘 그리고 서하를 차례로 멸망시켰다. 칭기스 칸이 사망한 이후에 즉위했던 우구데이는 금을 멸망시켜 화북을 차지함과 동시에 카라코룸에 수도를 건설했다. 칭기스 칸의 손자 중 한 사람인 바투가 이끄는 군대는 서북 유라시아 초원을 제압하여 동유럽까지 침입했고, 한편 서아시아에서도 손자 훌레구가 바그다드를 점령하여 아바스 조를 멸망시켰다.

그 결과, 13세기 중반이 되면 몽골의 지배는 동쪽으로 중국 북부에서부터 서쪽으로 러시아와 이란에 이르는 광대한 영역에 달하게 되었다. 이 거대한 영토 안에는 칭기스 칸의 자손들이 통치하는 몇 개의 지방정권이 만들어졌고 이들이 대칸(카안)의 휘하에서 느슨하게 통합되어 있었다. 그런데 그 중에서 누가 카안이 될 것인가라고 하는 점에 대해서는 카안의 자리가 쿠릴타이의 합의로 결정된다고 하는 북방민족의 제도가 존재함으로 인해 종종 심각한 분쟁으로 이어졌다. 원 제국을 건립한 쿠빌라이도 이러한 분쟁을 거친 끝에 정권을 장악한 사람이었다.

8장
원에서 명으로

8장에서는 몽골-원 제국에 의한 중국 지배의 상황과 그 이후 명의 건국부터 명 중기의 대외적 위기에 이르기까지 대략 300년 동안의 역사를 다룬다. 유라시아 대부분을 직접 지배했던 몽골을 대체한 명은 조공제도라는 형식으로 국제질서의 재편을 시도했지만, 광역적 상업이 활발해지면서 명을 중심으로 한 조공체제는 해체의 압박을 받게 되었다.

원 제국의 중국 통치

칭기스 칸이 사망한 이후 쿠릴타이를 통해 차기 카안[1]으로 지명된 인물은 칭기스 칸의 셋째 아들 우구데이였다. 우구데이는 금을 멸망시켜 화북을 차지함과 동시에 몽골 고원의 중심부에 수도

---

[1] 여러 칸들의 상위에 있는 대칸을 카안이라고 한다. 앞서 서술했던 가한(可汗)과 같은 것으로, 북방민족의 유일한 최고 수장을 가리키는 칭호이다. 몽골에서는 우구데이부터 사용되었다.

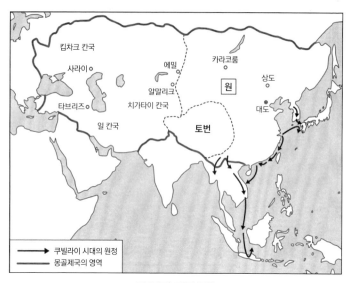

몽골제국(13세기 후반)

카라코룸을 건설하여 수도를 기점으로 하는 역참제도(몽골어로 잠치)를 정비하면서 정복지의 경영에 착수하였다. 우구데이 그리고 뭉케의 시대에 바투의 러시아 및 유럽 방면에 대한 원정과 훌레구의 서아시아 원정이 시행되었고, 남송 정복을 중심으로 하는 동방으로의 진출은 조금 늦게 진행되어 뭉케는 동생 쿠빌라이에게 그 임무를 맡겼다.

뭉케가 원정 도중에 갑자기 사망한 이후 카안의 자리 계승을 둘러싸고 쿠빌라이와 막냇동생 아릭부케 사이의 전쟁이 일어났고, 여기에서 승리를 거둔 쿠빌라이가 카안의 자리에 올랐으며 1271

년에는 대원(大元)이라는 국호[2]를 정했다.

이후 쿠빌라이는 1276년에 임안을 점령하면서 남송을 멸망시켰다. 한반도에서는 몽골에 귀순하는 자세를 보여주었던 고려국왕에 저항하면서 이에 승복하지 않은 무인 세력이 한반도 남부에서 반란을 일으켰지만, 몽골 군대는 고려 정부군과 협력하여 이를 진압했고 고려는 쿠빌라이 정권과 가장 긴밀한 관계를 가진 부속국이 되었다. 일본을 향한 침입, 이른바 원구(元寇)는 남송 멸망을 사이에 두고 1274년과 1281년 두 차례에 걸쳐 이루어졌다. 1차 침입은 고려와 몽골의 연합군, 2차 침입은 옛 남송의 군대를 주력으로 삼았으나 모두 폭풍으로 인해 선단(船團)이 피해를 입으면서 퇴각하였다.

그리고 쿠빌라이는 동남아시아의 여러 지역에도 원정군을 보냈다. 운남을 경유하는 육로로 미얀마를 공격한 것을 시작으로 육지와 바다 양쪽으로 참파 정벌, 베트남 출병, 자바 원정 등 1270년대부터 1290년대에 걸쳐 원 제국이 시행한 동남아시아 원정은 미얀마를 제외하면 대체로 실패로 끝났다. 그러나 이 원정을 통해 원 제국은 동남아시아로부터 인도양에 이르는 해상교역권과 연결되었다. 원 제국 군대의 활동은 1천 년에 걸쳐 동남아시아의

---

2 이때까지 중국 제국의 국호는 한이든 당이든 모두 지명에 근거한 것이었는데, 원이라고 하는 것은 유교 경전인 『역경(易經)』에서 가져온 용어이다. 이후 명·청 등도 모두 그러한 추상적인 이념을 표현하는 글자를 국호로 정하게 된다.

상층문화를 형성해 왔던 산스크리트 문화가 사라지게 만들었고, 대륙 지역에서는 상좌부불교(上座部佛敎)를 신봉하는 타이족이 진출하고 또한 도서(島嶼) 지역에서는 이슬람화가 시작되는 계기가 되었다.

쿠빌라이는 자신의 권력기반인 동방으로 수도를 옮겨서 개평부(開平府, 현재 내몽골의 돌론)를 여름 수도인 상도(上都)로 삼았고, 동시에 현재의 북경 지역에 겨울 수도인 대도(大都)를 건설할 것을 명령했다. 대도는 당의 장안성 등과 같이 정연한 바둑판 모양의 도로를 가지고 있는 계획도시였다.

쿠빌라이는 중국 제국의 전통적인 관제를 계승했지만, 실제 운영에서는 큰 차이가 있었다. 이들 관직에 오른 사람은 과거 합격자가 아니었고 몽골의 유력자, 케식(친위대) 출신자, 그 이외에 몽골 및 위구르를 필두로 한 다양한 출신으로 황제에게 실무 능력을 보여주는 사람이 임명되었다. 그들은 관료임과 동시에 스스로 군대를 이끄는 군인이기도 하였다.

지방관 제도에서 일어난 큰 변화 중 하나는 로(路)·부(府)·주(州)·현(縣)이라는, 송 제국 시대와 똑같은 지방행정기구를 두면서도 그 상위에 '행성(行省)'이라는 광대한 행정단위를 설치했다는 점이다. '행성'이란, '행중서성(行中書省)'의 약칭으로 본래 중앙에 있는 중서성의 출장기관이라는 의미인데, 점령지를 지배하기 위한 군사적, 임시적인 요소라는 의미가 강했다. 그러나 원 제국의 지배가 안정된 이후에는 징세 및 그 이외 일반적인 지방행정을 담당하게 되었다.[3] 로·부·주·현에는 기존의 행정관을 두는 이외에 다루가치(몽골어로 지키는 사람이라는 의미)를 두어 군사관계의 업무를 시행하면서 동시에 행정관들이 담당한 일반 행정도 감독하게 하였다. 다루가치에는 주로 몽골인이 임명되었고, 기존 행정관으로는 몽골인 이외의 사람들이 임명되었다.

과거제도는 원 제국 건국 이후에 잠시 동안 중단되었지만, 14세기 초에 재개되어 중단이 된 적이 있기도 했지만 16번 시행되었다. 그러나 합격자의 숫자는 송 제국 시대에 비하면 비교할 수 없을 정도로 적었다. 고급 관료가 된 인물은 몽골, 위구르의 유력한 가문 출신자, 케식 출신으로 실력을 인정받은 사람 등이 많았다. 그러나 한인 학자들 중에서도 카안의 브레인으로서 활약했던 사람들이 없지는 않았다. 원 제국의 신분제도로는 '몽골인·색목인, 한인·남인'이라는 네 가지 구분이 있었다고 알려져 있는데,[4] 이러한 네 가지 구분 방법 아래에서 한인과 남인은 차별을 받아 관료로 출세할 수 없었다고 하는 통설에 대해서는 최근에 비판이 이루어지고 있다. 원 제국의 관리 등용 방법은 실력주의에 입각한

---

3 오늘날 중국의 '성(省)'이라는 호칭은 원 제국 시대의 '행중서성'에서 유래한 것이다.

4 색목(色目)이란, 각종 사람들이라는 의미로 중앙아시아의 여러 민족을 가리킨다. 한인은 본래 금 제국의 영토였던 화북 출신의 한인과 거란·여진 등을 가리키고 남인은 본래 남송 영토에 있던 사람들을 지칭한다.

것이고, 민족적인 차별은 적었다는 것이다. 한문 사료에 나타나는 이러한 네 가지 구분 방법에는 '이적(夷狄)'인 원 제국의 지배에 반감을 품은 한인 지식인의 주관이 들어 있었고, 실제로는 그 정도의 차별은 없었다고 할 수 있을지도 모르겠다. 그러나 여기에서 말하는 실력주의는 카안과의 개인적 친근함을 중시하는 것이고, 과거제와 같은 경쟁적 시험의 실력주의와는 역시 차이가 있는 것이었다. 원 제국의 경우, 관료의 조건으로서 중시했던 것은 유교적인 도덕이 아니라 오로지 실무적인 능력이었다고 할 수 있을 것이다.

다음으로는 몽골의 지배 아래에 있었던 중국의 사회경제에 대해서 살펴보자.

몽골 시대에는 중국도 몽골제국이 만든 유라시아 규모의 교역망 속에 편입되면서 장거리 상업이 활발해졌다. 몽골제국은 초기부터 교통로의 안전을 중시하였고, 그 정비와 치안 유지에 힘썼다. 이란계 무슬림 상인은 오르톡(동료라는 의미)이라 불린 회사 조직을 만들었고, 공동 출자(出資)를 통한 거대한 자본력을 활용해 유라시아 전역에서 활동했다. 해상교역도 왕성하게 이루어지면서 송 제국 시대에 이어 항주·천주·광주 등의 항구가 번영을 누렸고 송 제국과 똑같이 시박사가 설치되어 관세를 징수했다. 남방의 항구 도시와 장강 하류의 상업 도시는 대운하 및 원 제국 시대에 개척된 해운로를 통해 수도인 대도와 연결되었다. 유라시아 규모의 상품 유통은 은(銀)에 의해 지탱되었는데, 원 제국에서는 화폐의 부족을 메우기 위해서 지폐를 대량으로 발행하였다. 원 제국에서 재무관료로 활약했던 사람은 무슬림 상인 출신의 관료들이었다. 그들이 만들었던 중앙재정 시스템은 소금의 전매와 상세(商稅) 등 유통 세금을 중심으로 삼은 것

교초(원의 지폐)

이었고, 원 제국의 재정은 토지가 아닌 상업에 의존했다는 점에 특색이 있다고 할 수 있다.

명의 건국

몽골의 중국 지배는 1330년 전후부터 동요하기 시작했다. 이 시기는 유럽에서도 흉작·기근·페스트의 유행으로 인구가 격감했던 시기였는데 그 원인이었던 이상기후는 중국에서도 기근을 초래했다. 훗날 명 태조가 되는 주원장(朱元璋)은 현재의 안휘성 북부, 회하 부근의 빈농 집안에서 태어나 유랑생활을 보내다가 백련교도(白蓮敎徒)가 일으킨 홍건(紅巾)의 난[5]에 투신하여 점차

---

5 불교의 일파인 백련교도가 미륵불이 이 세상에 강림하여 세상을 바로잡는다고 예언하면서 일으켰던 반란이다.

두각을 드러냈다. 그는 절강성 동부 출신의 유학자들과 관계를 맺고, 여러 경쟁자 집단을 타파한 후 백련교를 미신적인 사교(邪敎)라고 하면서 이들과 단절했다. 1368년, 응천부(應天府, 현재의 남경)에서 황제의 자리에 올랐고 국호를 명이라고 했다. 홍무제(洪武帝)가 즉위한 것이다. 명 제국 군대는 같은 해에 대도를 점령하여 원 제국 황실을 북방으로 쫓아냈고, 중국 전역은 대부분 명 제국 휘하에 통일되었다.

빈농에서부터 몸을 일으켰던 주원장의 통치는 부호(富豪), 부정부패를 저지른 관리들에 대한 엄격한 태도를 특징으로 삼고 있었다. 예를 들어 강남 델타의 부호 계층을 빈곤한 지대로 이주시켜서 개간 사업에 종사했던 것, 대지주의 토지를 몰수했던 것, 부정부패를 저지른 관리를 극형에 처했던 것 등의 정책이 있다. 동시에 백성 한 사람 한 사람을 직접 파악하기 위해서 전국적인 인구조사와 토지조사를 시행하였고, 그 조사에 기초하여 이갑제(里甲制)[6]를 제정하였다. 이(里)에는 노인(老人)의 직책을 두어 간단한 재판을 행하게 했고, 홍무제가 만든 가르침을 제창하면서 민중을 교화하게 했다. 종합해 보면, 원 제국의 자유방임적인 정책 아래에서 빈곤한 농민을 희생으로 삼아 번영했던 도시 중심의 사회경

---

6 110호를 1리(里)로 삼고, 1리 중에서 부유한 10호를 이장호(里長戶)로 정하고 나머지를 갑수호(甲首戶)로 삼아 매년 이장 1호와 갑수 10호가 조직되어 세금의 독촉, 범죄자의 연행 등 이(里) 안의 사무를 담당하게 한 제도이다.

제와는 대조적으로 홍무제는 강력한 긴축 정책을 시행하였다.

주원장은 즉위 후, 여러 차례 대규모 의옥(疑獄)을 일으켰다. '공인(空印)의 옥'에서는 재정보고문서의 부정을 구실로 수천 명의 지방관을 처형 혹은 좌천시켰고, 그와 함께 종래 군정과 민정에 걸쳐 큰 권한을 가지고 있었던 행중서성을 폐지했다. 그리고 각 성에 행정을 담당하는 포정사사(布政使司), 감찰과 재판을 담당하는 안찰사사(按察使司), 군사를 담당하는 도지휘사사(都指揮使司) 세 관청을 설치하여 지방관의 권한 분산을 도모했다. 이어서 '호유용(胡惟庸)의 옥'에서는 승상(중서성의 장관)의 지위에 있었던 호유용이 모반을 기획하고 일본·몽골에 사신을 보내어 모반에 가담할 것을 요구했다는 죄상으로 체포되어 처형되었고, 그와 한 무리로 여겨져 처형되었던 사람이 1만 5천 명에 달했다. 이 사건 이후 중서성이 폐지되었고, 중서성에 소속되어 있었던 육부가 황제의 직속 기구가 되었다. 이러한 숙청을 통해서 홍무제는 황제로의 권력 집중을 진전시켰던 것이다.

명 제국과 주변 지역

주원장은 몽골 민족의 원 제국을 북방으로 쫓아내고 새로운 제국을 세웠지만, 실제로 그는 한족만을 정통 정권으로 여기는 화이의식을 가지고 있지는 않았다. 주원장의 브레인으로 활약한 유학자들은 과거제, 하늘에 드리는 제사, 율령의 편찬 등 중화제국

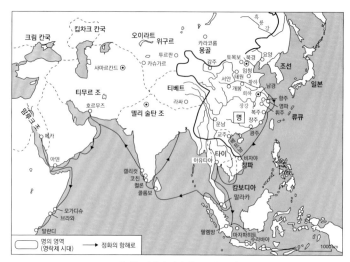

명 제국 시대의 아시아(15세기 무렵)

적 제도의 부활에 힘썼지만, 한편으로는 지폐의 발행 등 원 제국
의 제도를 답습했던 부분도 적지 않았다.

　명 제국 시대에도 모든 몽골인과 서역 출신의 사람들이 북방과
서방으로 돌아갔던 것은 아니었고, 특히 화북에서는 원 제국 시
대의 상황을 이어받아 다민족 구성을 지닌 사회가 지속되었다.
명 제국 정권의 기반이었던 화중·화남과 북방의 사회를 어떻게
통합할지는 명대 초기의 중요한 과제였다. 주원장은 장강의 남안
(南岸)에 있는 남경을 수도로 삼았지만, 재정적으로 보아도[7] 과거

7　명 제국 초기에는 장강 유역의 네 개 성인 남직예(南直隷, 현재의 강소성과 안휘

를 통해 등용되었던 인재라는 측면에서 보아도 명 제국의 기반은 장강 유역 이남, 특히 장강 하류의 강남 지방이었기 때문에 남과 북의 균형이 결여되어 있다는 문제가 발생했다. 인재의 측면에서도, 경제의 측면에서도 남방에 지나치게 편중되어 있어서 몽골 등 북방 세력에 대항하는 위력을 충분히 행사할 수 없는 위험이 존재했던 것이다. 홍무제는 과거에서 남방 출신자의 합격자 수를 제한하고, 화북 출신자의 발탁에 힘을 쏟는 것 이외에 자신의 아들들 중에서 연장자를 서안(西安)·태원(太原)·북평(北平)[8]에 왕으로 봉하면서 북방 통치의 충실함을 도모했다. 그 중에서 가장 유능하고 무용(武勇)이 뛰어났다고 평가받는 사람은 북평에 봉해진 넷째 아들 연왕(燕王)이었다. 원 제국 대도 시대에 여러 민족이 잡거하는 분위기가 남아 있었던 당시의 북평에서 그는 일류 무장들에 의해 단련되면서 몽골에 대비한 군사 훈련으로 날을 보내고 있었다.

한편, 홍무제가 사망한 이후 황제의 자리에 오른 건문제(建文帝)[9]는 학자의 면모를 지닌 이상주의자였고, 절강성 출신의 유명한 유학자였던 방효유(方孝孺)를 브레인으로 삼아 유학의 경전

성)·절강·강서·호광(湖廣)에서 세금의 절반 이상을 거두어들이고 있었다.

8 북평은 북경인데, 이때는 수도가 아니었기 때문에 북평이라고 불렀다.

9 홍무제의 장남의 아들이다. 황태자였던 장남이 일찍 사망했기 때문에 손자가 제위를 계승하게 되었던 것이다.

에 따라 형벌의 완화와 세금의 경감을 내용으로 하는 정책을 차례차례 추진했다. 북평을 거점으로 하는 연왕의 세력이 군사적인 색채의 강렬함과 다민족적 사회 기반의 측면에서 원 제국의 뒤를 잇는 성격을 가지고 있었던 것에 반해 남경의 건문제 정권은 오히려 남방 출신의 학자를 중심으로 문인적, 순수 한문화적인 색채를 가지고 있었다고 할 수 있다.

황제의 지위를 향한 야심을 가지고 있었던 연왕과 왕의 세력을 삭감하면서 중앙집권을 도모했던 건문제 사이에 긴장이 높아졌다. 1399년에 연왕의 모반 준비를 이유로 체포 명령이 나오게 되자 연왕은 이에 대항하여 거병하면서 4년에 걸친 '정난(靖難)의 역(役)'이 시작되었다. 연왕의 휘하에는 남경 정권에 불만을 가진 몽골인 기병 집단 등이 속속 모여들었다. 전투력을 증강시킨 연왕은 남하하여 1402년에 남경을 점령하고 황제의 자리에 올랐다. 이 사람이 영락제(永樂帝)이다.

영락제는 북평을 수도로 정해 북경(北京)으로 삼았고, 원의 대도에서 약간 남쪽으로 떨어진 지점에 새로운 수도를 건설했는데, 남경에도 북경에 준하는 중앙관제가 설치되어 북경과 남경은 타원의 두 중심처럼 명 제국 통합의 두 핵심을 이루게 되었다.

영락제는 내정(內政)에 중점을 두었던 홍무제와는 달리 적극적인 대외진출을 시행하였다. 먼저 북방에서는 몽골 고원으로 원정을 단행하여 원 제국의 후예인 몽골족과 그 서방에 위치해 있었

던 오이라트의 패권
쟁탈에 개입하면서 명
의 세력 확대에서 일
정한 성공을 거두었
다. 그리고 동북쪽에
서는 여진족의 수장들

정화항해도(鄭和航海圖)

에게 무관의 지위를 주어 지배 아래에 편입시켰고, 환관 이시하
를 파견하여 연해주까지 세력을 확장했다. 한편, 남쪽에서는 베
트남의 북쪽 절반을 일시 점령했던 것 이외에도 정화(鄭和)[10]에게
남해 원정을 시행하게 하였다. 이 원정은 전후 30년 동안 7회에
걸쳐 이루어졌다. 동남아시아에서 인도로 갔다가 페르시아만 연
안, 아라비아 반도를 거쳐 동아프리카까지 이르렀다. 이 항해를
통해 인도양 연안에 위치한 10여 개의 국가가 명에 조공 사절단
을 보냈고, 남해에 관한 중국인의 지식도 늘어났다.

이시하, 정화의 예를 통해 알 수 있듯이 영락제는 환관 및 한족
이외의 사람들을 활용했다. 이는 원 제국의 분위기가 남아 있던
북평에서 청년 시절을 보냈던 영락제의 발상이 환관에 대한 유학
적 멸시, 비한족에 대한 편견과 연결되지 않았던 것과도 관계가

---

10 운남의 가난한 무슬림 집안에서 태어났고, 환관이 되어 영락제의 휘하에서 복무
할 때에 그 재능을 인정받아 남해 원정의 지휘관으로 발탁되었다.

있을 것이다. 그러나 이렇게 환관을 중시한 결과, 훗날 명 제국의 정치에서는 환관의 전권(專權)에 의한 혼란이 종종 초래되었다.

송·원 시대 동아시아 세계에서는 조공이라는 국가 간의 정식 관계보다는 민간의 상업을 기반으로 하는 교역이 성행하였다. 이에 반해 명 제국에서는 민간의 해외무역을 금지시키고 조공무역으로 일원화하려는 정부의 엄격한 대외무역 관리 정책이 시행된 것이 특징이다. 원 제국 말기부터 동아시아의 해상질서가 어지러워졌고, 왜구라 불리는 사람들과 같은 해적 집단이 동아시아 해역에 다수 출몰했다. 홍무제의 과제 중 하나는 명에 저항하는 세력과도 연결될 수 있는 이러한 해적 집단을 단속하여 해상의 질서를 회복하는 것이었다. 동시에 새로 탄생한 명 제국에 대한 주변여러 국가들의 지지를 얻을 필요도 있었다. 그래서 홍무제부터 영락제 시대에는 주변 여러 국가들에게 열심히 조공을 권유했던 것이다. 그 결과, 명에 조공하는 국가들이 많이 증가했고 남북조의 통일을 거쳐 탄생한 일본의 아시카가(足利) 정권도, 그리고 왜구 토벌로 두각을 드러낸 이성계가 고려를 대신해 건국한 조선왕조도, 이 시기에 통일 국가를 형성했던 류큐(琉球)도 명에 조공하여 책봉을 받게 되었다.

영락제는 북방에서도 적극적인 조공관계를 맺었다. 동북쪽의 여진족에 대해서는 그 수장들에게 무관의 지위를 주었고, 또한 일종의 무역허가증인 칙서를 주어 조공을 행하게 하였다. 몽골과 오이라트도 명과 조공관계를 맺었다. 오이라트는 명과 티무르 제국을 연결하는 무역의 이익을 얻기 위해서 조공무역에 열정적으로 뛰어들었고, 무역의 확대를 요구하며 명에 압력을 가했다.

영락제가 사망한 이후에 일어났던 '토목(土木)의 변(變)'[11]은 원래 오이라트의 조공무역 확대 요구에서 비롯된 것이었다. 영락제 시대의 확장적 대외정책은 이 사건을 계기로 전환되어 그 이후 명 제국은 주변 지역에 대해 오히려 수세적으로 돌아서게 되었다. 몽골에 대한 정책을 수비를 중시하는 것으로 전환했던 명 제국은 장성을 보수하여 동쪽으로는 산해관(山海關)부터 서쪽으로는 가욕관(嘉峪關)에 이르는 5,000km 정도에 달하는 장성을 완성했다. 해양 방면에 대해서도 해금(海禁) 정책(민간의 해외무역을 금지하는 정책)이 홍무제 이래의 제도로서 지켜졌고, 명 제국은 대외적으로 폐쇄적인 경향이 강해져 갔다. 이러한 명 제국의 체제가 국제정세의 변동에 의해 동요되었던 것은 16세기의 일이었다.

'북로남왜(北虜南倭)'의 시대

16세기에 들어오면, '북로남왜'[12]가 명이 직면한 최대의 문제가

---

11 1449년, 조공무역 확대를 요구하며 침입해 왔던 오이라트에 맞서기 위해 스스로 군대를 이끌고 출격했던 황제가 북경 북방의 토목보(土木堡)에서 패배하고 오이라트의 포로가 된 사건이다.

12 '북로'는 몽골의 침공을 가리키고, '남왜'는 동남쪽 연안에 있는 왜구를 가리킨다.

되었다. 명의 관료로, 변경문제의 전문가였던 정효(鄭曉)는『황명사이고(皇明四夷考)』(1564년)에서 '옛날에는 외이(外夷)가 중화에 들어왔는데, 지금은 화인(華人)이 외이로 들어간다'라고 서술하고 있다. 즉 '옛날의 변경문제는 이적이 중국을 침략하는 것이 있었는데, 지금의 변경문제는 중국인이 이적의 세계에 들어가 이적과 함께 새로운 군사 세력을 만드는 것이다'라고 지적했던 것이다. '북로'도, '남왜'도 단순한 이민족의 침입이 아니라 여기에 중국인과 주변 민족이 서로 섞인 변경 사회가 형성되고 있었다는 것에 정효는 주목했던 것이다.

북방 변경과 동남 연안에서 이러한 변경 사회의 형성은 16세기 전반부터 시작되었다. 장성을 정비한 것과 아울러 북방에는 구진(九鎭)이라 불린 9개의 군관구(軍官區)가 설치되어 각각에 수만의 군대가 주둔하였고, 대량의 군수물자가 투여되었다. 1530년대에는 몽골의 알탄이 세력을 확장하여 종종 명에 침입해 물자의 약탈을 행함과 동시에 한인을 사로잡아 끌고 돌아갔다. 그러나 이외에도 군수물자의 징발에 고통을 겪고 있던 농민, 당시 사교(邪敎)로 탄압을 받았던 백련교도, 대우에 불만을 가진 군인과 병사 등 스스로 장성을 넘어가서 알탄의 지배 아래에 투신하는 한인이 늘어나고 있었다. 알탄의 비호 아래에 이들 한인은 토지를 개간하여 한인 거주구역을 형성하였고, 장성 바깥에 중국식 성곽도시가 건설되었다.[13] 명측 군인의 협력을 받아 알탄은 거의 매년 장성선을 돌파하여 약탈을 반복했고, 1550년에는 북경에까지 이르러 8일 동안 북경 성곽을 포위했다.

이러한 상황 아래에서 북방의 군사비용은 증대해 갔다. 매년 은으로 납부하는 막대한 세금을 부과했던 중국 내지에서는 은의 부족이 심각해졌지만,[14] 때마침 당시 아메리카 대륙의 포토시 은광의 개발 및 일본에서 은의 생산[15]이 증가하면서 세계의 은 생산량은 폭발적으로 증대했다. 중국에서는 만성적인 은 부족 상황이 있었던 것에 반해 해외에서는 은이 남아돌았던 것이다. 그래서 생사 등의 중국 물산과 해외의 은을 교역하는 것은 당시 동아시아에서 최대의 이익을 불러오는 무역 노선이 되었다. 그러나 당시 명 제국의 해금 정책 아래에서는 밀무역을 행하지 않을 수 없었다. 1520년대부터 중국 동남 연안에는 절강의 쌍서(雙嶼), 복건 장주(漳州)의 월항(月港) 등 밀무역의 거점이 출현했고 중국과 일본의 밀무역 상인에 더하여 당시 동아시아에 진출하고 있었

---

13 현재 내몽골자치구의 중심 도시인 후흐호트는 이때에 만들어졌던 성벽 도시가 그 기원이다.

14 막대한 세금으로 고통을 받던 농민들은 집안의 살림을 보충하기 위해서 생사(生絲), 면사(綿絲), 면포(綿布) 생산 등의 부업을 행하였고, 특히 장강 하류 델타 지대가 이러한 수공업 생산의 중심지가 되었다.

15 1530년대에 조선으로부터 일본에 회취법(灰吹法)이라 불리는 은 정련 기술이 도입되면서부터 일본의 은 생산량이 단숨에 높아졌고, 아메리카 대륙에 이은 은 생산 지역이 되었다.

던 포르투갈 상인 등도 중국과 일본 사이의 무역에 참가했다. 명 제국 관원들의 단속에 대항하기 위해서 그들은 무장 선단을 조직했고, 밀무역과 함께 약탈을 행하였다. 이러한 '왜구'의 활동은 1550년대에 정점에 도달했다.

북방에서 중국인과 몽골인이 섞여 있는 변경 사회가 형성되었던 것처럼, 왜구의 활동 지역에서도 중국인과 일본인이 뒤섞인 해상 세력이 형성되었다. 명 제국 측의 관점에서 보면, 그들은 명 제국을 따르지 않고 모반을 행한 사람들이었다. 그런데 밀무역 집단이 뒤섞여 있던 당시 해양 세계의 관점에서 보면, 왜구 집단은 그 속에서 대두했던 새로운 국가의 맹아였다고도 할 수 있다.

16세기의 '북로남왜'는 단순히 전쟁에 의한 황폐화를 초래하기만 했던 것이 아니었고, 오히려 전쟁 경기(景氣)와 밀무역의 이익으로 부풀어 오른 호황 지대를 북방의 장성선에서부터 동남쪽 연안과 동중국해에 이르는 중국 주변 지역에 만들어냈다. 중국인, 주변 민족을 불문하고 이익에 이끌린 사람들이 모여들게 되면서 여기에 분쟁으로 가득 찬 난폭하지만 거대한 이익을 가져오는 시장이 형성되었다. 동아시아의 17세기를 이끈 여러 세력의 대부분은 이 시장 속에서 탄생하게 되었던 것이다.

[사료] 정약증(鄭若曾), 『주해도편(籌海圖編)』* 권9, '금획왕직(擒獲王直)'**(1563년)

왕직(王直)은 젊었을 때에는 불우했으나 임협(任俠)의 성격을 지녔고, 장년에 이르러서 지략과 좋은 기질을 가지게 되면서 사람들의 신뢰를 얻었다. 섭종만(葉宗滿)·서유학(徐惟學)·사화(謝和)·방정조(方廷助) 등 당시 젊은 해적들은 모두 그와 교제하는 것을 즐거워했다. 어느 날에 서로 논의하면서 말하기를, "중국의 법령은 엄격해서 걸핏하면 금령에 저촉된다. 해외에서 마음껏 날개를 펴는 것과 비교해보면 어떠한가?"라고 하였다. …… 가정(嘉靖) 19년(1540), 해금(海禁)이 아직 그렇게 엄격하지 않았던 시기에 왕직은 섭종만과 함께 광동에 가서 거대한 함선을 만들고 유황, 생사(生絲) 등 금지된 물품을 싣고 일본·샴·서양제국(西洋諸國)***에 이르러 왕래하면서 교역한 것이 5~6년이 되니 헤아릴 수도 없는 거대한 부를 쌓았다. 오랑캐 사람들은 마음으로 그에게 매우 복종하였고, 그를 '오봉선주'(五峯船主)****라고 불렀다. 그래서 서해(徐海)·진동(陳東)·섭명(葉明) 등의 도망자를 불러들여 장령(將領)으로 삼고, 자본을 기울여 왜의 두목 문다랑(門多郎)·차랑(次郎)·사조(四助)·사랑(四郎) 등을 끌어들여 휘하의 집단으로 삼았고 또한 조카 왕여현(王汝賢)과 양자 왕오(王滶)를 심복으로 삼았다. …… 그는 사쓰마주(薩摩州)의 마쓰우라(松浦)에 거점을 정하고 참월하게 '경(京)'이라고 이름을 붙였으며 스스로를 휘왕(徽王)이라 칭했다. 요해지를 지배하니 36개 섬의 오랑캐들은 모두 그의 지도를 따랐다. 오랑캐와 한족 병력의 10여 개 군단을 여러 차례 파견하여 연해 지역에서 약탈을 행하였고, 수천 리에 걸친 지역이 모두 피해를 입었다. 집을 불태우고, 아녀자와 재물을 약탈한 것이 수만에 이르기도 했고 관리와 백성 중에 살해되거나 빈곤해져서 목숨을 잃은 사람이 또한 수십 만에 이르렀다. 매년 이러했는데도 관군은 그들을 막지 못했다.

* 16세기 중반은 왜구의 활발한 활동이 이루어지면서 동남 연안의 해방(海防)과 일본에 대한 관심이 중국에서 높아졌던 시기였고, 관련된 책이 많이 만들어졌다. 『주해도편』은 그 대표적인 것으로, 일본의 지리와 언어 등 일본에 관한 풍부한 기록이 포함되어 있다.

** 16세기 전반 왜구의 최대 수령이었던 휘주 출신 왕직의 활동을 기록한 것이다. 그 기록을 통해 왕직이 동중국해, 남중국해를 두루 돌아다니면서 활동했고 일본인과 중국인을 포함한 군단을 조직하여 '왕'이라고 일컬을 정도로 세력을 키웠다는 것을 알 수 있다. 그리고 문장 중에 '사쓰마주의 마쓰우라'는 오류이고 실제는 히젠(肥前)의 마쓰우라이다.

*** '서양제국'이란, 오늘날 의미하는 서양이 아니고 동남아시아의 서부를 가리키는 것이다. 그러나 당시의 동중국해, 남중국해에는 포르투갈인 등 유럽 상인이 진출해 있어 왕직은 그들과도 접촉을 가졌을 것이다.

**** 일본의 타네가시마(種子島)에 총포가 전래된 것을 알려주는 『총포기(銃炮記)』에도 포르투갈 선박에 함께 타고 왔던 '오봉'이라는 중국 상인이 기록되어 있는데, '오봉선주'라고 하는 왕직의 호칭을 통해서 '오봉'이란 왕직을 가리키는 것이 아닐까 일컬어지고 있다. 그리고 이 '오봉'이라는 호칭은 왕직의 거점이었던 규슈(九州)의 오도(五島)에서 유래했다고 한다.

[초점] 은과 중국 경제

진시황의 화폐 통일 이래 중국에서는 정부가 발행하는 방공원전(方孔圓錢, 사각형의 구멍이 있는 원형 동전)이 주요한 화폐로 사용되었고, 금과 은을 화폐로 사용하는 것은 일반적이지 않았다. 송·금 시대에는 동의 부족, 동전의 해외유출을 보완하기 위해 지폐가 사용되었다. 원 제국 시대에는 교초(交鈔)라 불린 지폐가 대량으로 발행되어 통화의 중심이 되었다. 교초는 처음에는 신용이 높아 순조롭게 유통되었지만, 원 제국 말기에는 남발되어 인플레이션을 초래했고 경제를 혼란시켰다. 명 제국 정부는 초기에는 원 제국을 모방하여 지폐를 발행했지만, 순조롭게 유통시키지 못했고 또한 동전 발행도 충분하지 않았기 때문에 명 제국 시대 중기에는 징세, 상업 유통을 위한 화폐의 부족을 절감하게 되었다.

16세기 이후 아메리카 대륙과 일본에서 대량으로 생산되었던 은이 무역을 통해 중국에 유입되었다. 17세기 초가 되면, 세계적 은 생산지였던 아메리카 대륙과 일본에서 수출되었던 은의 1/5에

세비야
일본의 은
50~80톤
마카오
나가사키
고아
마닐라
갈레온 무역
25~50톤
유럽으로
약 250톤
아카풀코
포토시

포르투갈 선박에 의해 아시아로 수입된 은 ?톤

1600년 전후 은의 이동

서 1/3 정도가 중국에 유입되었다고 추산된다. 그 결과, 명 제국 중기 이후 중국에서 은은 동전과 함께 주요한 화폐가 되었다. 유입된 은은 상인, 세력이 큰 관료의 손을 거쳐 도시에 모여들었고, 명 제국 말기 도시의 호화로운 정원과 왕성한 출판업 등 화려한 문화를 지탱했다.

다만, 중국에서는 국내의 은 생산량이 적었기 때문에 무역을 통해서 순조롭게 은이 유입되면 좋지만 은의 유입이 감소하면서 거꾸로 유출이 되면 국내 경제에 혼란을 초래했다. 근대에도 은은 중국의 주요한 화폐 중 하나로서 계속 유통되었고, 1935년에 국민정부의 화폐제도 개혁으로 통화가 정부 계열 은행에서 발행하는 지폐로 통일되면서부터 통화로서의 은의 역할은 종결되었다.

스페인 은화 아메리카 대륙에서 주조되었던 스페인 은화는 16~18세기에 대량으로 중국에 수출되었다. 그림은 18세기 후반의 은화로, 스페인 국왕의 초상이 새겨져 있는데 중국에서는 '불두은(佛頭銀)'이라고 불렸다.

9장
청 제국의 평화

9장에서는 16세기 만주 세력의 발흥에서부터 17세기에 청 제국이 중국을 점령하고, 18세기에 최전성기를 맞이할 때까지를 다룬다. 16세기의 교역 붐 속에서 국제적 상업에 종사하여 다양한 민족을 통합해 가면서 세력을 확대했던 청 제국은 중국의 제도, 문화와 북방민족의 전통을 융합하면서 장기간에 걸친 안정된 정권을 실현했다.

동아시아의 신흥세력

명 제국이 직면했던 '북로남왜'의 위기는 1560년대 이후 완화되어 갔다. 1560년대 초에는 명 제국이 왜구 진압에 거의 성공하면서 유화책으로 전환했고, 해금을 이완하여 민간의 해상무역을 허락하는 정책으로의 전환을 결단하였다. 다만, 명이 위험하다고 간주했던 일본에 대해서는 도항(渡航)을 허락하지 않았다. 한편, 알탄의 손자가 내분 때문에 명으로 투항해 왔던 것을 계기로

1571년에 명과 몽골 사이에 화의가 맺어졌고 알탄은 순의왕(順
義王)에 봉해졌다. 마침 1571년에는 스페인에 의해 마닐라가 건
설되어 태평양을 횡단하는 갈레온 선박을 통해 아메리카 대륙의
은이 대량으로 동아시아에 유입되었다. 또한, 1557년에 마카오
거류권을 획득한 포르투갈이 나가사키(長崎)와 마카오를 잇는
중국-일본 무역(일본의 입장에서는 이른바 남만무역南蠻貿易)
에 나섰던 것도 1570년 전후이다. 이러한 움직임으로 인해 동아
시아의 교역 붐은 곧 과열화되었고, 무역의 이익으로 버티던 신
흥 군사집단이 항쟁하는 격동의 시대가 시작되었다.

몽골과 명이 화의를 맺은 이후, 대동(大同)과 선부(宣府) 등 국
경 지역에서는 마시(馬市)라고 불리는 시장이 설치되었는데, 16
세기 말부터 17세기에 걸쳐서 북방교역의 중심은 동방의 요동으
로 이동하였다. 명 제국 시대 동북쪽에서는 여진족 수장들에게
칙서를 주면서 조공무역을 허락했고, 인삼과 모피 등의 교역이
왕성하게 행해짐과 더불어 유력한 수장이 칙서를 모아서 이익을
독점하기 위해 경쟁하였다. 여진족 수장들 중 한 사람이었던 누
르하치는 약소 부족 출신이었지만, 인삼과 모피의 교역을 지배하
면서 두각을 드러냈고 여진의 여러 부족을 통일하는 것에 착수했
다. 당초에 누르하치는 명의 유력한 군벌인 이성량(李成梁)과 손
을 잡고 세력을 확대해 갔는데, 17세기 초에 이성량이 실각하자
누르하치는 명 제국의 권위에 의존하는 것을 중단하고 새로운 국

가의 형성을 향해 움직였다. 그들은 문수보살(文殊菩薩) 신앙에서 유래한 '만주(滿洲)'라고 하는 이름으로 자신들 민족을 칭하게 되었다. 또한, 누르하치 휘하에 복속했던 여러 집단을 정리하여 8개의 군단으로 된 '팔기(八旗)'를 편성하였고 몽골 문자를 개량하여 만주 문자를 만드는 등 독자적인 제도를 정비해 갔다. 그리고 1616년에 누르하치는 한[1]의 자리에 올라 금(金)을 건국하였다.[2] 1618년에 명과 대결을 시작했던 누르하치는 요동을 제압하면서 명에게 있어서는 북방 변경의 최대 위협이 되었다.

누르하치가 건국한 금은 북방민족의 전통을 따랐고, 부족연합이라고도 할 수 있는 성격을 지닌 국가였으며 중요한 사항은 팔기의 장(長)인 기왕(旗王)의 합의를 통해 결정되었다. 누르하치가 사망한 이후 한의 자리를 계승한 홍타이지는 유력한 기왕의 세력을 없애고 집권화를 도모함과 동시에 명의 제도를 모방하여 중앙의 관제를 정비했다. 이 시기에는 한인 군인과 관료, 몽골의 여러 부족이 차례차례 투항해 왔는데, 홍타이지는 그들의 군단을 해체하지 않고 자신의 직속 군대로 만들어 집권화의 기반으로 삼았다. 1636년에 홍타이지는 금을 대신해 국호를 '대청(大淸)'으로 정하고 황제의 자리에 올랐는데, 그 의식(儀式)은 만주인·몽

1 【역주】만주족의 최고 지도자를 지칭하는 만주어이다.
2 12세기의 금과 동일한 국호이지만, 보통 '후금(後金)'이라고 칭한다.

골인·한인이 각각 즉위를 바란다는 상주문을 홍타이지에게 바치는 형식으로 진행되었다. '다민족국가'로서 청 제국의 기초는 청 제국이 중국에 진출하기 이전인 홍타이지 시대에 이미 마련되었다고 할 수 있다. 청 제국은 홍타이지 시대에 내몽골을 지배 아래에 편입시킴과 동시에 조선에 침공하여 조선을 복속시켰고, 중국 본토의 침입을 위한 체제를 정비했다.

동남부 연안에서도 16세기의 왕직(王直)과 같은 해상 권력의 성격을 계승한 군벌이 1630년대에 복건을 중심으로 큰 세력을 구축해 갔다. 마카오-나가사키 무역을 독점하여 거대한 이익을 올리고 있었던 포르투갈은 16세기 말에 일본에서 기독교 탄압이 시작되고, 신흥 세력인 네덜란드 및 일본의 주인선(朱印船)[3]과의 경쟁이 격화된 것으로 인해 점차 힘을 상실했다. 포르투갈을 대신하고자 했던 네덜란드는 중국에 거점을 두고 있지 않았기 때문에 중국의 유력한 상인과의 제휴를 모색하고 있었다. 당시 중국의 동남 연안에서는 많은 모험상인들이 선단을 이끌고 항쟁을 되풀이하고 있었는데, 그 중에서 두각을 드러낸 사람이 정지룡(鄭芝龍)이었다. 정지룡은 일본의 히라도(平戸)에 거점을 두었고,[4] 또한 대만에서 네덜란드 상관(商館)의 통역으로 종사했던 것

---

3 【역주】16~17세기에 일본의 막부로부터 해외무역 허가증서인 주인장(朱印狀)을 받고 해외교역에 종사했던 상선을 가리킨다.

4 정지룡이 히라도에서 일본인 여성 다가와 마츠(田川松)와의 사이에서 낳은 아들

도 있어서 일본 및 네덜란드와 깊은 관계를 가지고 있었다. 일본의 쇄국으로 인해 포르투갈인의 일본 내항은 금지되었고, 정지룡과 연결되어 있는 네덜란드가 중국-일본 무역의 핵심을 장악하게 되면서 정지룡은 대선단을 이끌고 동남 연안의 교역을 지배하는 세력으로 성장했다.

북방의 만주와 동남 연안의 정씨 두 군사집단은 광역적 상업과의 깊은 관계, 지도자의 현실주의적인 판단력과 이에 근거한 독재적인 리더십, 다양한 민족의 사람들을 휘하에 포함하는 다민족적인 성격 등 공통된 특성을 가지고 있었다. 이들은 명 제국 말기의 변경에서 일어난 교역 붐 속에서 탄생한 쌍둥이와 같은 존재였다고 할 수 있다. 청 제국이 중국을 점령한 이후, 정씨 집단은 청 제국에 저항하는 최대 세력이 되었다.

청 제국의 중국 점령

명의 지배는 주변 지역에 있는 자립적 세력의 성장에 의해 외부로부터 계속 붕괴되어 갔지만, 명 제국을 직접 멸망시킨 것은 내륙 지역의 가난한 농민을 중심으로 한 반란군이었다.[5] 1640년 전

이 훗날 청에 대항하는 최대 세력이 되는 정성공(鄭成功)이다.

5 명 제국 말기 농민반란의 지도자인 이자성과 장헌충(張獻忠)은 모두 섬서성 동북 지역인 연안부(延安府) 출신이다. 1620년대에는 북방의 군비(軍備)의 중심이 요동으로 이동하면서 이 지역에서는 군수물자가 부족해졌고, 아울러 기근까지 발생

후의 이상기후에 의한 전국적인 기근이 발생한 결과, 반란은 전국적으로 퍼져 나갔다. 1644년, 이자성(李自成)의 반란군이 북경을 공략했고 명 제국 최후의 황제인 숭정제(崇禎帝)가 자살하면서 명은 멸망했다. 그런데 당시 장성의 동쪽 끝인 산해관 밖에서 청의 군대와 싸우고 있었던 명의 장군 오삼계(吳三桂)는 급보를 듣고 청 제국과 화의를 맺었으며 이자성 군대의 토벌을 목적으로 청의 군대를 중국 본토로 이끌고 들어왔다. 청의 군대는 이자성이 도망친 이후 북경을 점령했고, 청의 황제는 북경에서 다시 즉위하게 되었다.

청 제국이 중국 전역의 정복을 시작하자 각지에서 명의 황제를 옹립한 반청(反清) 운동이 전개되었지만, 대부분 머지않아 청의 군대에 의해 진압되었고 1645년에는 청의 군대가 거의 전역을 점령하였다. 청에게 있어 최대 강적은 동남 연안을 거점으로 한 정성공⁶ 세력이었다. 정성공은 청 제국에 투항했던 부친 정지룡과는 달리 저항을 지속했고, 동중국해와 남중국해에서 교역으로 얻은 윤택한 자금을 재원으로 삼아 한때 장강을 거슬러 올라가 남경까지 압박하면서 청의 군대를 괴롭혔다.

___

했기 때문에 군대와 빈농이 함께 반란을 일으키는 상황이 되었던 것이다.
6 정씨 집단은 명의 황족을 옹립했던 반청 정권 중 하나에 참가했고, 이때 정성공은 그 공적을 인정받아 명 제국 황실의 성씨인 '주(朱)'씨를 하사받았기 때문에 국성야(國姓爺)라고 불리기도 했다.

정씨는 청의 군대에게 본토의 거점을 빼앗긴 이후, 대만의 네덜란드 세력을 쫓아내고 대만을 점령하여 1680년대 초까지 저항을 계속했다. 그리고 1673년에는 오삼계 등의 한인 군벌[7]이 삼번(三藩)의 난을 일으켰고, 청 제국은 일시적 위기에 빠졌다. 그러나 청 제국은 명의 군대를 개조한 녹영군(綠營軍)의 대우를 개선하는 등의 방법으로 그들의 지지를 얻어 삼번의 난을 진압했다. 또한, 중국과의 무역에 의존했던 정씨 세력에 대해서 엄격한 해금을 시행하여 그들의 재원을 끊었다. 결국 1683년에 정씨는 청 제국에 항복했다.

청 제국과 주변 지역

청 제국이 중국을 지배 아래 넣게 된 이후, 투항했던 한인 관료의 적극적인 협력을 통해 명 제국을 거의 답습한 통치 구조가 신속하게 만들어졌다. 과거시험의 실시를 시급하게 결정함과 동시에 명 제국 말기의 증세 분량을 면제하는 등 청 제국의 시책은 대체로 중국의 전통적인 '선정(善政)' 모델에 따른 것이었다. 청 제국은 한족의 전통을 적극적으로 채용했지만, 반면에 한인 남자에게 변발(辮髮)을 강제[8]했던 것에서 보이듯이 한인의 민족적 우

---

7 청 제국에 투항하여 청의 중국 본토 정복을 도왔던 그들은 중국 남부에 세습을 할 수 있는 영토를 받았다.
8 변발이란 머리를 모두 깎고, 뒷머리의 일부 머리카락만을 길게 길러서 세 가닥으

월감에 대해서는 가차없이 탄압을 행하였다.

　삼번의 난이 진압되고, 대만의 정씨도 항복했던 1680년대는 청 제국 지배의 확립기라고 할 수 있다. 강희제(康熙帝)[9]의 치하에서 청 제국의 내정이 안정되었던 1680년대는 동시에 동아시아 전체의 관점에서 보면, 16세기 말 이래의 교역 붐이 끝나고 이와 더불어 동란도 진정되는 추세로 향했던 시기였다.

　동남 연안이 안정됨에 따라 청 제국 정부는 그 관심을 내륙 지역으로 돌렸다. 이미 중국 정복 이전에 홍타이지는 흑룡강 연안의 주민을 정복하여 그들의 조공을 받았고, 내몽골의 차하르를 복속시켰으며 서쪽으로 더 나아가 외몽골 동부의 할하에도 세력을 넓혔다. 중국 본토를 정복했던 청 제국이 북쪽 변경에서 먼저 직면했던 강적은 러시아였다. 16세기 후반에 모피를 찾기 위해 시베리아 진출을 시작했던 러시아인들은 17세기 전반에 태평양 연안에 도달했고, 이어서 흑룡강 연안에 도착했다. 흑룡강 연안에서 러시아와 청의 작은 전투가 1650년대 초부터 시작되었는데, 1685년 즈음부터는 그 다툼이 격화되면서 알바진 등 흑룡강 연안의 거점을 둘러싸고 공방전이 전개되었다. 1689년에 체결된 네

로 땋는 머리카락 형태이다. 변발에 저항하면 목을 베었기 때문에 '유발불류두(留髮不留頭, 머리카락을 남기고자 한다면, 머리가 남아있지 않는다)'라고 하는 말도 있었다.

9　재위 1661 ~ 1722년.

르친스크 조약은 아무르 강과 외흥안령 선으로 양국의 국경을 정하고, 도망자의 처리 등에 대해서 규정한 것이었다. 이 조약은 중국이 처음으로 외국과 대등한 입장에서 맺은 조약으로 여겨지고 있고, 그 회의에서 통역을 맡았던 예수회 선교사의 일기에서도 유럽풍의 국제법이 의식되고 있었던 것이 확실하지만, 청 제국은 국내를 향해서는 이 조약을 조공관계의 구조로 처리했다. 이러한 애매한 상태 그대로 이 체제는 1860년에 북경조약으로 인해 정식으로 무효가 될 때까지 존속했다.[10]

러시아와 청이 이러한 형태로 관계의 복원을 도모했던 배경에는 급속하게 힘을 키웠던 준가르의 존재가 있었다. 홍타이지 시대에 동몽골의 여러 부족이 청 제국의 세력 아래에 들어간 이후에도 오이라트는 자립을 지켰고, 17세기 중반 이후 오이라트의 한 부족이었던 준가르가 갈단의 통솔 아래에서 급성장했다. 갈단은 몽골족 사이에서 종교적 권위를 가지고 있던 티베트의 달라이 라마[11]로부터 지지를 받았고, 타림 분지로 지배를 확대함과 동시

---

10 1727년의 캬흐타 조약에서는 국경선이 정해지지 않았던 지역에 대해서도 방침을 정하는 이외에 국경지대에서의 통상에 대해서도 규정을 정하였다.

11 티베트 불교는 중국에서 전파되었던 불교와 민간신앙이 융합한 독특한 불교이다. 원 제국의 지배자는 티베트 불교를 믿었지만, 원이 멸망한 이후 티베트에서는 황모파(黃帽派)에 의한 개혁이 이루어지면서 그 교주가 티베트를 지배하게 되었다. 16세기에 몽골의 알탄이 황모파의 교주에게 '달라이 라마'의 칭호를 증여했을 때부터 대대로 그 칭호가 사용되었고, 몽골과 티베트 불교와의 관계도 다시 강고해졌다.

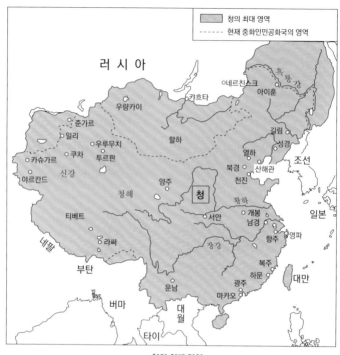

청의 최대 영역

에 동방에서는 할하를 압박하면서 청 제국과 충돌했다. 강희제가 이끄는 청 군대와의 전투에서 패배한 갈단이 사망한 이후에도 준가르는 18세기 전반 내내 중앙아시아의 대세력으로서 러시아 및 청과 대립했다. 러시아-청 관계가 개선된 배경에는 양국에게 있어서 준가르의 견제라고 하는 큰 과제가 있었던 것이다.

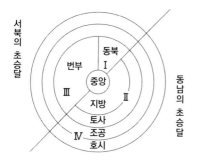

서북의 초승달

동북 I

번부

중앙 III II

지방

토사 IV 조공 호시

동남의 초승달

마크 만콜(Mark Mancall)의 아이디어에 따라 청 제국의 통치를 개념화한 그림이다. 역대 중국 왕조의 특징인 동심원적 지배구조와 동남, 서북의 분할선이 조합되어 있는 점이 이 모델의 특징이다.

강희제가 사망한 이후, 황제의 자리를 계승한 옹정제(雍正帝)[12]와 그 뒤를 이은 건륭제(乾隆帝)[13] 초기에 이르기까지 청 제국에게 있어서 가장 중요한 대외문제는 준가르 및 그와 관계된 티베트 문제였다. 준가르는 동투르키스탄을 계속 지배하면서 중앙아시아로의 진출을 도모했고, 또한 그들이 믿는 티베트 불교의 본거지인 티베트를 둘러싸고 청 제국과 대립했다. 1717~1719년에 준가르가 티베트를 침입한 것은 청 제국이 티베트에 개입하는 결과를 초래했고, 이후 청 제국은 점차 티베트 지배를 강화했다. 이후 1750년 전후로 청은 티베트의 정쟁을 기회로 삼아 주장대신(駐藏大臣)[14]의 권한을 강화하고, 준가르와의 통교를 엄금하여 티베트를 실질적으로 지배 아래에 편입하였다. 건국 당초부터 티베

---

12   재위 1722~1735년.

13   재위 1735~1795년.

14   청 제국이 티베트에 파견하여 주재(駐在)하게 한 대신이다.

강희제

트 불교의 보호자를 자임했던 청 제국은 이 시기 이후 티베트 불교 사원을 각지에 건설하는 등 활발하게 티베트 불교를 장려했는데, 그 배경에는 평화주의인 티베트 불교를 통해 몽골족을 통제하려는 의도가 있었다.

1750년대에 이르자 준가르에서는 내분이 일어나 그 일파인 아무르사나가 청 제국에 투항한 것을 계기로 건륭제는 1755년에 일리를 함락시켜 준가르 제국을 멸망시켰다. 그 후, 아무르사나가 청 제국에 반기를 들었고 또한 천산남로의 위구르족이 청 제국에 반항하며 이슬람 왕국의 건설을 목표로 삼았지만, 모두 청 제국에 의해 평정되면서 동투르키스탄 전역이 청 제국의 지배 아래에 들어왔다. 청 제국은 이 지역을 '신강(新疆, 새로운 영토)'이라고 칭했다.

청 제국의 국가구조

건륭제 시대에 청 제국의 영토는 최대가 되었다. 청 제국의 지배는 몇 가지 종류로 나누어졌다. 먼저 첫 번째, 청 제국의 발상지인 동북 지역은 특별행정구역이 되어 봉천(奉天)에는 수도 북경의 중앙관제에 준하는 관제가 설치되었고, 그 이외에 봉천·길림·흑룡강의 세 장군이 지역을 나누어 통치했다. 청 제국 말기에 이르기까지 이 지역으로 한인이 이주하는 것은 제도적으로 금지되어 있었다. 두 번째, 18개의 성이 설치된 중국 본토에서는 명과 대체적으로 같은 지방관제를 통해 과거제를 통과한 관료가 파견되어 통치했다. 서남쪽의 묘족, 요족 등 소수민족의 거주지에서는 소수민족의 유력자를 '토사(土司)'에 임명하고, 세습적 통치를 시행하게 했지만 청 제국 시대 내내 점차 '개토귀류(改土歸流, 토사를 폐지하고 중앙에서 지방관을 파견하는 것)'가 진행되었다. 세 번째, 내몽골과 외몽골·신강·청해·티베트는 '번부(藩部)'로서 이번원(理藩院)의 관할구역이 되어 청 제국의 감독 아래에서 고유한 사회제도가 유지되었다. 몽골에서는 몽골의 왕후(王侯)가, 신강에서는 '벡'이라는 직위에 임명된 투르크계 유력자가, 티베트에서는 달라이 라마가 현지 지배자로서 존속되었던 것이다.

이상의 범위를 현재 중화인민공화국 영토와 비교해보면, 연해주 등 동북 지방의 북부는 러시아 영토가 되었고 외몽골은 몽골국이 되었으며 대만은 중화인민공화국 정부의 지배 밖에 있는 것 이외에는 거의 겹쳐지고 있다. 그러나 청 제국 지배자의 시선으로 보면, 그 지배 지역은 반드시 이 범위에 그치는 것이 아니었다. 조선·류큐 등 청 제국에 정기적으로 조공 사절을 파견한 주변의 여러 국가도, 또한 베트남과 타이처럼 국내에서 분쟁이 일어나 청 제국의 보증이 필요할 때에만 조공을 하러 왔던 국가들도 현실적인 지배력은 미치지 않았다고 할 수 있지만, 이념적으로는 천자의 세력 아래에 있는 것이었다. 그리고 광주에 내항한 유럽인 선박 등 조공이 아닌 무역만을 행한 외국('호시互市의 국가')도 청 제국의 관점에서 보면, 천자의 덕을 흠모하여 멀리에서부터 왔다는 의미로 잠재적인 지배관계의 구조 속에서 인식되고 있었다. 이러한 '조공', '호시'의 국가를 네 번째 영역이라고 할 수 있을 것이다.

역대의 중국 제국과 비교해보면, 직할 영토와 조공국이라는 두 번째와 네 번째 영역에 대해서 청 제국은 역대 제국의 지배구조를 계승하고 있다. 여기에서 청 제국 황제는 중화제국의 황제로서 지배를 행했던 것이었다. 한편, 첫 번째와 세 번째 영역인 북방과 서방의 민족에 대해서 청 제국 황제는 한으로서 지배했다는 것이 청 제국의 특색이라고 할 수 있다. 즉 청 제국 황제는 중화 황제로서의 얼굴, 북방과 서방 민족의 한으로서의 얼굴, 두 가지의 모습을 가지고 있었다고 볼 수 있는 것이다.

강희제는 보통 사람보다 뛰어난 능력과 노력을 통해 이 두 가지 측면을 통합했던 인물이었다. 그는 거의 매년 가을에 내몽골의 사냥터로 떠났고, 몽골 제왕들과 몰이사냥을 하면서 무술을 연마했다. 18세기 초에는 열하(熱河)의 이궁(離宮, 즉 피서산장)이 만들어져서 매년 여름부터 초가을에 이르는 몇 개월 동안 북경을 떠나 열하에서 지내면서 여기에 설치되었던 몽골풍의 텐트에서 몽골 제왕 및 여러 국가의 조공 사절을 접견하는 것이 청 제국 황제의 관례가 되었다. 한편, 북경에서의 강희제는 학자들에게 매일 유학 강의를 명령하였고 수시로 질문을 하기 위해 자금성 내의 남서방(南書房)에서 학자들이 당직을 서게 하는 등 유학을 선호하는 중국풍의 천자로서도 모범적인 부지런함을 보여주었다. 강희제는 주자학을 중시하였고, 또한 『강희자전(康熙字典)』과 『고금도서집성(古今圖書集成)』 등의 편찬에 있어서도 중국의 전통적 학문의 강력한 후원자로서 행동하였다.

청 제국은 중국 역대 제국의 전통과 북방민족의 전통 두 가지를 의식적으로 유지하면서 대제국을 일구었다고 할 수 있다. [사료]에서 인용한 『대의각미록(大義覺迷錄)』에서 옹정제는 출신이나 문화가 중국이든 이적이든 덕이 높은 군주가 뛰어난 통치를 행한다면, 하늘은 그를 지지한다고 주장하고 있다. 거꾸로 말하면, 지금 청 제국이 뛰어난 정치를 시행하고 있는 이상, 이민족이라는 이유로 청 제국을 거스르는 인물은 하늘을 두려워하지 않는 극악한 사람이 되는 것이었다.

건륭제 시대에 만들어진 『사고전서(四庫全書)』는 고금의 책을 망라하여 편찬의 분류를 정하고, 7부의 사본을 제작하여 보존하는 일대 문화사업이었는데, 중국의 학문 전통을 유지하고 진흥하기 위해 엄청난 비용을 투여한 이 사업은 다른 측면에서는 청 제국을 비판하는 것과 관련된 책을 색출해서 이를 금서(禁書)로 삼는 정책[15]과 표리일체를 이루는 것이었다. 중국 문화를 중시함과 동시에 화이사상에 의한 반청 언동을 엄격하게 단속한다는 양면성은 청 제국의 중국 통치에서 보이는 특색이었다고 할 수 있다.

청 제국 시대의 사회와 경제

청 제국의 통치 아래에 놓인 중국에서는 변경에서의 전쟁과 반란을 제외하면, 17세기 말부터 100년 정도에 걸쳐 안정적인 평화의 시기가 지속되었다. 대외무역에 대해서 살펴보면, 청 제국은 정씨를 항복시킨 이후에는 해금을 해제하였고 이에 중국 선박이 일본과 동남아시아로 나갔으며 동남아시아와 유럽의 선박이 중국에 내항하면서 교역이 왕성하게 이루어졌다. 18세기 중반에는 유럽 선박의 내항을 광주 한 항구만으로 제한했지만, 이는 치안상의 조치였고 무역량은 그 이후에도 계속 확대되어 19세기 초에 이르기까지 중국에서부터 수출된 차, 생사, 도자기 등의 대가로 외국에서부터 대량의 은이 유입되었다.

이러한 상황 아래에서 청 제국 중기에는 대체로 호경기가 지속되었고, 물가 상승에 수반하여 곡물, 수공업 원료, 기호품의 생산이 활발해졌다. 인구도 급속하게 증가해 갔는데, 18세기의 100년 동안 중국의 인구는 1억 수천만에서 3억으로 거의 2배가 증가했

---

15 문장 중에 청 제국을 비방하는 어구가 있다는 것을 이유로, 작자가 극형에 처해지는 일도 있었다. 이를 '문자의 옥'이라고 부른다.

던 것으로 추정되고 있다. 이러한 인구 증가에도 불구하고, 식량 부족이 심각해지지 않았던 이유 중 하나는 화중, 화남의 산지 개발이 진전된 것에 있었다. 산지에서는 쪽[藍]·잎담배·목재·종이·차·칠(漆) 등 이익을 올릴 수 있는 특산물을 취할 수 있었기 때문에 산지로의 이주가 활발하게 이루어졌다. 16세기에 아메리카 대륙에서 동아시아로 전해졌던 옥수수·고구마 등의 새로운 작물은 산지에서도 재배가 가능했기 때문에 산지에 거주하는 사람들의 주식으로서 산지 개발이 진행됨과 아울러 급속하게 보급되었다.

그러나 산지의 과도한 개발은 환경 파괴를 초래했고, 18세기 말에는 토양의 유출에 의한 홍수의 빈발 등 개발의 문제점이 현저하게 드러났다. 본래 기반이 불안정한 산지의 경제는 재해, 불황에 취약하다. 이에 더하여 혼자 사는 남성이 모여들면서 지방 정부의 감시도 구석구석 이루어지지 못했던 산지 사회에서는 폭동과 반란이 발생하기 쉬웠다. 18세기 말에 청 제국을 뒤흔들었던 백련교도의 대반란이 일어났던 곳은 새로 개척된 지역 중의 하나였던 섬서·사천·호북성의 경계지대였다. 18세기 청 제국의 번영에 내포된 모순은 이렇게 새로 개척된 지역에 집중되어 나타났다고 할 수 있다. 백련교도의 반란은 10년 가까이 지속되었고, 종래 풍부하게 축적되어 있었던 청 제국의 재정은 이 반란을 진압하는 과정에서 단숨에 궁핍해졌다. 이러한 상황 속에서 청 제국은 새로운 유럽 세력의 진출을 맞이하게 되었다.

[사료] 「대의각미록」*에 수록된 옹정제의 상유(上諭)

『서경』에서는 "하늘은 차별하지 않고, 다만 덕이 있는 자만을 돕는다"라고 하였다. 덕이 있는 자만이 하늘을 따를 수 있는 것인데, 하늘이 누군가의 편을 들 때에 그 출신지에 따라 구별하는 것이 가능한가? 우리 대청국(大淸國)은 동쪽 지역에서부터 흥기하여 뛰어난 군주들이 잇달아 나타나서 천하를 안정시켰고, 하늘의 은혜를 입어 덕을 넓히고 은혜를 주어 백성들에게 안정된 생활을 하게 하니, 내외의 사람들이 흠모한 것이 이미 100년이나 되었다. …… 한·당·송 등의 나라는 전성기에도 북적(北狄)과 서융(西戎)의 침입으로 고통을 받았으나 그 지역을 복종시킬 수 없었기 때문에 화이의 구분을 세우지 않을 수 없었다. 우리 국가가 중국의 주인이 되면서부터 천하에 군림하였고, 몽골의 구석진 여러 부족에 이르기까지 우리 영토로 들어왔다. 이것은 중국의 영역이 확대되었다는 것이니 중국 신민(臣民)의 행운인데, 어찌 화이와 내외의 구분을 논할 것인가?

역서(逆書, 증정曾靜이 청을 비판했던 책)에서는 이적(夷狄)은 인류와 다르다고 하면서 금수와 같다고 욕하고 있다. 원래 사람과 금수의 차이는 마음에 인의(仁義)가 있는지의 여부에 달려 있다. 산속의 야만인이 도덕과 예의를 모른다면 금수와 같을지 모르겠지만, 지금 몽골의 48기(旗)와 할하 등을 보면 군주를 높이고 윗사람을 존경하며 법을 지키고 도적이 일어나지 않으며 살인사건도 적고 사기를 치는 것 및 물건을 훔치는 관습이 없어 온화하고 부드러운 풍속이 있다. 이를 어찌 금수라 하겠는가? 종족적인 의미에서 만주족은 확실히 '이(夷)'이니, 우리 국가가 이적이라는 이름을 피하려고 생각하지 않는다. 맹자는 고대의 성왕(聖王)인 순(舜)도 '동이(東夷) 사람'이고, 주의 문왕(文王)도 '서이(西夷) 사람'이라고 말하지 않았는가? 여기서 '이'라고 하는 것은 출신지로, 지금의 본적과 같은 것에 불과하다.**

* 옹정제가 편찬했던 『대의각미록』은 '이적'인 청 제국을 공격하는 문장을 저술했던 증정(曾靜)이라는 하급 지식인이 체포되었던 때에 그 사건에 관해 황제가 내린 상유(上諭) 및 관료와 증정 사이에 이루어진 심문과 공술(供述) 등을 정리한 것으로 청 제국 지배의 정당성에 관한 옹정제의 논리를 명쾌하게 드러내고 있다.

** 어떠한 사람들이건, 덕을 갖추어 천명을 받은 청 제국 황제의 지배를 받아들여 기본적인 도덕질서를 지키면서 살다보면 그것으로 충분한 것이고, 출신과 습속의 차이에 따라 차별해서는 안 된다는 것이다. 이것은 매우 개방적이고 합리적인 사고방식이라고도 할 수 있지만, 거꾸로 말하면 청 제국 황제의 지배를 거스르고 독자적인 민족국가를 세우려는 것과 같은 움직임은 결코 허용되지 않는 것이 된다. 이러한 사고방식은 '민족자결'의 민족주의와는 대척점에 놓여 있는 것이라고 할 수 있다.

[초점] 종교와 민중반란

중국의 역사를 움직여 왔던 큰 반란 중에는 그다지 종교적 색
채가 없는 것도 있지만(예를 들면, 황소의 난) 한 제국 말기 황건
의 난, 원 제국 말기 홍건의 난, 청 제국 시대 백련교의 반란 등은
종교적 색채가 강한 것들이다. 황건의 난은 호부(護符)를 통해 병
의 기운을 치료하면서 신도들을 모은 태평도(太平道)라는 종교결
사를 모체로 하는 것이었고, 홍건의 난과 청 제국 시대 백련교 반
란은 모두 백련교도가 일으킨 반란이라고 여겨진다. 백련교라고
말하더라도 그러한 교단이 일관되게 지속되었던 것은 아니었고,
정부의 관점에서 보았을 때 사회질서를 어지럽히는 사교(邪敎)라
고 간주된 모든 종교 집단이 '백련교'라고 총칭되었던 것에 불과
한데 그 공통적 특징은 '거대한 재해로 인해 세계의 종말이 찾아
오면, 미륵불이 인간으로서 지상에 환생하여 재앙으로부터 사람
들을 구원한다'라는 신앙에서 찾을 수 있다. 백련교의 교의(敎義)
자체가 반드시 반체제적인 내용을 지니고 있는 것은 아니었지만,
재해 및 박해에 고통을 받는 사람들에게 있어서 이러한 구세주
신앙은 현상을 부정하고 반란에 참가하는 계기가 되었다.

경쟁이 격렬한 중국사회에서는 다양한 상호부조(相互扶助) 조
직이 발달했는데, 남계(男系)의 혈연을 매개로 맺어진 종족 결합
은 그 대표적인 것이다. 그러나 새로 개척한 땅에 흘러 들어온 노
동자 등 그러한 혈연 네트워크를 가지고 있지 않은 사람들에게
있어서 종교 결사는 혈연을 대신하는 상호부조의 기능을 가진 것
이었고, 또한 마음으로 의지하는 것이 되기도 하였다. 새로 개발
한 산지가 청 제국 시대 백련교의 발생지가 되었던 배경에는 새

로 개척한 땅에서 종교 결사가 발달하기 쉬웠던 사정도 존재했다
고 할 수 있다.

보권(寶卷) 민간종교의 포교용 경전이다. 조악한 인쇄물의 형태로
민간에 광범하게 보급되었다.

10장
청 제국 말기의 동란과 사회의 변용

　10장에서는 청 제국 중기까지 구미(歐美) 세력과 중국의 접촉을 개관한 후, 주로 아편전쟁부터 청일전쟁까지의 시기를 다룬다. 19세기 중반부터 말기에 이르는 이 시기의 청 제국은 열강의 압력 아래에 불평등조약, 조공국의 상실이라고 하는 사태에 직면하였고 또한 국내에서는 태평천국 등의 반란으로 정권의 기초가 흔들리면서 새로운 기술과 산업을 도입하여 국력을 증강할 필요성을 통감하게 되었다.

청 제국 중기까지의 중국과 구미 세력

　16~17세기 전반에 국제교역의 붐이 일어났을 때에는 포르투갈과 네덜란드 상인이 중국의 근해에서도 활발하게 활동하고 있었지만, 그 이후 청 제국이 성립하고 18세기의 최전성기가 뒤따라 이어지면서 유럽 세력의 활동은 상대적으로 침체되어 갔다. 포르투갈은 16세기에 마카오에서의 거류를 허락받은 이래, 명 제

국 말기부터 청 제국 시기 내내 마카오를 거점으로 활동했는데 일본의 쇄국으로 인해 일본과의 무역을 할 수 없게 된 이후부터는 동남아시아 여러 지역과의 자잘한 교역을 시행하는 데에 불과했다. 네덜란드는 대만의 거점을 정성공에게 빼앗긴 이후, 동남아시아의 도서 지역을 식민지화하면서 중국 연안으로의 직접적 진출을 단념하고 오로지 중국 선박의 내항에 의존하여 중국과의 무역을 진행하였다.

명 제국 말기 이후 중국과 유럽의 관계는 경제적인 측면으로만 한정되는 것이 아니다. 명 제국 말기에는 마테오 리치 등 예수회를 중심으로 가톨릭 선교사들이 내항하여 주로 사대부들 사이에서 포교를 행하였다. 선교사들이 보유한 과학적 지식은 명 제국 말기 사대부들 사이에서 관심을 모았다. 강희제·건륭제 등 청 제국의 황제도 선교사들이 가진 천문·지리·수학·의학 등의 과학적 지식과 회화(繪畫) 등의 기능을 중시했고, 많은 유럽인 선교사들을 궁정 내의 전문가로 중용했다.[1] 그러나 청 제국이 기독교의 교의(教義) 그 자체를 용인했던 것은 아니었다. 예수회가 중국인의 풍속과 관습을 계속 존중하면서 시행해 왔던 포교 방법이 교황청에서 문제시되어(이를 전례문제典禮問題라고 한다) 교황청이 중국

---

1   청 제국 초기에 흠천감(欽天監, 천문대)의 장관이 되었던 아담 샬과 페르비스트, 청 제국 중기에 궁정 화가로서 많은 회화를 남긴 카스틸리오네 등이 그러한 예이다.

인 기독교 신자들의 조상 제사 등을 허락하지 않는 방침을 내세우자 청 제국은 기독교 포교에 대해 엄격한 태도를 취하였고, 옹정제 시대에는 기독교 포교가 전면적으로 금지되었다. 선교사들은 변함없이 궁중에서 등용되었지만, 그들은 기술자로서의 역할을 했던 것에 불과했다.

18세기 중반 즈음에 유럽 경제는 호황의 시기를 맞이했고, 중국과의 교역을 바라며 내항하는 선박이 증가했다. 그 중심이 된 국가가 영국이다. 유럽의 선박은 광주에 내항하여 교역을 행하는 것이 종래의 관행이었는데, 영국 선박은 보다 조건이 좋은 항구를 찾아 연안을 따라 북상했고 영파(寧波)에서의 교역을 요구하였다. 청 제국은 치안의 관점에서 이를 거부했고, 유럽 선박의 교역을 광주로 제한시켰다. 당시 유럽에서는 차를 마시는 풍습이 대중들 사이에서도 계속 퍼져나가면서 영국 선박에 의한 차의 수입이 급증했던 요인도 있었고, 광주에서의 무역 액수는 순조롭게 증가했다. 그러나 행동의 자유가 제한되고 광동의 13개 공행(公行)이라 불린 특정 상인을 통해서만 거래를 허락했던 광주의 무역제도(이를 칸톤 시스템[2]이라 부른다)는 유럽의 상인들에게 있어서는 만족할 수 있는 것이 아니었다.

1792년, 영국은 보다 자유로운 무역을 요구하기 위해 매카트니를 단장으로 하는 사절단을 중국에 파견했다. 매카트니는 열하의 이궁에서 건륭제를 배알했고, 호화로운 대접을 받았지만 자유무역은 허락받지 못했다. 청 제국의 입장에서 보면, 중국의 풍부한 산물을 찾으러 온 외국상인에게 교역을 허락하는 것은 청 제국의 은혜였고 외국인의 요구로 인해 '천조(天朝)의 정해진 제도'를 변하게 하는 것 등은 논의의 가치가 없는 일이었다.

아편전쟁

영국에서는 18세기 후반에 면직물 공업에서 시작되었던 기술혁신이 다양한 산업 분야로 파급되었고, 증기기관을 동력으로 삼은 기계에 의한 공업 생산이 확산되어 갔다(산업혁명). 종래 영국은 인도와 중국에서 면포를 수입했지만, 19세기에 이르면 그 흐름이 역전되어 영국에서부터 아시아를 향해 기계로 만든 면제품이 흘러가기 시작했다. 그러나 중국에서는 농민의 부업으로서의

---

2 【역주】 칸톤 시스템은 영어 표현이고, 우리말로는 주로 '광동 체제'라고 지칭한다.

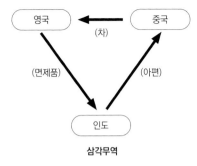

삼각무역

직물 생산이 일찍부터 발달했기 때문에 영국이 중국에 면제품을 들여와도 상당한 양은 팔리지 않았다. 한편, 차는 대중적 기호품으로서 영국인의 생활에 없어서는 안 되는 것이 되면서 영국 선박에 의한 중국으로부터의 차 수출은 급격하게 증가했다. 중국과 영국의 교역은 중국 측의 대폭적인 수출 초과의 양상을 보였고, 영국으로부터 중국에 대량의 은이 유입되었다. 당시 영국에서는 공업의 발전에 수반하여 자금이 충분하지 않은 상태였기 때문에 중국으로의 은 유출을 막을 필요가 있었다. 그래서 형성된 것이 인도산 아편을 매개로 하는 삼각무역이었다. 즉 영국에서부터 인도로 면제품을 수출하고, 인도산 아편을 중국에 수출하고, 중국의 차를 영국으로 수출하여 은을 별로 쓰지 않고 환(換)을 통해 결제하는 시스템이었다.

아편이 중독성을 지닌 마약이라는 것은 중국에서도 알고 있었고, 아편의 수입은 18세기부터 금지되고 있었지만 영국 상인은 금령을 어기고 아편을 중국에 들여왔다. 아편을 흡입하는 풍습이 퍼지면서 사회문제가 되었고, 동시에 아편의 수입량이 급증했기 때문에 중국에서 도리어 은이 유출되는 상황이 전개되었다. 은의 유출로 인한 은 부족 현상은 경제의 정체를 초래했고, 특히 세금

액수가 은으로 정해져 있었기 때문에 은 부족으로 인한 은의 가격 폭등(즉, 세금 부담의 실질적 증가)은 납세자들을 고통스럽게 만들었다. 청 제국 정부는 아편 수입의 금지를 실행하기 위해 임칙서(林則徐)를 광주에 파견했다. 임칙서는 아편 상인으로부터 아편을 몰수하고 폐기처분했다. 영국 정부는 칸톤 시스템의 타파를 이유로 중국에 원정군을 보냈고, 아편전쟁이 시작되었다. 영국의 압도적인 군사력에 청 제국 군대는 대항을 하지 못했고, 영국 측의 요구를 받아들여 1842년에 남경조약을 체결했다.

남경조약의 주요 내용은 다음과 같은 것이다. 광주·아모이·복주·영파·상해 다섯 항구를 개항할 것. 공행의 무역 독점을 폐지할 것. 홍콩을 할양할 것. 영국 측의 전쟁 비용 1,200만 달러를 배상할 것. 양국의 국교는 대등함을 원칙으로 삼을 것.

그리고 이듬해의 추가 조약에서는 영사재판권, 최혜국대우[3], 관세와 통과세 협정(즉, 중국의 입장에서는 관세자주권의 상실) 등의 조항이 정해졌다. 아편전쟁과 남경조약은 중국이 종래의 조공체제를 대신해 열강이 주도하는 조약체제를 어쩔 수 없이 수용하게 되는 첫 단계였다.

---

3 다른 국가(예를 들면 미국이나 프랑스)와 조약을 체결하여 유리한 조건이나 권한을 주는 경우에 해당 국가(영국)에도 자동적으로 그 조건이나 권한이 부여된다는 규정이다. 이후, 중국이 미국·프랑스 등 여러 국가들과 조약을 맺었을 때에도 모두 이 최혜국대우 조항이 포함되었기 때문에 중국의 입장에서는 한 국가와 불리한 조건으로 조약을 맺으면 그것이 다른 국가로도 파급되는 사태를 초래했다.

아편전쟁은 오늘날 중국 '근대'의 출발점으로 간주되고 있다. 즉 중국이 열강의 압력 아래에 종속적인 지위에 처하게 되는 전환점이라는 것이다. 아편 문제와 아편전쟁을 통해 서양의 위협을 심각하게 느꼈던 임칙서·위원(魏源) 등의 일부 관료와 지식인은 서양의 침략에 대항하기 위해 서양의 사정을 알고 서양의 기술을 도입할 것을 주장하면서 『해국도지(海國圖志)』 등의 책을 편찬했다([사료] 참조). 그러나 당시 중국의 일반적 관료와 지식인들 사이에서는 이 사건이 역사상 종종 존재했던, '이적'에 의한 국지적인 침략의 사례에 불과한 것이라고 간주되면서 그렇게 위기감이 조성되지 않았다. 아편전쟁은 오히려 일본·조선 등 주변 여러 국가들에 큰 충격을 가져다주었다.

태평천국과 열강

아편전쟁을 통해 아편 문제가 해결되지는 않았다. 오히려 아편의 수입이 증대하면서 은의 유출은 계속되었고, 또한 배상금의 지불 때문에 세금 부담이 증가하면서 농촌이 피폐해졌다. 특히 장강 하류의 경제적 선진지대에 위치한 상해가 개항되면서 광주 주변의 경제활동은 침체되었고, 사회불안이 확산되었다. 이러한 와중에 일어난 태평천국(太平天國)의 반란은 궁핍해진 농민들을 끌어들이면서 화남·화중의 광범한 지역으로 확대되어 14년 동안 청 제국을 위협하는 큰 반란이 되었다.

태평천국의 지도자 홍수전(洪秀全)은 광주에서 가까운 농촌 출신으로, 과거시험에 합격하지 못하고 지나치게 실의에 빠져 병에 걸려 있을 때 목격했던 환상과 광주의 도회지에서 기독교 선교사로부터 건네받은 팸플릿의 기록을 연결시켜 새로운 종교를 만들었다. 그 내용은 홍수전 자신은 상제(신)의 아들이고 예수의 동생이라 칭하는 것이었고, 사당에서 제사를 지내는 공자 및 도교의 신들은 우상이므로 파괴해야 하고 상제를 신앙하는 것을 통해 천국에 갈 수 있다고 주장하는 것이었다. 포교를 했던 광서의 산중에서 많은 신도들을 확보하여 '배상제회(拜上帝會)'라는 결사를 만든 그는 1851년에 청 제국 타도를 외치며 거병하였고, 반란에 합류하러 온 다수의 농민을 거느리고 북상하여 1853년에 남경을 수도로 삼아 '태평천국'이라는 정권을 건설하였다.[4] 태평천국의 군대에서는 남녀를 불문하고 전투에 참가했고, 엄격한 규율 아래 백성들로부터 약탈하는 것을 엄격히 금지하였다.[5]

　당시는 태평천국 이외에도 화북에서 염군(捻軍)의 반란, 서북지역과 운남에서 회민(回民, 무슬림)의 반란, 귀주 등에서 묘족의

4　그들은 청 제국을 따르지 않는다는 것의 표식으로 변발을 자르고 장발의 모습을 했기 때문에 정부 측에서는 이들을 '장발적(長髮賊)' 등으로 불렀다.

5　태평천국의 강령(綱領)이라고 여겨지는 『천조전무제도(天朝田畝制度)』라는 문헌에는 '땅이 있으면 모두 함께 경작하고, 밥이 있으면 모두 함께 먹고, 옷이 있으면 모두 함께 입고, 돈이 있으면 모두 함께 사용한다'라는 평등한 사회의 이상도 제시되어 있는데, 어느 정도로 실행이 되었는지는 의문이다.

반란, 광동에서 비밀결사 '천지회(天地會)'의 봉기 등 각지에서 반란이 잇달았고 재정난에 시달린 청 제국의 정규 군대로는 이에 대처할 수가 없었다. 태평천국 진압의 주력이 되었던 것은 호남성 출신인 증국번(曾國藩)과 안휘성 출신인 이홍장(李鴻章) 등 한인 관료가 향리에서 조직했던 의용군(이를 향용鄕勇이라 한다)이었다.[6] 군사비용에 대해서는 상품에 유통세(이를 이금釐金이라 한다)를 부과하고 그 운용을 지방에 맡기면서 군사적인 측면에서도, 재정적인 측면에서도 지방의 힘이 강해지게 되었다.

한편, 아편전쟁 이후에도 자국의 제품 매입이 순조롭게 진행되지 않는 것에 불만을 가진 구미 열강은 1856년 애로호사건[7]을 계기로 제2차 아편전쟁을 일으켜 청 제국을 압박했고, 1858년에 천진조약 그리고 1860년에 북경조약을 체결하여 외국공사의 북경 상주(常駐), 천진과 한구(漢口)를 포함한 개항장의 증가, 아편 무역의 합법화 등 청 제국으로부터 큰 양보를 얻어냈다. 열강은 처음에는 기독교의 영향을 받았던 태평천국에 호의적 관심을 가졌지만, 청 제국과 유리한 조약을 체결한 이후 그 이익을 확보하기

---

6 증국번의 군대를 상군(湘軍), 이홍장의 군대를 회군(淮軍)이라 불렀다. 증국번 등은 친척·친구의 인간관계에 의지하여 신뢰할 수 있는 인물을 모았기 때문에 그 군대는 단결력도 강했고 군기도 엄격했다.

7 영국의 국기(國旗)를 내걸고 광주의 부두에 정박해 있었던 조그만 범선인 애로호의 중국인 선원을 청 제국 관헌이 해적이라고 의심하여 체포했던 것 때문에 발생한 청과 영국 사이의 분쟁이다.

[초점] 상해

오늘날의 상해는 중국을 대표하는 상공업 도시로서 급속하게 발전하고 있다. 상해의 발전에는 몇 단계의 전환기가 있다. 장강 하류 델타의 조그만 항구 도시였던 상해는 원 제국 시대에 현(縣)이 되었지만, 상해에 성벽이 만들어지고 도시다운 모습을 갖추게 된 것은 16세기 중반에 왜구의 습격에 대비하기 위함이었다. 이 무렵의 상해는 장강 하류 델타의 수공업 중심지에 위치한 항구로서 해상무역으로 번영을 누리고 있었지만, 소주(蘇州)나 항주(杭州)와 같은 대도시와 비교하면 소규모 지방 도시에 불과했다. 상해가 크게 발전한 것은 아편전쟁 이후 남경조약으로 개항장이 되면서부터였다. 개항 이후 얼마 지나지 않아 외국인 전용의 거류 구역으로서 조계(租界)가 설정되었다. 조계는 중국의 주권이 미치지 않는 특수 지역으로 여겨졌다. 그 후, 태평천국 시기에 중국인 피난민을 받아들였던 것을 계기로 중국인이 조계에 거주하는 것이 허용되자 조계의 인구가 팽창하면서 상해는 중국에서 손꼽을 정도의 대도시로 발전했다.

1920년대가 되면, 상해는 전체 중국의 무역액 및 공업 생산의 대략 절반을 차지하는 상공업 도시가 됨과 동시에 일본의 도쿄까지 능가하는 동아시아 국제 금융의 중심지가 되었다. 외탄(外灘)에는 서양식의 빌딩이 줄지어 들어서면서 위용을 과시했고 백화점과 카페, 영화와 재즈 등 근대적인 도시 문화가 사람들을 매혹하였다. 외국의 자본이 집중되었고, 동시에 중국 관헌의 손이 미치지 않는 조계는 민족운동과 혁명운동의 중심이 되기도 했다.

중화인민공화국 성립 이후, 기업의 사회주의 개조 및 외국무역의 감소로 인해 상해의 경제는 상대적으로 침체했다. 1970년대 말부터 개혁개방정책이 시작되자 상해는 연해 지역의 개방도시 중 하나로 지정되었지만, 광주(廣州) 등과 비교하면 발전은 뒤처지는 경향이 있었다. 상해의 전환기는 1990년에 포동(浦東) 개발 계획이 결정된 때였고, 황포강(黃浦江) 동쪽 연안의 500㎢의 개발 구역에서는 공항, 환형 도로, 발전소 등 기반 시설이 정비되어 첨단기술 산업과 금융의 중심지를 목표로 개발이 진행되고 있다.

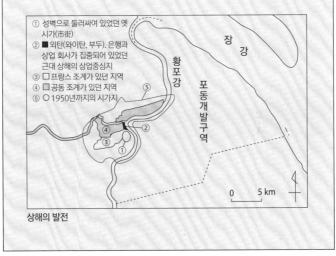

① 성벽으로 둘러싸여 있었던 옛 시가(市街)
② ■외탄(와이탄, 부두). 은행과 상업 회사가 집중되어 있었던 근대 상해의 상업중심지
③ □프랑스 조계가 있던 지역
④ □공동 조계가 있던 지역
⑤ ○1950년까지의 시가지

장강
황포강
포동개발구역

0 5 km

상해의 발전

[사료] 위원*, 「해국도지」**의 서문(1842년)

『해국도지』 60권은 무엇을 근거로 삼았는가? 첫 번째는 전 양광총독(兩廣總督) 임칙서 상서(尙書)가 번역한 서이(西夷)의 『사주지(四洲志)』***에 근거했고, 그리고 역대의 사지(史志)와 명 제국 이래의 도지(島志), 여기에 최근의 이도(夷圖)와 이어(夷語)에 의거해 철저하게 조사하여 어려움을 개척하여 길잡이가 되고자 했던 것이다. …… 무엇이 선인들의 해도(海圖)의 기록과 다른 것인가를 말한다면, 그 책은 중국인의 입장에서 서양을 말했던 것에 반해 이것은 서양인이 서양을 말한 것이다.

이 책을 왜 저술했는가에 대해 말해보면, 오랑캐로 오랑캐를 공격하고, 오랑캐로 오랑캐와 화의하고, 오랑캐의 뛰어난 기술을 배워 오랑캐를 제어하고자 저술한 것이다. 『역경(易經)』에서는 '애정과 미움이 서로를 공격하면서 길흉이 나타난다. 멀고 가까운 것이 서로 취하면서 회한(悔恨)이 생긴다. 진실한 마음과 거짓된 마음이 서로 교감되면서 이해(利害)가 생긴다'라고 했다. 그래서 똑같이 적을 막는다고 해도 그 상황을 아는 것과 알지 못하는 것 사이에는 이해에 커다란 격차가 생긴다. 똑같이 적과 화의한다고 해도 그 사정을 아는 것과 알지 못하는 것 사이에는 이해에 커다란 격차가 생긴다. 옛날에 외이를 제어하려는 자는 적의 상황을 물으면, 손에 잡힐 듯 확실히 알고 있고 적의 사정을 물으면, 손바닥을 들여다보듯이 알고 있었다. 그렇다면, 이 책만 가지고 있으면 외이를 제어할 수 있을까? 흠. 아니다. 이것은 군사의 기략(겉으로 드러난 징조)이고, 군사의 근본이 아니다. 형태가 있는 병략이고, 형태가 없는 병략이 아니다. …… 거짓된 꾸밈을 버리고, 곤

란함에 대한 두려움을 없애고, 종양을 치료하지 않은 채 방치하지 말고, 사사로운 이득을 도모하는 것을 고친다면, 사람의 마음이 잠드는 나쁜 기운은 없어진다. 이것이 우선 첫 번째이다. 사실로써 실효를 도모하고, …… 목적을 향해 착실하게 실행하고, 배가 없이 황하를 걸어서 건너는 것과 같은 무모한 행동을 피하고, 그림의 떡을 바라보는 것과 같은 일을 하지 않으면, 인재가 공허해지는 나쁜 기운은 없어지게 될 것이다. 이것이 두 번째이다. 사람의 마음이 잠드는 나쁜 기운이 없어져서 태양이 빛나게 되고, 인재가 공허해지는 나쁜 기운이 없어져서 바람과 천둥이 울려 퍼지게 된다.(西順藏·島田虔次 編, 『清末民國初政治評論集』, 平凡社中國古典文學大系, 1971년에서 인용. 행을 바꾸는 것 등을 약간 수정했다.)

* 위원은 호남성 출신의 학자이다. 1794년에 태어나 1856년에 사망했다.

** 『해국도지』는 막부 말기 일본에 큰 반향을 불러일으켜 개정판 100권 본이 일본에 들어왔던 1854년부터 3년 동안의 기간 만에 20여 종의 요약본이 일본에서 출판되었다.

*** 『사주지』는 영국인 머레이의 지리서를 임칙서가 부하로 하여금 번역하게 하여 간행한 것이다.

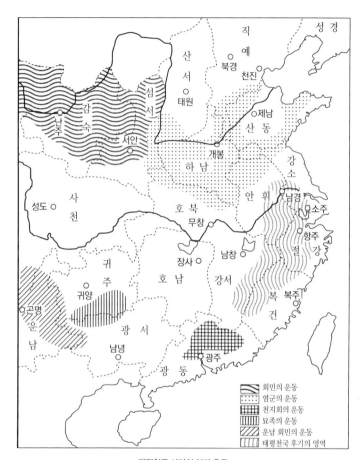

산 서
직 예
성 경
북경
천진
태원
섬 서
감 숙
난주
서안
제남
산 동
개봉
하 남
강 소
안 휘
남경
소주
호 북
무창
항주
절 강
성도
사 천
남창
장사
귀 주
귀양
호 남
강 서
복 복주
건
고명
운남
광 서
남녕
광주
광 동

회민의 운동
염군의 운동
천지회의 운동
묘족의 운동
운남 회민의 운동
태평천국 후기의 영역

태평천국 시기의 여러 운동

위해서 청 제국을 지지하는 방침으로 전환했고 외국인 부대를 조직하여 태평천국 진압에 협력했다. 한인 관료들이 조직했던 의용군 그리고 외국인 군대의 공세를 받은 태평천국은 1864년에 붕괴했다.

양무운동

태평천국 반란이 종결된 이후, 청 제국에는 잠시 동안의 안정이 찾아왔다. 이 시기의 정치를 그 연호인 동치(同治, 1862~1874)를 이름으로 취하여 '동치중흥(同治中興)'이라 부른다. 일본은 막부 말기에서 메이지유신 시기에 걸쳐 있는 시대인데, 중국에서도 근대화를 향한 노력이 시작되었다. 태평천국을 진압하는 과정에서 서양 무기의 우수성을 통감한 증국번, 이홍장 등의 관료들은 청 제국의 지배체제를 유지하고 강화하기 위해서 서양의 기술을 도입하고자 했다. 동치중흥 시기에 시작된 이 운동은 일반적으로 '양무운동(洋務運動)'이라 일컬어진다. 종래 외국에 대해서는 '이(夷)'라는 말이 사용되었던 것에 반해 두 차례의 아편전쟁을 거친 결과, 외국과 그들의 사물을 '이'라고 부르지 않고 '양(洋)'이라고 부르는 것이 보편적 현상이 되었다. '양무'라고 하는 말에는 그러한 사정이 반영되어 있다고 할 수 있다. 또한, 1861년에는 여러 외국과의 교섭을 전문적으로 담당하는 '총리각국사무아문(總理各國事務衙門, 줄여서 총리아문이라고도 한다)'이 설립되었다.

조공체제 아래에서는 국내와 국외의 경계가 애매하여 외국관계의 사무를 다루는 전문적인 관청이 없었다. 총리아문의 설립은 중국이 점차 조공적 세계질서의 관념에서 벗어나 주권국가가 병립하는 국제질서의 관념을 수용해 가고 있다는 하나의 표식이었다고 할 수 있다.

 양무운동의 내용은 여러 방면에 걸쳐 있는데, 먼저 언급할 것은 군사적 측면의 근대화이다. 양무 관료들에 의해서 병기공장인 강남기기제조국(江南機器製造局), 군함을 제조하는 복주선정국(福州船政局)이 설립되었고 복주선정국에 속한 선정학당(船政學堂)에서는 외국어와 항해술을 가르쳤다. 여기에서 기른 인재를 중심으로 새로운 해군인 북양해군(北洋海軍)이 창설되었다. 그리고 양무운동의 대상은 군수산업에 그치지 않고 방직공장(상해기기직포국上海機器織布局 등)과 해운회사(윤선초상국輪船招商局 등), 철도부설, 광산개발, 전신설비의 도입 등 경제의 광범한 분야로 확산되었다. 외국에 파견된 관료, 유학생이 증가함에 따라 기술은 물론이고, 의회제도와 지방자치 등 구미의 정치와 사회의 방식에 대한 관심도 높아졌다. 이러한 구미의 제도를 중국 고대의 '봉건'에 비교하면서 높이 평가하는 사람들도 있었지만, 어느 정도로 이러한 제도를 받아들여야 하는가에 대해서는 양무 관료들 사이에서도 그 사고방식이 반드시 일치하지는 않았다.

조공국의 상실

1870년대 중반에 이르면, 중국은 다시 대외적 긴장의 시기를 맞이했다. 종래 청 제국이 조공국이라고 인식하고 있었던 지역이 외국의 압력을 받아 중국으로부터 이탈해 가는 움직임이 나타났던 것이다.

중앙아시아에서는 청 제국의 동투르키스탄 정복 이후 청 제국에 조공을 했던 코칸드 칸국 등 중앙아시아의 이슬람교 국가들이 1870년대 중반까지 러시아의 지배 아래로 들어갔다. 류큐는 17세기 초에 사쓰마(薩摩)의 침공을 받은 이래 사쓰마 번(藩)의 지배 아래에 있으면서도 중국 제국에 조공을 바치는 '양속(兩屬)'의 상태에 있었지만, 메이지 정부는 류큐에 대해 청으로의 조공을 정지할 것을 명령했고 1879년에 오키나와(沖繩) 현을 설치하여 일본의 영토로 삼았다.

인도차이나 반도에서는 베트남에 대한 지배권을 확립하고자 했던 프랑스가 베트남 북부에서 청의 군대와 충돌했고, 1884년에 청불전쟁(淸佛戰爭)이 시작되었다. 프랑스 해군이 대만을 봉쇄하고, 청 제국 조정에서 화평론의 목소리가 강해진 결과 이듬해에 천진조약이 체결되었다. 청 제국은 베트남에 대한 프랑스의 보호권을 인정함과 동시에 화남의 여러 성(省)에서 프랑스의 통상, 철도 건설에서의 특권을 인정했다. 인도차이나 전역에서 프랑스가 영향력을 확대하는 것을 염려했던 영국은 같은 해에 군대를 미얀마에 파견해 미얀마 전체를 지배 아래에 넣었다.

열강의 이러한 움직임에 대항하여 청 제국 측에서도 주변 지역의 실효적 지배를 강화하려는 정책을 취했다. 청불전쟁 이후에는 종래 복건성에 소속된 하나의 부(府)에 불과했던 대만을 성(省)으로 승격했다. 또한, 종래 이번원 아래에서 간접적인 지배를 행했던 신강에 신강성(新疆省)을 설치했다.

한반도에서는 조선을 중국을 향한 복속관계로부터 분리시키려는 일본과 조선에 대한 지배를 강화하려는 청 제국이 대립하면서 격렬한 긴장관계가 형성되었다. 일본은 강화도사건[8]을 구실로 삼아 무력으로 조선 정부를 압박했고, 1876년에 조일수호조규(朝日修好條規)를 체결했다. 이는 일본의 영사재판권을 인정하는 등의 불평등조약이었는데, 그 첫 번째 조항에서 '조선국은 자주 국가'라는 것을 주장하면서 일본 측에서는 이를 조선에 대한 중국의 종주권을 부정하는 것으로 간주하였다. 한편, 청 제국 측에서는 '조선은 오랫동안 번봉(藩封)의 일원이었다'는 등의 말로 청 제국과 조선 사이의 종속관계를 명문화하면서 조선에 대한 영향력을 강화하고자 했다. 1880년대에는 임오군란[9]과 갑신정

---

8   일본의 군함이 조선의 수도 한성(현재의 서울)과 가까운 강화도 부근에서 포격을 받아 이에 응전하여 포대(砲臺)를 일시 점령했던 사건이다. 【역주】 저자의 이 서술로만 보면, 일본 측이 아무런 이유도 없이 조선으로부터 포격을 받은 것처럼 보이지만 일본의 군함이 강화도 부근에 접근한 것 자체가 불법적인 일이었다.

9   1882년에 서울에서 일어났던 반일 폭동이다. 【역주】 임오군란을 단순히 반일 폭

변[10]이 일어났고, 그때마다 청과 일본 사이에서 긴장이 고조되었다. 1894년에 조선에서 '동학(東學)' 교단의 반란[11]이 일어나자 청제국과 일본은 동시에 한반도에 파병했고, 청일전쟁이 시작되었다.

전쟁은 일본의 승리로 끝났고, 1895년에 시모노세키(下關)에서 강화조약이 체결되었다. 그 주요 내용은 다음과 같다. (1) 조선의 독립을 확인(청 제국과의 종속관계 파기), (2) 요동반도[12]·대만·팽호열도(澎湖列島) 할양, (3) 배상금 2억 냥 지불, (4) 일방적 최혜국대우의 부여, (5) 개항장에서 일본인의 기업 경영권 승인.

이 조약으로 인해 일본은 최초의 식민지인 대만 등을 획득함과 동시에 조선에 대한 영향력을 증대했다. 또한, 거액의 배상금을 기반으로 금본위제를 확립하여 경제발전을 궤도에 올렸다. 한편, 조선은 중국으로부터 독립했다는 명목 아래에 어쩔 수 없이 일본에 종속되었다. 그리고 청 제국의 관점에서 보면, 일본에 패배한

동으로만 이해할 수는 없을 것이다. 구식 군인들의 처우에 대한 불만에서 비롯된 반란이 중전 민씨의 제거 및 비리 척결과 일본 및 서양 세력에 대한 배척 운동으로까지 확대되었다는 점에서 임오군란은 복잡한 성격을 지닌 사건이다.

10 1884년에 서울에서 일어났던 친일 정권 수립을 목표로 한 쿠데타이다. 청 제국의 출병으로 인해 이는 실패했고, 김옥균 등의 지도자는 일본으로 망명했다.

11 동학이란, 민간종교를 토대로 유교·불교·도교 등을 혼합한 종교이다. 이 반란은 '갑오농민전쟁'이라고 불린다. 【역주】 우리는 '동학농민운동' 혹은 '동학농민혁명'이라는 용어를 주로 사용하는데, 이와는 다른 관점을 지닌 저자는 '동학 교단의 반란'이라고 서술하며 현격한 관점의 차이를 보여주고 있다.

12 요동반도는 러시아·독일·프랑스 삼국의 간섭으로 인해 청 제국에 반환했다.

것으로 인해 청 제국의 위신은 크게 저하되었다. 이 패전으로 인해 청 제국은 조공국이었던 조선을 상실했던 것은 물론이고, 조공국 상실의 단계를 뛰어넘는 위기적 상황, 즉 중국 본토를 향한 열강의 침략을 맞이하게 되었다. 중국인들에게 있어서 청일전쟁에서의 패전은 아편전쟁 이상으로 절실한 위기감을 주는 사건이었고, 이 시기 이후 본격적인 개혁과 혁명의 움직임이 일어나게 되었다.

11장
중국 민족주의의 형성

　11장에서는 청일전쟁의 패전부터 신해혁명까지의 16년 동안을 다룬다. 이 시기는 열강이 중국을 분할하는 위기감 속에서 개혁의 움직임이 본격적으로 시작되었던 중요한 시기이다. 이 시기 중국에서는 관료, 지식인은 물론이고 지방의 유력자들과 상공업자들 사이에서도 민족주의가 고양되었지만, 그들 사이에서는 혁명공화인가 군주입헌인가를 둘러싸고 첨예한 대립이 존재했다. 신해혁명은 원활하게 성공했지만, 새로운 질서의 구상은 해결되지 않은 채 남아 있었다.

중국 분할의 위기와 무술변법(戊戌變法)

　청일전쟁에서의 패배는 중국의 관료, 지식인들에게 커다란 충격을 주었다. 시모노세키 조약이 체결되었던 1895년 봄, 과거시험을 치르기 위해 북경에 와 있었던 수험자들은 캉유웨이(康有爲)를 지도자로 삼아 정전(停戰)에 항의하는 '공거상서(公車上

書)’[1]를 행하였고 아울러 변법과 부국강병을 주장했다. 그 내용은 입헌제와 의회제도의 채용, 산업 진흥, 병제 개혁, 교육제도의 개선, 옛 풍속의 폐지 등이었고 종래의 양무운동에서 추진되었던 것과 같은 기술과 산업의 도입에 그치지 않고 정치제도의 근본적인 개혁을 목표로 삼은 것이었다.

캉유웨이는 광동성 출신의 학자로, 유교의 경전 중에서 『춘추』의 공양전(公羊傳)[2]을 중시하였고 공자를 복고주의자가 아닌 개혁자로 부각함과 동시에 역사의 진보발전을 주장했다. 캉유웨이의 주변에는 변법을 주장하는 젊은 관료, 소장학자들이 모여들었고 학회를 조직하여 출판을 통한 계몽활동을 행하였다. 캉유웨이와 량치차오가 만든 '강학회'(强學會), '보국회(保國會)' 이외에 당시 젊은 지식인들 사이에서는 이러한 학회가 여러 개 만들어져 새로운 정치사상의 보급을 촉진했다. 205~206쪽에 사료로 인용된 캉유웨이의 연설은 중국의 현상에 대한 당시 지식인의 위기감과 개혁의 필요성에 대한 절박한 의식을 잘 보여주고 있다.

---

1   각 성의 성도(省都)에서 시행되었던 시험(이를 향시鄕試라 한다)의 합격자는 거인(擧人)이라 불렸고, 수도에서 시행되는 시험(회시會試와 전시殿試)을 치를 수 있는 자격을 보유하게 된다. 공거(公車)란, 거인을 지칭하는 고급스러운 말이다.

2   『춘추』에는 세 종류의 전(傳, 주석)이 있는데 그 중의 한 종류이다. 경전에서 실천적인 의미를 읽어내어 사회의 변혁을 제창하고자 했던 학파에 의해 중시되었다. 공양학(公羊學)은 한 제국 시대 이래로 그다지 중요하게 여겨지지 않았지만, 청 제국 말기에 이르러 학자들의 주목을 받게 되었다. 위원(魏源)도 공양학자 중 한 사람이었다.

당시 광서제(光緒帝)[3]는 이러한 개혁의 움직임에 관심과 이해를 표시하고 있었고, 캉유웨이는 1898년에 광서제에게 글을 올려 개혁의 종합적인 계획을 드러냈다. 이때에 캉유웨이가 모델로 삼았던 것은 일본의 메이지유신이었다. 그가 광서제에게 바친 저서인 『일본변정고(日本變政考)』에서는 일본이 시행착오를 겪으며 채용했던 개혁의 방법을 중국이 이용한다면 개혁이 쉬울 것이라고 주장하고 있다.

때마침 1898년은 중국 본토에 근거지를 획득하고자 했던 열강의 경쟁이 격화되었던 시기였다. 독일의 교주만(膠州灣) 조차(租借)[4], 러시아의 여순(旅順)과 대련(大連) 조차, 영국의 위해위(威海衛)와 구룡(九龍) 조차[5], 프랑스의 광주만(廣州灣) 조차 등 조차를 통해 거점을 확보했던 열강은 이전부터 획득했던 철도의 이권과 더불어 중국에 자국의 세력범위를 설정했고, 그 범위 안에서는 다른 열강에게 이권을 양도하지 않는다는 것을 청 제국이

---

3   재위 1875 ~ 1908년. 4살에 즉위했기 때문에 모친의 언니인 서태후가 섭정이 되어 후견의 역할을 담당했고, 17세 때에 친정을 시작했을 때부터도 서태후의 엄격한 감시 아래에 있었다.

4   조차란 빌린다는 의미이지만, 이 시기 열강이 조차한 지역이란 수십 년 혹은 100년이라는 장기간 동안에 항만 등이 있는 지역을 빌려 실질적인 식민지로 만들어 군사적, 경제적 거점으로 삼은 것을 말한다.

5   영국은 1898년에 99년의 기한 동안 구룡을 조차했다. 1997년의 홍콩 반환은 구룡의 반환과 아울러 진행된 것이었는데, 남경조약으로 할양받았던 홍콩도 모두 반환했던 것이다.

약속하게 했다.

이러한 중국 분할의 위기에 직면하여 광서제는 1898년 6월에 조서를 반포하여 변법의 추진을 선언했고, 캉유웨이의 아이디어에 따라 정치제도와 과거제도의 개혁, 인사(人事)의 쇄신, 교육개혁 등 차례차례 명령을 하달하였다. 그러나 이와 같은 급격한 개혁은 관료계의 혼란을 초래했고, 서태후를 중심으로 한 보수파의 반발을 야기했다. 서태후는 쿠데타(무술정변)를 일으켜 광서제를 유폐시키고, 변법파 관료들을 체포하여 처형했다. 캉유웨이와 량치차오는 간신히 난국에서 빠져나와 일본으로 망명했다. 이렇게 무술변법은 대부분 실효를 거두지 못한 채 겨우 3개월 만에 종말을 고했다.

[사료] 캉유웨이, '경사보국회(京師保國會)*에서의 연설'(1898년)

우리 중국의 4억 인민은 상하 귀천을 불문하고 지금 무너지는 집 아래, 난파된 배 안, 타오르는 불 위에 놓여 있다. 마치 새장 안의 새, 솥 안의 물고기, 감옥 안의 죄수처럼 노예가 되어 소·말·개·양처럼 취급되며 마음대로 요리되고 있는 것이다. 이는 4000년 동안의 20개 왕조 내내 일찍이 없었던 놀랄 만한 변화이다. 게다가 성교(聖敎, 유교)가 쇠퇴하고 종족이 멸망하려 하고 있다. 이것은 매우 비참하고 통한한 일이니 참으로 차마 말할 수가 없다. …… 저 유럽의 여러 국가들은 국가를 세움에 본말이 있고, 학교를 중시하여 인민을 보호·양육·교화하는 방법을 강구하며 의원(議院)으로 인해 민간의 사정과 통한다. 군주가 매우 고귀한 것이 아니고, 백성이 매우 천한 것이 아니며 기물(器物)을 만들어 편리함을 도모하여 백성을 전진시킨 것 등은 모두 우리 경전의 본래 뜻과 합치하고, 그래서 강대해지게 된 이유가 있었던 것이다. 우리 국가는 군대·농업·학교가 모두 정비되어 있지 않고, 민생의 측면에서도 이를 보호·양성·교화하는 방법이 없고, 상하가 통하지 않으며, 귀천으로 격절된 상태에 있는데 이러한 것들은 모두 경전의 본래 뜻에 어긋나는 것이니 그래서 약해진 것이 당연하다. 그러므로 마침내 또 교주만(膠州灣)의 사건이 일어났고 그 이후 40일 동안에 20가지나 되는 협박과 강요가 잇달았던 것이다. ……

우리들은 버마·베트남·인도·폴란드의 뒤를 계속 따르고 있다. 분할 이후의 폴란드를 보면 국왕은 협박을 받고, 귀족은 모욕을 당하고, 신사(紳士)는 박해를 당하고 있는데 이는 실로 우리들에게 있어서는 앞서 지나간 수레바퀴의 자국이다. 어떻게 요행에 의

캉유웨이(무술변법 전후
의 모습)

존해서 필연적인 일을 피할 수가 있겠는
가. ……

　망국을 구원할 방도는 단지 발분(發憤)
하는 것뿐이다. …… 만일 우리 4억 인민이
모두 발분했더라면, 외국인이 어떻게 정면
으로 엿보려고 할 수 있었겠는가. 그래서
나는 위에 있는 자를 책망하지 않고 아래
에 있는 자를 책망하고, 우리 사대부를 책
망하고, 우리 사대부가 의로운 분노를 떨치지 않은 마음을 책망하
는 것이다.**(『淸末民國初政治評論集』에서 인용)

---

* '보국회'는 캉유웨이 등이 1898년에 만들었던 정치 결사이다. 인용 부분
은 그 3회 집회에서의 연설이다.

** 외국의 침략에 대한 위기감과 개혁의 필요성을 강력하게 주장한 것이
지만, 유교와 같은 중국의 전통 그 자체가 부정되고 있는 것은 아니라는
점에 유의해야 한다.

[초점] 청 제국 말기의 풍속 개혁

무술변법이 시행되었던 1898년은 풍속개혁이라는 측면에서도 커다란 변화가 있었던 해였다. 1898년 전후 풍속과 관련된 주된 사건을 골라보겠다.

여성의 전족(纏足)은 한인들 사이에서 자연스럽게 생겨난 풍습으로, 기원은 불명확하지만 송 제국 시대에 이미 존재했고 명 제국 이후는 전족을 하지 않은 여성이 멸시의 대상이 되었을 정도였다. 만주인에게는 전족의 풍습이 없었기 때문에 중국을 점령한 이후의 얼마 동안은 전족을 금지했지만 효과는 없었다. 전족은 여성들에게 있어서 아주 고통스러운 것이었고, 또한 행동의 자유를 속박하는 것이었지만 당시의 감각에서는 전족을 하지 않은 발은 비문명적이고 야만적인 것으로 여겨졌다. 당초에 기독교 선교사가 중심이 되어 시행했던 전족 금지운동은 그 이후 캉유웨이 등의 변법파를 중심으로 급속하게 보급되었고, 1897년에 량치차오 등이 만들었던 상해부전족회(上海不纏足會)의 활동은 이듬해인 1898년에는 화중, 화남의 각 성으로 확산되었다. 다만, 일단 전족을 했던 발을 원래대로 돌려놓는 것은 어려운 일이었고 전족에 대한 부정적 이미지의 보급은 도리어 전족을 한 여성들을 고통스럽게 만들기도 하였다.

외국인의 주목을 끌었던 또 한 가지의 중국 풍습을 말한다면, 변발(辮髮)이라고 할 수 있을 것이다. 변발은 원래 청 제국에 의해 강제되었던 것이었지만, 이백 수십 년에 걸친 청 제국의 통치 동안에 익숙해진 관습이 되어갔고 청 제국 말기가 되면 한인들 사이에서도 변발을 자르는 것에 대해서는 강력한 심리적 저항이 뒤따르게 되었다. '장발적(長髮賊)'이라 불렸던 태평천국에서 확인할 수 있듯이 변발을 자르는 것은 '반체제(反體制)'를 의미했고, 무법자라는 이미지와도 연결되었던 것이다. 1898년에 싱가포르의 화인(華人)들이 집단으로 변발을 잘랐던 것은 중국의 신문에도 크게 보도되어 사람들을 놀라게 했다. 캉유웨이는 이 해에 상주문에서 메이지유신을 모방하여 변발을 자르고, 양복으로 바꿔 입는 것을 제안했지만 실현되지는 못했고, 대규모로 단발 운동이 일어난 것은 신해혁명 직전인 1910~1911년의 일이었다.

변발과 전족 청 제국 말기 상해에서 발행된 삽화가 들어간 신문인 『점석재화보(點石齋畫報)』에서 인용. 심야에 칼을 들고 억지로 들어온 남자를 집을 지키고 있던 여성들이 바느질을 할 때 사용하는 물건인 가위로 찌르고, 변발을 끌어당겨서 붙잡았다는 뉴스이다. 전족을 하고 있다고 해서 항상 연약했다고는 할 수 없는 것이다.

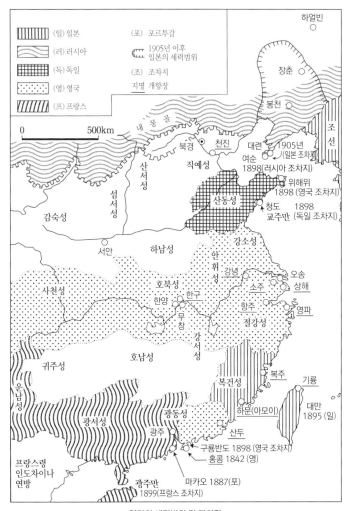

범례:
- (일) 일본
- (러) 러시아
- (독) 독일
- (영) 영국
- (프) 프랑스
- (포) 포르투갈
- 1905년 이후 일본의 세력범위
- (조) 조차지
- 지명 개항장

0 ——— 500km

하얼빈
장춘
봉천
내 몽 골
산서성
천진
북경
직예성
대련 1905년 (일본 조차지)
여순 1898 (러시아 조차지)
조선
섬서성
감숙성
서안
하남성
산동성
위해위 1898 (영국 조차지)
청도 1898 교주만 (독일 조차지)
강소성
안휘성
강녕
오송
사천성
호북성
한구
한양
무창
소주
상해
항주
영파
절강성
강서성
호남성
복건성
복주
기륭
귀주성
대만 1895 (일)
운남성
광서성
광동성
하문(아모이)
광주
산두
구룡반도 1898 (영국 조차지)
홍콩 1842 (영)
프랑스령 인도차이나 연방
마카오 1887 (포)
광주만 1899 (프랑스 조차지)

열강의 세력범위 및 개항장

의화단사건

열강에 의한 중국 분할의 위기는 지식인은 물론이고, 일반 민중에게도 감지되면서 민중들 사이에서 서양에 대한 반감이 높아졌다. 청 제국 정부는 제2차 아편전쟁 이후 천진조약과 북경조약을 통해 내지에서 외국인의 기독교 포교를 승인했는데, 선교사가 내지에 들어와 포교 활동을 시작하면서 기독교 신자와 일반 민중들사이에 일어난 마찰과 선교사의 활동에 대한 불신감 때문에 종종 반기독교 운동이 일어나면서 외교문제로까지 발전했다. 1898년 이후 열강의 중국 본토를 향한 진출 움직임은 서양인에 대한 민중적 반감을 가속화시켰고, 특히 급격하게 외국 세력의 침입에 노출되었던 화북에서는 외국인을 배척하는 감정이 고조되었다.

당시 산동성에서는 무술(武術)과 주술(呪術)의 훈련을 통해 포탄도 뿌리치는 불사신의 몸을 만들 수 있다고 하는 의화단(義和團, 혹은 의화권義和拳)이라고 하는 무술결사가 영향력을 확대하면서 기독교 교회 등에 대한 습격사건을 각지에서 일으키고 있었다. 1899년, 청 제국 관헌의 탄압을 받은 의화권 신자들은 '부청멸양(扶淸滅洋)'의 슬로건을 내세우고 하북에 들어와 각지의 교회를 습격하여 선교사와 신도들을 죽이고, 철도와 전선을 파괴하였으며 이듬해에 북경에 들어왔다. 청 제국 조정에서는 서태후를 필두로 의화단을 지지하는 세력이 우세를 점하면서 열강에게 선전포고를 했기 때문에 의화단은 세력을 증강하여 북경의 외국 공사관 지역을 포위했다. 이에 대해 열강 8개국[6]은 연합군을 조직하여 출병하였고, 격전 끝에 북경을 점령했다. 서태후와 광서제는 서안으로 도피했다. 1901년에 체결된 강화조약인 북경의정서(北京議定書)에서는 열강이 북경 공사관 구역의 안전보호를 위해 군대를 주둔시킬 권리가 인정된 이외에 4억 5천만 냥이라는 거액의 배상금이 부과되었다.

의화단사건 이후, 서태후를 중심으로 한 청 제국 정부는 변법을 요구하는 관료들의 의견에 압박을 받아 근대화를 향한 개혁으로 노선을 전환했다. 과거제도의 폐지, 신식학교의 설립, 해외 유학생의 파견, 신식육군(신군)의 편성, 관제개혁 등 이전에는 부정했던 무술변법의 여러 정책이 채용되었다. 그리고 장래에 헌법을 제정하겠다고 선언하였다. 청 제국 정부에 의해 추진되었던 이러한 개혁들을 아울러 '광서신정(光緒新政)'이라고 부른다. 그러나 이러한 근대화 정책에는 거액의 비용이 들어갔고, 의화단 배상금과 더불어 세금 부담이 증대했기 때문에 신정에 반대하는 봉기가 종종 일어났다.

개혁과 혁명

무술변법이 실패한 이후, 변법파인 캉유웨이와 량치차오 등은

---

6 영국·프랑스·일본·러시아·독일·미국·이탈리아·오스트리아이다. 그 중에서 병력의 숫자가 가장 많았던 것은 러시아와 일본이었다.

쑨원

일본으로 망명했다. 또한, 비밀결사를 기반으로 청 제국 타도의 혁명운동을 일으켰던 쑨원(孫文) 등도 청 제국의 탄압을 받아 해외에서 망명 생활을 보내고 있었다.[7] 그리고 광서신정을 통해 많은 유학생이 해외로 파견되었다. 러일전쟁 전후부터 일본으로 온 중국인 유학생의 숫자가 비약적으로 늘어나 1만 명에 도달했다. 해외에서 새로운 지식을 계속 흡수하면서 중국의 변혁을 목표로 삼은 사람들 사이에서는 변혁의 계획을 둘러싸고 격렬한 논쟁이 진행되었다.

그 논쟁점은 크게 보면 두 가지 중점이 있다. 첫 번째는 국가의 통합을 어느 범위에서 생각할 것인가라는 점이다. 일반적으로 근대 민족주의는 동일한 문화와 언어를 공유하는 하나의 '민족'이 하나의 국가를 만드는 것을 원칙으로 삼는다. 그렇다고 한다면, '민족'이란 무엇인가? 생각할 수 있는 하나의 방안은 민족을 '한인'이라고 보는 것이다. 이 관점에서 보면, 새로운 국가는 '한인'의 국가여야 하고 만주인·몽골인 등은 배제되지 않으면 안 된다.

---

7   쑨원은 일본에서 적지 않은 지원자를 얻었다. 그 중에는 중국의 혁명을 일본의 대륙진출을 위한 좋은 기회라고 생각하는 사람들도 있었지만, 자유민권운동과 연결된 민주주의의 이상을 중국에서 실현하고자 생각했던 미야자키 토텐(宮崎滔天)과 같은 사람들도 있었다.

이는 중국 고래의 화이의식에서 존재하는 한인의 우월의식과도 겹쳐지는 측면을 가지고 있고, 그렇게 되면 이민족의 지배를 시행하고 있던 만주인의 청 제국은 타도해야 하는 적이 되는 것이다. 그러나 한편으로는 구미, 일본 등 열강에 의한 중국 침략이라고 하는 현상을 중시한다면 만주인이 반드시 적이 되는 것은 아니고, 오히려 현재의 청 제국에 포함되어 있는 한인·만주인·몽골인 등 다양한 민족이 단결하여 하나의 '중국'을 만들어 열강의 침략을 막지 않으면 안 되는 것이다. 고래의 화이의식 속에는 다양한 출신의 사람들을 '중국' 안으로 포섭하고자 하는 개방적인 측면도 존재했고, '중국'의 범위를 광범하게 파악하고자 하는 사고방식은 화이사상의 이러한 측면과 겹쳐지는 것이다.

또 하나의 논쟁 중점은 군주제인가 공화제인가의 문제이다. 종래대로의 전제적인 군주제로는 근대화를 실현할 수 없다고 하는 점에서는 많은 사람들이 의견의 일치를 보고 있었지만, 일본의 메이지유신을 따르는 것에서부터 개혁을 시행하고자 한 사람들은 입헌군주제를 지지했고 혁명에 수반되는 동란이 열강의 중국 분할을 초래할 위험성을 강조했다. 반면, 청 제국의 개혁 능력을 부정적으로 보고 미국·프랑스 등의 공화정치를 이상으로 삼은 사람들은 청 제국의 타도와 공화정치의 실현을 목표로 삼았다.

1905년, 러일전쟁의 승리에 고무된 도쿄에서 쑨원은 혁명파의 여러 결사를 규합하여 '중국동맹회(中國同盟會)'를 결성했다. 그

강령으로 채택되었던 '삼민주의(三民主義)'는 다음과 같은 것이었다. (1) 민족주의('구제달로驅除韃虜, 회복중화恢復中華', 즉 만주인을 몰아내고 한인의 지배를 회복한다), (2) 민권주의('창립민국創立民國', 즉 공화제 국가의 설립), (3) 민생주의('평균지권平均地權', 즉 토지 가격의 상승분을 세금으로 징수하고 이를 자본으로 삼아 토지의 국유화를 도모한다) 세 가지였다. 혁명파의 입장에서는 중국과 열강의 대립보다도 한인과 만주인의 대립이 '민족주의'의 주된 내용이었고, 동시에 황제 정치의 타도가 정치개혁의 목표가 되었다.

이에 반해 량치차오 등은 현재 청 제국 황제의 존재를 계속 유지시키고, 국내의 동란을 억제하면서 열강에 대항하여 입헌정치 아래에서 부국강병을 도모해야 한다고 주장했다. 이 관점은 중국 국내에서 입헌개혁을 추진하려 했던 정부 내의 개혁파(입헌파)의 방침과도 통하는 것이었다. 쑨원 등이 도쿄에서 발행했던 중국동맹회의 기관지 『민보(民報)』와 량치차오 등이 요코하마에서 발행했던 『신민총보(新民叢報)』는 혁명공화인가, 군주입헌인가를 둘러싸고 격렬한 논쟁을 전개했다. 해외에서는 혁명파의 세력이 강했지만, 국내에서는 혁명파의 무장봉기가 실패를 반복하면서 혁명파의 세력은 점차 쇠퇴했다. 그런데 청 제국 측도 입헌개혁이 좀처럼 진전되지 않는 것에 대한 입헌파의 불만, 신정에 수반되는 부담의 증대에 대한 민중들의 불만 등으로 인해 그 지배력이 점차 약해져 갔다.

신해혁명

20세기 초는 열강의 자본이 중국에 진출하는 와중에 이에 대항하여 중국인 자신에 의한 기업 경영이 발흥했던 시기였다. 화중·화남 지역을 중심으로 섬유산업과 식품공업 등 경공업이 성장했다. 이러한 기업 활동과 관계된 중국인 상공업자들은 정치적으로는 입헌군주제를 지지함과 동시에 외국에 대한 보이콧 운동[8]에도 적극적으로 참가하면서 중국 민족주의의 일익을 담당했다. 그들은 열강에게 주었던 철도 이권과 광산 이권을 되사서 스스로 건설하고 운영하겠다는 이권회수운동(利權回收運動)에도 적극적으로 간여하였다.

1911년, 청 제국은 처음으로 내각(內閣)을 발족했지만 이는 만주 황족을 총리대신으로 삼고 각료의 태반을 황족과 귀족이 차지하는 것이었기 때문에 입헌파의 불만을 사게 되었다. 이어서 청 제국 정부는 천한철도(川漢鐵道, 성도～한구), 월한철도(粤漢鐵道, 광주～한구)를 국유화하고 열강으로부터 받은 차관으로 그 건설을 추진하겠다는 계획을 내놓았다. 월한철도는 이권회수운

8　1905년에는 중국인 이민 금지를 결정했던 미국의 이민법에 반대하면서 미국 상품에 대한 보이콧이 진행되었고, 1907년과 1908년에는 일본에 대한 보이콧 등이 있었다.

동을 통해 입헌파가 되샀던 철도였기 때문에 사천·호북·광동 등 각지에서 상공업자와 지방 유력자들이 국유화 반대 운동을 일으켰다. 사천에서 일어난 폭동에 뒤이어 무창(武昌)의 신군(新軍) 내에 있던 혁명파가 봉기하면서 혁명은 급속하게 각지로 파급되었고, 1개월이 지나자 중국 본토의 18개 성 중에서 14개의 성이 청 제국으로부터 이탈하여 독립했다. 각 성의 대표는 남경에 모여 1912년 1월에 쑨원을 임시대총통으로 정해 중화민국을 성립시켰다. 청 제국은 신정의 추진에서 힘을 발휘하고 있었던 위안스카이(袁世凱)를 기용하여 혁명정부와의 교섭에 임하게 했는데, 위안스카이는 청 제국 정부와의 관계를 끊고 혁명정부와 타협하여 청 제국의 황제[9]를 퇴위시키고 그 대신에 자신이 중화민국 대총통에 취임했다. 이렇게 청 제국은 멸망했고, 동시에 2천 년 남짓 지속되었던 중국의 황제 정치도 종언을 고했으며 아시아에서 최초로 공화국이 탄생했다. 이것이 신해혁명이다.

당시 혁명파 세력은 일부 지식인과 비밀결사에 한정되어 있었고, 일반적 지방 유력자들과 상공업자 및 관료 등에게 광범한 지지를 얻었던 것은 아니었다. 그럼에도 불구하고, 각 성이 한꺼번에 청 제국으로부터 이탈하여 신해혁명이 성공했던 것은 입헌개혁에 대한 청 제국의 소극성 및 사천성의 철도 국유화 문제에서

---

9 선통제(宣統帝) 부의(溥儀)이다. 당시에 6살이었다.

청 제국이 민족주의 운동을 탄압했던 것 등으로 인해 입헌파가 청 제국을 단념하고 혁명파 측에 가담했기 때문이었다. 그래서 청 제국의 타도라는 혁명의 과제가 성공을 거두었지만, 혁명파가 실권을 장악하지는 못했고 혁명 이후의 정국은 오히려 지방군 지도자와 입헌파 사람들에 의해 운영되었다. 이로 인해 신해혁명 이후의 정국은 안정되지 못했고, 다양한 세력이 대립하면서 분열의 방향으로 향하게 되었다.

12장
5·4운동과 중국사회

12장에서는 신해혁명부터 5·4운동을 거쳐 국민당의 북벌을 통해 국민당에 의한 중국의 통일이 일단 완성되기까지의 17년 정도를 다룬다. 신해혁명으로 청 제국은 멸망했지만, 중국에서는 정치적 정세의 불안과 군벌의 혼전이 지속되었다. 대중을 계몽시켜 대중적 기반 위에서 반제국주의, 반군벌의 과제를 해결하는 것이 국민당, 공산당의 과제가 되었다. 국민당과 공산당은 협력하여 북벌을 추진했지만, 북벌의 진행과 함께 양자의 모순이 현저해지면서 국민당과 공산당의 합작은 붕괴되었다.

신해혁명 이후의 상황

신해혁명 이전, 혁명과 입헌을 둘러싼 논쟁에서 주축이 되었던 논쟁점 중 하나는 만주인을 쫓아내고 한인의 국가를 만들 것인가 아니면 만주인과 함께 청 제국의 다민족적 구성을 유지할 것인가의 문제였다. 혁명파는 '구축달로'를 슬로건으로 삼았음에도 불구하고, 신해혁명 이후에 쑨원은 '임시대총통 선언'에서 '오족공화(五族共和)'를 주장하며 한족·만주족·몽골족·위구르족·티베트족의 평등과 단결을 선언했다. 즉 중화민국은 청 제국의 다민족적 구성을 이어받은 국가였다는 것을 선언한 것이다.

그런데 신해혁명의 동란은 주변 여러 지역에도 독립의 기운을 불러왔다. 1911년 말에 몽골이 독립을 선언했던 것에 대해 위안스카이 정권은 이를 인정하지 않았지만, 러시아의 선동으로 인해 1915년에는 중국의 종주권 아래에서 외몽골의 자치가 인정되었고 이후 외몽골은 소비에트 연방의 지원 아래 독립하여 1924년에 몽골인민공화국이 성립했다.[1] 한편, 티베트에서는 영국의 후원 아래에 달라이 라마 13세가 독립을 선언했지만 위안스카이 정권은 이를 인정하지 않았고 영국·중국·티베트의 삼자 회의도 실패로 끝나면서 티베트 문제는 해결되지 않은 채 남게 되었다.

혁명 이전의 논쟁점 중에서 또 한 가지는 공화제 문제였다. 중화민국임시약법(中華民國臨時約法)이라는 잠정 헌법에서는 주권재민(主權在民)과 의원내각제가 결정되었다. 그러나 위안스카이가 대총통이 되고 수도를 북경으로 옮긴 이후, 대총통의 권력을 강화하고자 했던 위안스카이와 국회의 발언력을 강화하고자

---

[1] 몽골인민공화국은 사회주의 국가였는데, 소련이 붕괴한 이후 의회제 민주주의를 도입하여 1992년에 국가의 이름을 몽골국으로 바꾸었다.

한 여러 정당 사이에는 대립관계가 형성되었고 위안스카이에 의해 국회는 사실상 폐지되었다. 그 후, 위안스카이는 황제 정치를 부활하고 자신이 황제가 되는 것을 목표로 삼은 운동을 시작했다. 그러나 지방에서는 황제 정치 부활에 반대하며 반란군을 조직하는 세력도 있었고, 또한 여러 외국으로부터도 비판을 받게 되자 위안스카이는 황제 정치의 부활을 취소하겠다고 성명을 발표했고 얼마 지나지 않아 사망했다. 위안스카이가 사망한 이후, 위안스카이가 이끌었던 북양군벌(北洋軍閥)[2]은 유력자들이 통솔하는 파벌로 분열되었고 계속되는 혼전 속에서 정권의 자리를 두고 다투었다. 특히 돤치루이(段祺瑞)가 이끄는 친일 세력이었던 안휘파(安徽派), 우페이푸(吳佩孚)등이 이끄는 친영·친미 세력이었던 직예파(直隸派), 그리고 장쭤린(張作霖)이 이끄는 동북 지역의 봉천파(奉天派)가 3대 세력이었다.

제1차 세계대전과 중국

중국에서 신해혁명 이후의 혼란이 계속되고 있던 1914년, 유럽에서 제1차 세계대전이 발발하면서 독일·오스트리아·오스만투르

---

2 청 제국 정부는 의화단사건 이후 근대적인 장비를 가진 신육군을 건설했는데, 당시 북양대신이었던 위안스카이가 그 지배권을 장악했다. 이를 북양군벌이라고 한다. 그 이외에 각 성의 정부에서도 신군을 조직했기 때문에 민국 시기 군벌 중에는 북양 계열이 아닌 것도 있었다.

크로 구성된 동맹국 측과 러시아·프랑스·영국으로 구성된 연합국 측 사이에서 전쟁이 시작되었다. 중국 정부는 국외(局外) 중립을 선언했는데, 1910년에 한국[3]을 병합하여 식민지로 삼았던 일본은 이를 중국 진출의 기회로 파악하고 독일에 선전포고하면서 청도(靑島)를 점령했고 산동반도를 세력 아래에 두었다. 그리고 1915년에 위안스카이 정부에 대해 비밀교섭이라는 형태로 21개 조항의 요구를 제시하였다. 그 내용은 산동성에서 보유한 독일의 권익을 일본으로 이양하는 것과 함께 러일전쟁 시기에 러시아로부터 획득한 동북 지역에서의 권익을 더 확대하는 것 등 광범한 측면에 걸쳐 있는 것이었다. 제1차 세계대전 때문에 구미 세력의 원조를 받을 수 없었던 위안스카이 정부는 일본의 강경한 태도에 저항하지 못했고, 일부를 제외하고 이 요구를 수락했다. 그 내용이 수락 이전에 일반 대중에게 알려지면서 중국의 여론을 격분시켰고, 일본에 대한 보이콧 등 반일운동이 전개되었지만 수락을 막을 수는 없었다.

한편, 제1차 세계대전은 중국의 민족 산업에 좋은 조건을 제공했다. 구미 여러 국가들의 물자 부족으로 인해 중국산 물건은 판로를 확대했고, 방적업과 제분업 등의 경공업을 중심으로 '민족 산업의 황금시대'를 맞이했다. 도시의 공업 노동자 증가, 교육의

---

3 청일전쟁 이후인 1897년에 조선은 국호를 대한제국으로 바꾸었다.

보급과 아울러 저널리즘도 발달했다.

　1915년에 창간된 『청년잡지(青年雜誌)』(이듬해에 『신청년』으로 개칭)는 '덕선생(德先生)과 새선생(賽先生)'(데모크라시와 사이언스)의 옹호를 내세우며 신문화운동(新文化運動)이라 불리는 새로운 문화 조류를 만들어냈다. 그 배경에는 신해혁명 이후의 사회적 혼란을 어떻게 해결하여 사회질서를 바로잡을 것인가라는 문제가 있었다. 당시 위안스카이는 인민의 문화 수준이 낮은 중국에서 공화제·민주주의는 혼란을 불러올 뿐이기 때문에 군주제가 아니면 질서를 유지할 수 없다는 주장을 내세우며 황제 정치의 부활을 도모했고, 이전 입헌파의 중요 인물들도 그러한 주장을 지지하고 있었다. 또한, 캉유웨이도 국가의 통합을 위해서는 구미의 기독교에 해당하는 것과 같은 종교가 필요하다고 하면서 유교에 기반한 '공교(孔教)'를 제창했다. 『신청년』의 주장은 이러한 움직임에 대항하여 옛 도덕, 옛 정치, 옛 문학, 옛 예술을 정면으로 비판하면서 수구파의 불평을 야기함과 동시에 청년 지식인들의 열광적인 지지를 얻었다. 옛 도덕을 비판하는 논의를 펼쳤던 편집 책임자인 천두슈(陳獨秀) 이외에 유교와 그것의 '가(家)' 관념을 비판했던 우위(吳虞), 문어 문체를 비판하고 백화(구어적 문체)에 의한 문장을 주장했던 후스(胡適), 전통적 사회심리의 어두운 부분을 백화문 소설을 통해 날카롭게 지적했던 루쉰

(魯迅)⁴ 등이 대표적인 기고자들이었다.

　제1차 세계대전은 1918년에 연합국 측의 승리로 끝났고, 그 결과는 중국의 새로운 사조(思潮)에도 큰 영향을 주었다. 첫 번째, 독일 등 황제 체제의 국가들이 패배하고 이 국가들에서도 공화제로의 전환이 발생했던 것이다. 이를 통해 황제 정치는 이미 시대에 뒤떨어진 제도였음이 증명된 것이라고 생각하게 되었다. 두 번째, 미국 대통령 윌슨에 의해 전쟁 후의 비전으로서 '민족자결'이 제창되었던 것이다. 실제로는 세계대전 이후의 강화회의에서 이 원칙은 유럽에서만 적용되었지만, 아시아의 민족운동에도 희망을 안겨주었다. 세 번째, 제1차 세계대전 중이었던 1917년에 러시아 혁명이 일어나 사회주의 정권이 성립되었던 것이다. 사회주의 사상은 그 이전부터 중국에도 알려져 있었지만, 사회주의 정권의 실현은 중국에 커다란 충격을 주었다. 특히 소비에트 정권이 1919년에 카라한 선언을 통해 옛 러시아가 중국에 강제했던 모든 불평등조약을 파기하고 평등한 입장에서 국교를 회복하겠다는 뜻을 보인 것은 중국 지식인들 사이에서 열렬한 반향을 불러일으켰다.

4　본명은 저우슈런(周樹人)이다. 루쉰은 1918년에 소설 『광인일기(狂人日記)』를 발표했을 때에 처음으로 사용했던 필명이었다.

[초점] 신문화운동과 '가(家)' 비판

신문화운동의 한 가지 특징은 중국의 전통적 가족제도에 대한 철저한 비판이었다. 2000여 년 동안 이어진 황제 통치의 시대, 유교적 가족도덕은 사회질서의 근본으로 간주되었고, 중국인들의 몸에 배어 있는 질서 감각이 되어 있었다고 할 수 있을 것이다. 그러한 가족도덕에 대한 비판은 신문화운동 중에서 가장 세간을 떠들썩하게 만들었던 것이라고 할 수 있다.

일본에서도 '가'는 중시되었지만, 일본 도쿠가와 시대의 '가'는 '가업(家業)'의 관념과 연결되어 있었다. '무사'이든, '백성'이든, '도시 주민'이든 조상으로부터 물려받은 직무를 지키고 발전시키는 것이 '가'의 목적이었기 때문에 집안의 성원은 그 목적을 중심으로 연계되어 있었다. 이에 반해 중국에서는 과거제도를 통해 드러나는 것처럼, 누구라도 시험에 합격하면 관료가 될 수 있었고 직업 선택은 자유로웠다. 중국에서 집안의 성원을 결합시켰던 것은 가업이 아니라 '부자일체(父子一體)'로 일컬어지듯이 남계(男系) 혈연의 강력한 일체감이었다. 같은 조상으로부터 배출된 일족은 선조들로부터 같은 '기(氣)'를 물려받은 것이고, 같은 줄기에서 나온 가지들과 같이 단일한 것이라는 관념이 있었다. 이렇게 일체이기 때문에 가지가 줄기를(즉, 아들이 부모와 조상을) 거스르는 것은 있어서는 안 되는 큰 죄였다. 이러한 존비(尊卑)의 질서를 동반하는 일체감이 모든 사회질서의 출발점으로 중시되었던 것이다.

유교에서는 이러한 가족윤리가 인간의 자연스러운 감정이라고 인식하고 있었지만, 신문화운동에서는 그러한 가족윤리야말로 개인의 자유를 속박하고 인간성을 억압하는 근원이라고 비판했다. 그러나 사회의 변혁을 요구하는 모든 사람들이 가족주의 비판의 입장에 서 있었던 것은 아니다. 예를 들면, 쑨원은 중국사회가 자주 '흩어진 모래'라고 인식되고 있는데 중국인이 보유한 가족 관념은 소중한 것이므로 이 가족 관념을 보다 넓은 범위로 확대해 가면 국족주의(國族主義)가 되어 민족 통합에 기여할 수 있을 것이라고 말하고 있다. 민국 시기 개혁사상 속에는 개인의 자유를 중시하는 측면과 국가적 단결을 중시하는 측면 두 가지가 존재하고 있었던 것이다.

『청년잡지』 1915년 창간호이다. 이듬해에 『신청년』으로 이름을 바꾸고, 신문화운동을 추진했다. 표지의 사진(아래)에 있는 인물은 미국의 사업가 카네기이고, 창간호에는 그의 입지전(立志傳)이 실려 있다.

[사료] 리다자오(李大釗), '서민의 승리'*(『신청년』 1918년)

우리들은 이 며칠 동안 전승(戰勝)을 축하하고 있다. 이는 또 커다란 소동이다. 그러나 전쟁에서 승리를 거둔 것은 도대체 누구인가? (중략) 이번 전쟁에서 승리한 것은 연합국의 무력이 아니라 세계 인류의 새로운 정신이다. 어느 한 국가의 군벌 혹은 자본가의 정부도 아니고, 전 세계의 서민들이다. (중략) 독일인을 타파한 것을 축하하는 것이 아니라 세계의 군국주의를 타파했던 것을 축하하는 것이다. 이번 대전(大戰)은 두 가지의 결과를 낳았다. 하나는 정치적인 것이고, 하나는 사회적인 것이다.

정치적 결과는 '대(大)……주의'의 패배이고, 민주주의의 전승이다. 이번 전쟁의 원인은 완전히 '대……주의'의 충돌이었던 것을 우리들은 기억하고 있다. 당시 우리들이 들었던 것은 '대게르만주의', '대슬라브주의', '대세르비아주의' 등 '대……주의'였다. 우리 동양에서도 '대아시아주의', '대일본주의' 등의 말이 나타났다. 우리 중국에서도 '대북방주의', '대서남주의' 등의 말이 나타났는데 '대북방주의', '대서남주의' 안에도 각각 '대……주의' 등의 말이 나타나고 있었다. (중략) '대……주의'는 전제(專制)의 은어(隱語)이고, 자기의 완력에 의지하여 다른 사람을 유린하고 다른 사람을 위압하는 주의이다. 많은 사람들은 이 흉악하고 난폭한 세력의 횡행에 저항하기 위해서 서로 돕는 정신에 의거하여 평등과 자유의 원리를 제창했다. 이 원리가 정치에 표현되었던 것이 민주주의라고 불리는 것이다. (중략)

사회적 결과는 자본주의의 패배, 노동주의의 전승이다. 원래 이번 전쟁의 진정한 원인은 자본주의의 발전이었다. 국가의 틀 안에서 그 생산력을 포용할 수 없었기 때문에 자본가의 정부가 대전을 통해 국가의 틀을 타파하고, 자국을 중심으로 하는 일대 세계제국을 건설하고자 했던 것이다. (중략) 러시아·독일 등의 노동사회는 먼저 그들의 야심을 간파하여 대전 중에 있다는 것도 고려하지 않고 사회혁명을 일으켜 이 자본가 정부의 전쟁을 저지했다. (중략) 민주주의·노동주의가 승리를 차지한 이상 앞으로 세계 사람들은 모두 서민이 될 것이고, 또한 모두 노동자가 될 것이다.(『淸末民國初政治評論集』에서 인용)

* 제1차 세계대전이 종결되었을 때, 당시 북경대학 교수였던 리다자오가 『신청년』에 기고했던 글이다. 이후, 리다자오는 천두슈와 함께 마르크스주의의 리더로서 활약했지만 1927년에 장쭤린(張作霖)에 의해 체포되어 처형되었다.

5·4운동과 혁명의 확산

제1차 세계대전의 전후처리를 협의하기 위한 파리강화회의는 1919년 1월에 시작되었고, 중국은 대표단을 보내 일본이 계승했던 산동반도의 권익 반환과 21개 조항 파기를 요구하였다. 중국인들은 이 회의에 큰 기대를 품었다. 4월 말, 파리강화회의에서 중국의 요구가 거절되자 5월 4일에 북경의 학생들은 천안문 앞에서 항의의 집회를 열고 친일파 관료의 집을 습격했다. 산동 반환을 요구하는 운동은 전국의 도시로 확산되어 학생은 물론이고, 상인과 노동자들도 파업을 일으키며 운동에 가담했다. 이 운동을 5·4운동이라고 한다.

이러한 국내의 여론을 배경으로, 중국 대표단은 베르사유 조약에 대한 조인을 거부했다. 산동 반환 등 중국의 요구는 1921년의 워싱턴 회의[5]에서 기본적으로 인정되었다.

5·4운동은 중국혁명을 새로운 단계로 나아가게 한 중요한 사건으로 간주되고 있다. 이 운동이 반제국주의, 민주주의를 요구하는 세계적 흐름[6]을 배경으로 광범한 상인, 노동자를 끌어들인 대중운동의 형태로 이루어졌기 때문이다. 이 사건은 혁명 지도자들

---

5   극동 문제에 관한 회의로 미국·영국·프랑스·일본·중국 등 9개국이 참가했다.

6   5·4운동에 앞서 일본 통치 아래에 있던 한국에서 일어난 3·1독립운동도 그 일환이었다. 또한, 인도에서도 같은 해에 영국 군대가 민중에게 발포했던 사건을 계기로 반영국 운동의 열기가 높아졌다.

에게 대중적 기반의 필요성을 통감하게 만들었다. 청 제국 말기 혁명파의 지도자였던 쑨원은 위안스카이의 탄압을 받아 중화혁명당(中華革命黨)이라는 혁명적 비밀결사를 만들어 세력 회복의 기회를 노리고 있었는데, 1919년에 중화혁명당을 중국국민당으로 개칭하고 소비에트 정부와도 계속 접촉하면서 대중적 기반을 가진 정당으로의 탈피를 모색했다.

러시아 혁명을 통해 탄생한 소비에트 정부는 각국의 공산주의 운동을 통일적으로 지도해야 한다는 목적으로 1919년에 코민테른(공산주의인터내셔널)을 설립했다. 코민테른의 지도 아래에서 천두슈·리다자오(李大釗) 등에 의해 공산주의 연구 서클이 조직되었고, 1921년에 상해에서 중국공산당이 창립되었다. 한편, 쑨원은 1924년에 광주에서 중국국민당 제1회 전국대회를 개최하고 러시아 공산당을 모방한 민주집중제(民主集中制)의 조직 원칙을 명확하게 함과 동시에 강령으로서 새로운 삼민주의를 제기했다. 이 삼민주의는 이전과 같은 민족주의·민권주의·민생주의 세 가지였지만, 신해혁명 이전과는 달리 반제국주의와 중요 산업의 국유화 등을 포함하고 있었다. 또한, '연소(連蘇)·용공(容共)·농공부조(農工扶助)'의 방침도 내세우면서 공산당의 간부가 개인 자격으로 국민당에 입당하는 형태의 '국공합작(國共合作)', 즉 국민당과 공산당의 협력 관계가 시작되었다.

이듬해인 1925년, 쑨원은 '혁명은 아직 성공하지 못했다. 반드시 민중을 환기시키고, 세계에서 평등으로 우리를 대하는 민족과 연합하여 공동으로 분투해야 한다'라는 내용의 유명한 유언을 남기고 사망했는데, 이 해는 중국 각지에서 노동운동이 고양되는 해가 되었다. 특히 대규모로 일어났던 것이 5·30운동이었다. 이 운동은 상해의 재화방(在華紡)[7]에서 임금 인상을 위한 파업이 일어났을 때에 공장 측이 중국인 노동자를 사살하자 이에 항의하는 데모 인원들을 향해 조계(租界)의 경찰이 발포하여 수십 명의 사상자를 낸 사건에서 비롯되었다. 이 사건을 계기로 조계 회수, 제국주의 타도를 슬로건으로 삼은 항의 행동이 전국의 도시로 확산되었다.

북벌과 중국통일

이러한 상황 아래에서 국민당은 북벌을 개시했고, 광주에서부터 장제스(蔣介石)가 이끄는 10만 명의 국민혁명군을 출발시켜 군벌의 타도와 중국의 통일을 목표로 삼았다. 북벌 군대는 군벌들의 군대를 제압하면서 순조롭게 북상했고, 호남에서부터 상해 방면으로 향했는데 여기에서는 북벌군의 진로를 따라 각지에서 대중운동의 기세가 높아지면서 선도(先導)의 역할을 맡았던 것이 북벌에 크게 기여했다. 호남에서는 공산당 계열의 당원이 지

---

7 중국에서 일본의 자본으로 세워진 방적공장이다.

도하는 농민운동이 확산되었고, 본래의 방침이었던 소작료 및 이자의 삭감에 그치지 않고 당의 통제를 뛰어넘어 토지의 분배까지 시행하는 경우도 있었다. 이러한 농민운동의 급진화로 인해 지주 출신자도 많았던 국민당원 및 국민혁명군의 장병들 사이에서 공산당에 대한 반발이 확대되었다. 국민당에서는 국공합작을 지지하는 사람들도 있었지만, 장제스 등은 상해에서 쿠데타를 일으켜 (4·12 쿠데타) 공산당원 및 공산당 계열 단체들에 대한 체포, 살해를 시행하고 남경에 국민정부를 수립했다.

국민당 내의 국공합작 지지파도 머지않아 국민정부에 합류했고, 국공합작은 붕괴되었다. 장제스는 이후 북경을 향해 진군을 개시했고(제2차 북벌), 일본은 산동에 출병하여 이를 방해했지만 북벌군은 파죽지세로 진격을 지속했다. 당시 북경정부를 장악하고 있었던 봉천 군벌 장쭤린은 북벌군에 대항할 수 없다는 것을 깨닫고 본거지인 동북 지역으로 돌아가려고 했는데, 그 도중에 일본 군대가 열차를 폭파시켰고 장쭤린은 사망했다.[8] 장쭤린의 아들 장쉐량(張學良)은 이 사태에 직면하자 국민정부를 지지하기로 결정했고, 1928년에 국민정부는 중국을 대표하는 유일한 중앙정부가 되었다.

---

8 장쭤린은 본래 일본의 지원을 받고 있었는데, 1920년대 후반부터 점차 관계가 악화되고 있었다. 일본군이 장쭤린을 폭살(爆殺)한 목적은 이를 계기로 동북 지방을 혼란에 빠뜨려서 일본군이 동북 지역을 제압하려는 것이었다고 알려져 있다.

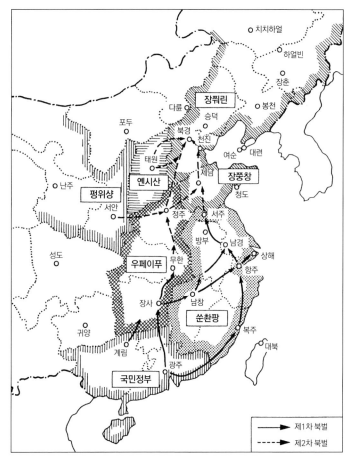

북벌군의 진로

한편, 공산당은 4·12 쿠데타 이후 도시에서 봉기를 시도했으나 실패했고, 일부 부대는 농촌으로 거점을 옮겼다. 마오쩌둥(毛澤東) 등은 강서성과 호남성의 경계 지대에 있는 정강산(井岡山)에 근거지를 세우고 소비에트를 수립했다. 그들은 지주와 부농의 토지를 거두어들여 빈농에게 분배하는 등의 방법으로 농민의 지지를 모았고, 세력의 확대를 도모했다.

13장
항일전쟁과 중국혁명

13장에서는 1928년 국민정부에 의한 전국통일부터 항일전쟁을 거쳐 1949년에 중화인민공화국이 성립할 때까지를 다룬다. 전국을 통일한 이후, 국민정부는 공산당 세력의 박멸에 힘을 쏟았는데, 항일의 여론에 의해 기조가 바뀌었고 1937년에 중일전쟁이 시작된 이후에는 제2차 국공합작이 이루어져 공산당과 협력하여 항일전쟁을 추진했다. 그러나 일본이 전쟁에서 패배한 이후, 국공내전이 발발했고 토지개혁 등을 통해 지지를 모은 공산당 세력이 국민정부의 군대를 격파하고 중화인민공화국을 건국했다.

국민정부의 경제정책

국민당과 공산당은 격렬한 내전을 벌여 왔기 때문에 정반대의 존재라고 이해하기 쉽지만, 실제로는 공통점도 많다. 양자의 과제는 모두 중국을 통합하여 열강에 대항할 수 있는 강력한 국가를 건설하고자 하는 점에 있었고, 또한 정치체제의 측면에서도 당이 국가 권력의 중추를 지배하는 이른바 당국체제(黨國體制)를 주장하고 있었다.[1] 중화인민공화국의 역사학에서는 공산당의 입장에 서서 국민정부가 취했던 정책을 부정적으로 파악하는 경우가 많았지만, 최근에는 국민정부의 정책이 성공했던 측면도 객관적으로 평가하려는 경향이 강해지고 있다.

국민정부가 먼저 중점을 두었던 것은 정권의 재정기반을 안정시키는 것이었다. 그 첫 단계가 관세자주권의 회복[2]이었다. 국민정부는 1928년부터 1930년에 걸쳐 각국 정부와 교섭을 거듭하여 관세자주권을 회복하는 데에 성공했다. 미국과 영국은 중국의 관세자주권 회복에 적극적으로 협력했는데, 여기에는 국민정부를 후원하는 것을 통해 중국 국내에서 공산주의 세력의 확대를 억제하려는 의도도 있었다. 끝까지 완고했던 일본도 1930년에는 중국의 관세자주권 회복을 승인했다. 국민정부는 이렇게 자주권을 회복한 관세에 더해 염세(鹽稅), 소비세 등을 통해 세금 수입을 증대시켰고, 안정적인 재정기반을 만들어냈다.

1929년에 뉴욕에서 시작된 공황이 세계에 파급되면서 중국도

---

1 당이 지배하는 국가라고 하는 사고방식은 쑨원이 주장했던 것이었고, 이는 장제스의 국민정부에서 실현되었으며 이후 공산당이 건국한 중화인민공화국에서도 계승되고 있다.

2 아편전쟁 이후 청 제국이 구미의 여러 국가들과 체결했던 조약에서는 관세에 관한 협정이 있었고, 중국 측이 자주적으로 관세율 등을 정할 수 없었다(10장 참조).

그 영향을 받아 1932년경부터 불황으로 고통을 겪게 되는데, 특히 미국의 은 수매 정책으로 은이 유출되면서 종래 은을 기축으로 삼은 통화제도를 시행했던 중국의 경제는 큰 혼란에 빠졌다. 이 혼란을 극복하기 위해서 국민정부는 1935년에 대규모 화폐제도 개혁을 시행하였고, 정부 계열의 은행이 발행하는 지폐를 통일 통화로 사용하게 했다. 이 개혁으로 인해 중국의 통화는 안정되었고, 그때까지 심각했던 불황으로 고통을 겪고 있었던 중국의 경제는 경기 회복으로 향하게 되었다. 화폐제도를 개혁할 때에도 영국과 미국은 국민정부를 지원했는데, 여기에는 일본의 중국 진출에 대항한다는 의미도 있었다.

재정기반을 안정시킨 국민정부는 국가 주도로 산업의 진흥을 단행했고, 그 결과 국민정부가 통치했던 1927년부터 1936년까지 매년 경제 성장률이 8% 남짓에 달해 상당히 높은 성장률을 보여주었다. 그러나 이러한 국가 주도의 경제 진흥정책은 국민정부와 깊숙이 연결되어 있었던 절강재벌(浙江財閥)[3] 등 일부 자본가들에게 이익이 집중되는 경향도 생겨나게 했다.

---

3 절강성 출신의 은행가, 기업가들에 의해 상해를 중심으로 형성되었던 기업가 그룹을 가리킨다.

국공내전과 '장정(長征)'

국민정부의 국가 건설은 국내 그리고 국외의 강력한 적에 직면해 있었다. 국내에서는 장제스의 4·12 쿠데타 이후, 국민당의 엄혹한 탄압을 받았던 공산당이 강서성·호남성의 경계에 있는 정강산 등 국민당의 지배가 미치지 않는 산지에 근거지를 구축하고 토지의 분배를 시행하여 빈농의 지지를 모으며 세력 확대를 도모하고 있었다. 이 시기에 시행착오를 겪으면서 농촌에서의 운동을 추진하고 있었던 공산당의 지도자 마오쩌둥이 쓴 농촌조사보고서에는 토지 분배의 모습이 생생하게 서술되어 있다([사료] 참조). 그 이후에도 공산당이 빈농의 지지를 얻어 세력을 확대해 가는 과정에서 토지 분배 정책은 큰 역할을 맡게 되는데, 공산당의 이러한 토지개혁은 1천 년 동안 지속된 중국의 지주제도를 폐지했다는 점에서 중국의 사회를 크게 변화시킨 정책이었다고 할 수 있다.

1931년 11월, 공산당 세력은 강서성의 서금(瑞金)에서 '중화소비에트공화국 임시정부'를 설립했다. 같은 해 9월에는 만주사변을 시작으로 일본의 중국 침략이 격화되어 갔는데, 장제스의 국민정부는 대외적 방위에 앞서서 먼저 국내를 안정시키지 않으면 안 된다는 '안내양외(安內攘外)'를 주장하면서 공산당의 중화소비에트에 대해 포위공격을 되풀이했다. 그 결과, 근거지에 있던 공산당 군대는 1934년에 서금을 포기하고 이동하기 시작했고 중국의 서남부를 크게 우회하여 전체 노선이 약 12,500km에 달하는 '장정'[4]을 거친 끝에 섬서성 북부의 연안(延安)에 도착하여 이곳에 본거지를 마련했다. 장정의 과정에서 마오쩌둥은 중국공산당에서의 지도권을 확립하게 되었다.

---

4   대략 1년 정도가 걸린 이 장정으로 인해 공산당 군대의 병력은 8만 명에서 3만 명으로 감소했다.

[사료] 마오쩌둥, '흥국조사'(興國調査)* (1930년)

토지 분배를 하던 초기에는 구(區)의 정부가 선전원을 각 촌(村)에 파견하여 민중대회를 개최했다. 남자는 모두 왔는데, 여자는 오지 않았고 10살 이하의 아이들도 오지 않았다. 선전원은 모두에게 토지 분배의 이점과 방법을 말해서 들려주었다. …… 그때 민중대회에 왔던 군중들의 느낌은 '그럴듯한 이야기이지만, 이 규정에 의지하게 될 것인가?'라는 것이었다. 어떤 사람은 "홍군(紅軍) 덕분에 토지를 분배받는다는 것은 좋지만, 그다지 믿을 수가 없네. 토지를 분배한다고 하더라도 소작료는 이전처럼 내야 하지 않는가?"라고 말했다. 민중대회에서는 촌 정부의 주석과 각 과(科)의 과장을 선출했다. 양방촌(洋坊村)이라는 촌에서는 촌 정부의 주석이 되었던 종은명(鍾恩明, 독립노동자로서 토지는 없었고, 요리사로 일하면서 두부를 만들어 팔거나 연극을 하면서 쌀과자를 만들어 팔기도 했다)이 대회의 의장(議長)이 되어 아래 사항을 결정했다.

'1. 부유한 집에 청구서를 보내 촌 정부의 비용을 내게 한다. 재정과 담당. 2. 촌의 곡물 반출을 정지한다. 양식과 담당. 3. 전체 촌의 무기를 집중한다. 군사과 담당. 4. 토지를 조사하여 분배를 행한다. 토지과 담당.'

음력 2월 26일부터 29일까지 4일 동안 토지조사가 이루어진 시기에 토지과장 부제정(傅濟庭)은 토지간사 2명(모두 빈농)과 4명의 반장(班長)을 이끌고 각 집들의 땅을 돌아보고, 토지의 액수를 노트에 기입했다. 4일 동안의 조사가 끝나면서 전체 토지 액수를 파악했고, 촌 전체의 인구로 나누어서 한 사람당의 토지 액수를 계산했다. 3월 1일에 또 민중대회를 개최하여 모든 사람들 앞에서 '누구누구 집의 땅은 어느 정도인지, 사람은 어느 정도인지, 촌 전체의 토지와 사람은 어느 정도인지, 한 사람당 어느 정도인지'를 하나하나 보고했다. …… (부유한 농민 중에 '조사가 불공평하여 자신의 토지가 실제보다 많이 파악되었다'라고 불평을 말했던 사람이 2명 있었지만) 그 장소에 있었던 수십 명의 빈농과 노동자가 모두 "두 사람이 말한 것은 잘못된 것이고, 토지과의 조사가 맞다"라고 말했다. …… 모두 조사 결과를 승인했고 어느 집이 얼마만큼의 토지를 공출할 것인지, 어느 집이 어떤 집으로부터 얼마만큼의 토지를 받을 것인지를 그 자리에서 결정했다. 공출하는 토지는 소유자가 결정했기 때문에 모두 척박한 토지를 공출했지만, 이때는 투쟁이 아직 진전되지 않았기 때문에 받는 쪽은 나쁜 토지라도 이익이라고 생각했고 불평을 말하지 않았다. …… 그리고 7일 간에 걸쳐 토지 분배가 완료되었다.(『毛澤東農村調査文集』, 人民出版社, 1982년에서 인용)

* 강서성 흥국현(興國縣)에서 조사한 것의 보고이다. 초기 중국공산당은 마르크스주의의 주류 학설을 기준으로 삼아 혁명의 주요 세력으로서 도시 노동자를 중시하고 있었지만, 마오쩌둥은 북벌 시기 호남(湖南)에서의 경험 등으로부터 농민운동의 중요성에 주목하고 있었다. 국민당과 공산당이 분열된 이후 마오쩌둥은 당 중앙의 지시를 따르지 않고 농촌 중심의 독자적인 운동 방침을 내세우면서 강서에서 근거지 건설을 추진해 갔던 것이다.

[초점] 중국의 지주제도

중국의 전통적 지식인의 사고방식에서는 고대 주 왕조 시대에 왕이 토지를 농민에게 나누어주어 생활을 보장하는 이상적인 제도가 있었는데, 전국시대 진(秦)의 시대에 진의 재상 상앙이 이 제도를 무너뜨려버렸다고 여기고 있었다. 이것이 역사적 사실인지의 여부는 불분명하지만, 일부 사람들이 토지를 사서 모은 다음에 토지를 가지고 있지 않은 사람들에게 경작하게 하는 토지소유의 형태는 한 제국 시대에 상당히 광범하게 보이는 현상이었다.

이러한 빈부의 격차를 시정하기 위해서 정부에 의한 토지의 분배가 역사상 종종 시도되었다. 그 대표적인 예가 당 제국 시대의 균전제인데, 균전제는 당 제국 시대 후반에 붕괴되었고 송 제국 시대 이후에는 특히 화중·화남의 벼농사 지대에서 지주제도가 발달했다. 소작료는 수확의 절반 정도로, 부담이 큰 것이었다. 소작인이 소작료 지불에 저항하는 운동(이를 항조抗租라 한다)이 종종 일어났지만, 정부가 토지소유에 대해 제한을 시행하는 경우는 거의 없었고 지주제도는 그대로 존속하여 민국 시대에 이르렀다.

중세 유럽의 영주제도와는 달리 중국의 지주는 소작인에 대한 신분적인 지배관계에 있었던 것은 아니었고, 단순히 토지를 대차(貸借)하는 관계라고 할 수 있다. 그러나 실제로는 농촌에서 지주가 가진 세력은 강력했고, 공산당의 토지 분배는 단순히 토지를 분배하는 것뿐만 아니라 농촌에서 이러한 지주의 지배를 타도한다는 효과도 가지고 있었다.

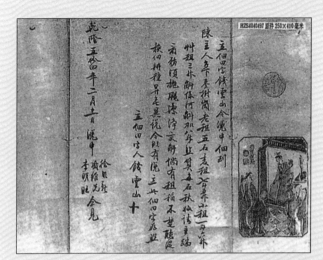

청 제국 시대의 소작증서 대필인(代筆人)이 적은 것으로, 날짜가 적힌 앞줄 아래에 있는 십(十) 모양의 글자가 소작인의 사인이다. 문서는 안휘성 휘주부(徽州府)의 것이다. 매년 납부해야 하는 소작료에는 중심이 되는 '노조'(老租) 이외에 '맥조'(麥租), '산조'(山租), '초조'(草租) 등의 명목이 있고, 소작료를 계산하는 승(升), 되)의 종류 등도 규정되어 있다. 소작료를 정확하게 납입하지 않는 경우에는 지주가 다른 소작인을 데려와도 불평하지 않는다고 하는 문장도 있다.

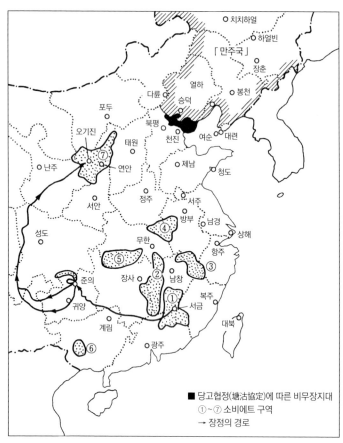

치치하얼

하얼빈

「만주국」

장춘

열하

봉천

다륜 승덕

포두

북평

오기진

태원 천진 여순 대련

⑦

난주 연안

제남

청도

서안 정주

서주

성도 방부 남경

④ 상해

무한

항주

⑤ ③

장사 ②

남창

준의 ①

서금

귀양 복주

계림 대북

⑥

광주

■ 당고협정(塘沽協定)에 따른 비무장지대
①~⑦ 소비에트 구역
→ 장정의 경로

1930년대 전반의 중국

일본의 침략과 항일민족통일전선

한편, 국민정부의 국외에서의 최대 적수는 일본이었다. 세계공황으로 인해 경제적인 타격을 입었던 일본은 대외진출을 통해서 곤경에서 탈출하고자 했고, 그 주된 표적이 되었던 곳은 중국의 동북지방이었다.[5]

동북 지역에서 지배의 확대를 목표로 삼은 관동군은 1931년 9월 18일, 유조호(柳條湖)에서 만주철도의 선로를 폭파하고 이를 중국 군대에 의한 소행이라 주장하면서 공격을 개시했다. 일본군은 급속하게 지배 범위를 넓혀갔고, 1932년에는 동북 전역을 점령하여 만주국을 세워서 청 제국 최후의 황제였던 푸이(溥儀)를 만주국의 집정(執政)으로 삼았다.[6] 일본은 상해를 침공했고(1932년의 상해사변), 또한 국민정부에 압력을 가해 동북 지역과의 경계에 가까운 지대의 비무장화를 인정하게 하는 등 화북에서도 세력의 확대를 도모했다.

이러한 일본의 움직임에 대해 '안내양외' 방침을 취하고 있었던 국민정부의 대응은 신속하게 이루어지지 않았고, 국내에서는 국

---

5   러일전쟁 이후 맺어진 포츠머스 조약에서 일본은 관동주(關東州)를 조차지로 삼았고, 또한 동청철도(東淸鐵道)의 장춘(長春) 이남 부분(남만주철도) 등의 이권을 획득하였다. 일본은 이들 지역의 수비군으로 관동군(關東軍)을 배치하였다.

6   1934년에 만주국은 대만주제국으로 개칭되었고, 푸이는 대만주제국의 황제가 되었다.

민정부의 이와 같은 자세를 비판하는 '일치항일(一致抗日)'의 여론이 높아졌다. 그런 상황 속에서 1935년에 중국공산당중앙의 이름으로 '항일구국을 위해 전국의 동포에게 고하는 글(8·1선언)'이 발표되었다. 이는 당시 독일, 이탈리아 등에서 파시즘 세력이 확대되던 때에 코민테른이 내세웠던 '반파시즘 통일전선'의 방침에 따라 광범한 민주세력을 향해 일치항일을 부르짖은 것이었다. 같은 해 12월에는 일치항일을 요구하면서 북경에서 학생들이 데모를 일으켰고, 전국 도시의 학생층으로 운동이 확산되었다(12·9운동).[7]

이러한 정세 속에서 1936년 12월에 서안사변(西安事變)[8]이 일어났고, 장제스는 장쉐량 등의 요구를 받아들여 내전정지, 일치항일로 정책의 방향을 전환했다. 국민당과 공산당의 교섭은 좀처럼 합의에 이르지 못했는데, 1937년 7월 7일 노구교사건(盧溝橋事件)[9]을 계기로 중일전쟁이 발발하자 두 당은 제2차 국공합작을 행하여 협력관계를 맺었다. 일본군은 북경과 천진을 점령했고,

---

7 이 학생운동이 일어났을 때에 학생들이 불렀던 '의용군행진곡'은 현재 중화인민 공화국의 국가가 되었다.

8 장쉐량 등 항일파의 장군들이 공산당군 토벌을 독려하기 위해서 서안에 왔던 장 제스를 체포하여 감금하고 내전의 정지와 일치항일을 압박했던 사건을 가리킨다.

9 북경 교외의 노구교에서 7월 7일 밤에 주둔하고 있던 일본군을 향해 누군가가 발 포했던 것에 대해 이를 중국군에 의한 소행이라고 주장한 일본군은 중국군에 대 한 공격을 개시했다.

이후 철도 노선을 따라 지배를 확대하여 11월에는 상해를 점령했으며 12월에는 수도 남경을 점령했다. 남경을 공략할 때에 일어났던 것은 현재도 중국과 일본 사이의 역사문제의 초점이 되고 있는 남경학살사건이었다. 일본군에 의해 남경을 점령당한 국민정부는 사천성의 중경(重慶)으로 이전했다.

제2차 국공합작을 통해 공산당의 군대와 근거지는 해체되지 않고, 조직을 유지하는 형태로 국민정부의 지령 아래에 배치되었다. 화북의 공산당군은 '국민혁명군제팔로군(國民革命軍第八路軍)'이 되어 국민정부의 군대에 편입되었고, 장정에 참가하지 않고 화중에 남아 있었던 공산당군은 '신사군(新四軍)'으로 개편되었다. 또한, 섬서성 북부를 중심으로 한 소비에트 정권의 지배 지역은 '섬감녕(섬서·감숙·영하)변구(陝甘寧邊區)'라고 불리게 되었다. 그 이후 공산당군이 지배하는 지역, 즉 근거지가 확대되면서 이들 지역도 각각의 지명을 붙여 '진찰기(산서·차하르·하북)변구'(晋察冀邊區), '진기로예(산서·하북·산동·하남)변구'(晋冀魯豫邊區) 등으로 불리게 되었다. 그러나 제2차 국공합작 성립 이후에도 국민당과 공산당 사이에는 뿌리 깊은 불신감이 존재했고, 항일전쟁 중에도 국민당군의 공산당군에 대한 공격, 공산당의 활동 제한 등이 시행되었다.

전황(戰況)의 추이

1937년 7월에 전쟁이 시작된 이후 5개월 만에 일본군은 상해와 남경을 점령했고, 이어서 이듬해 10월에는 무한(武漢)과 광주를 공략하여 경제의 중심이었던 연안 지역의 주요한 도시들을 지배 아래에 넣었다. 그러나 무한과 광주를 점령했던 시점에서 일본군에게는 그 이상으로 전선을 확대할 여유는 없었고, 지구전[10]의 상태에 돌입하였다.

1940년 3월에는 국민정부의 일원 중 친일파였던 왕징웨이(汪精衛)가 중경에서부터 탈출하여 남경에서 일본에 협력하는 정권을 세웠는데, 중국 측으로부터는 조국을 배반한 괴뢰정권이라는 비판을 받았다. 1941년 12월 8일, 일본이 미국 등에 선전포고를 하면서 태평양전쟁이 시작되자 연합국의 일원이 되었던 중국의 국민정부에 대해 미국과 영국은 차관과 무기를 제공하는 등 거액의 원조를 행하였다. 태평양전쟁이 개시된 이후의 일본은 전쟁 초기에는 유리한 전투를 진행하면서 동남아시아의 광대한 지역을 점령했지만, 1942년 중반 이후에는 남태평양에서 미국의 군대에 패배를 거듭하면서 수세에 놓이게 되었다.

지구전의 시기에 일본군은 국민정부군과의 정규전은 물론이고,

---

10 1938년 5월에 마오쩌둥은 '지구전론(持久戰論)'이라는 연설을 행하면서 장기적 지구전 이후에 중국이 승리할 것이라는 전망을 언급하였다.

중국공산당 지도 아래의 팔로군 및 신사군이 시행했던 게릴라전에서 피해를 입었다. 1938년 말 이후 일본군은 항일 근거지에 대한 공격을 강행했지만, 공산당군은 민중을 동원하여 일본군이 사용하는 철도와 도로를 파괴했고 일본군에 기습공격을 가하기도하는 등 인민전쟁의 방식으로 일본군에 저항했다. 이렇게 일반주민들의 저항에 괴로워했던 일본군은 마을 전체를 포위하고 병사와 민중을 무차별적으로 살해하면서 집들을 모조리 불태우는 철저한 섬멸작전[11]을 시행하였다. 중국 민중의 반일 감정은 더욱 고조되었다. 1945년 초가 되면, 공산당군이 장악했던 지역은 화북을 중심으로 한 85만㎢ 정도의 면적과 1억에 가까운 인구를 보유한 곳으로 확대되어 있었다.

공산당군이 농민 사이에서 지지를 확대할 수 있었던 이유로는 일본군의 공격에 맞서는 게릴라전을 통해서 공산당군과 농촌주민 사이에 강력한 결합이 만들어졌다는 것을 언급할 수 있다. 또한, 공산당은 근거지에서 소작료와 이자의 인하, 민주적인 촌락자치기구의 설립, 황무지의 개간과 농업의 개량 등 사회개혁을 실시했다. 그리고 당시 공산당군은 중국의 일반 군대와는 달리 '삼대규율팔항주의(三大規律八項注意)'[12]를 지키며 규율이 바른

---

11 이러한 방식을 중국 측에서는 '삼광(三光, 모두 죽이고, 모두 불태우고, 모두 약탈한다)작전'이라고 불렀다.

12 1920년대 말부터 점차 형성되었던 공산당군의 기본적 규율이다. 대중의 것은 바

군대로 민중의 지지를 얻었다.

한편, 엄혹한 전시체제 속에서 만들어졌던 공산당의 지배방식은 모든 것을 정치에 봉사하게 하고, 개인의 자립과 언론의 자유를 속박하는 측면도 들어 있었다. 예를 들면, 1942년의 '문예강화'(文藝講話)에서 마오쩌둥은 문학과 예술의 사명은 노동자·농민·병사의 생활과 투쟁에 봉사하는 것이라고 말했고 이것은 훗날 중화인민공화국이 성립한 이후 지식인들에 대한 탄압의 배경이 되었다. 또한, 연안(延安)에서 일어난 정풍운동(整風運動)으로 지식인들에 대한 사상통제, 당 내부의 반대파에 대한 탄압이 이루어지면서 마오쩌둥의 생각을 절대시하는 풍조가 생겨나게 되었다.

국공내전과 중화인민공화국의 성립

1945년 8월, 일본이 포츠담 선언을 수락하고 항복하면서 중국과 일본 사이의 오랜 전쟁은 종결되었다. 이 전쟁에서 중국은 승리를 거두었지만, 국토의 황폐화 및 서민 생활의 곤궁이라는 관점에서 본다면, 그 승리는 '참혹한 승리'였다고도 할 수 있었다. 전쟁 도중부터 진행된 국민당과 공산당의 대립은 전쟁 직후 일본군의 무장 해제를 둘러싸고 이미 일촉즉발의 상태에 놓여 있었

늘 하나도, 실 한 올도 훔치지 않는다는 것, 말투는 온화하게 하고 매매는 공정하게 한다는 등의 내용이 있었고 대중들에게 의심을 받을 행동을 엄격하게 금지했다.

다. 두 당 사이에서는 정권의 구상을 놓고도 큰 대립이 있었다. 국민당은 스스로가 주도하여 국민대회를 개최하고, 여기에서 새로운

중화인민공화국의 성립을 선언하는 마오쩌둥

정치체제를 만들고자 했던 것에 비해 공산당 측은 국민당·공산당·기타 여러 정당이 평등하게 참가하는 연합정부의 설립을 주장했다. 내전의 회피를 요구하는 여론과 미국의 조정으로 인해 당파 사이의 협의의 무대였던 정치협상회의가 개최되었는데, 국민당은 이 회의에서의 합의에 따르지 않고 일방적으로 국민대회를 개최하여 반대자에게 탄압을 가했다. 국민당의 이러한 강압적인 태도에 맞서서 국민의 반발은 강해져 갔다.

　1946년 여름에는 국민당이 공산당의 해방구에 대해 전면적인 공격을 시작하면서 내전이 발발했다. 당초 국민정부군은 미국으로부터의 원조를 통해 새로운 무장을 갖추었고, 병력의 숫자상에서도 공산당군의 3배 이상의 규모를 보유했다. 그러나 공산당은 해방구에서 토지개혁[13]을 시행하면서 농민의 지지를 모았고, 국

13　항일전쟁 중에 공산당은 통일전선을 유지할 필요성 때문에 소작료, 이자의 인하를 시행하는 것으로 그치고 토지 분배는 시행하지 않았다. 그러나 전쟁 이후 국민당과의 내전이 시작되는 시기가 되면, 공산당은 토지 분배를 명령했고 동북 지

민당에 대해 우세를 차지하는 것으로 전환되었다.

　1948년 10월에는 동북 전역이 인민해방군(공산당군)에 의해 탈환되었고, 이듬해 1월에는 북경이 공산당의 지배 아래에 들어갔다. 1949년 봄에 인민해방군은 남경·무한·상해 등 화중의 대도시를 함락하면서 공산당 측의 승리가 결정적인 것으로 굳어졌다. 1949년 10월 1일, 중화인민공화국 수립의 의식이 행해졌고 북경의 천안문 위에서 마오쩌둥이 인민공화국의 성립을 선언했다.[14] 12월 말, 국민정부는 대만으로 이전했고 공산당이 주도하는 중화인민공화국의 새로운 국가 만들기가 시작되었다.

　일본의 침략은 중국에 심대한 인적, 물적 손실을 초래했는데 그 이면에서 항일전쟁은 광범한 중국의 농민이 민족주의에 눈을 뜨게 했고 이것은 통일국가의 건설로 향하는 계기가 되었다. 전쟁 이후에 국민당이 일당독재에 사로잡혀 반대세력을 탄압하면서 국민의 지지를 잃었던 것에 반해 공산당은 항일전쟁에서 함께 싸웠던 광범한 세력의 일치단결을 호소하면서 통일국가 건설을 추구했던 사람들의 지지를 모았다. 이렇게 항일전쟁의 와중에서 공산당 정권의 기초가 세워졌다고 할 수 있다.

역과 옛 일본군 지배 지역의 새로운 해방구에서는 지주와 부농으로부터 토지를 거두어들여 빈농과 고농(雇農, 농업 노동자)에게 분배하는 정책이 추진되었다.

14　중화인민공화국에서 10월 1일은 '국경절'로 기념하는 날이 되었다.

14장
사회주의 건설의 시대

14장에서는 1949년 10월에 중화인민공화국이 성립했던 때부터 1976년에 문화대혁명이 종결될 때까지 27년 동안의 동향을 서술한다. 이 시기 중국에서는 특색이 있는 사회주의 체제가 만들어졌는데, 그 과정에는 우여곡절이 있었다. 여기에서는 이 시기에 대해서 (1) 소련형 사회주의 건설의 시기, (2) 대약진으로 시작하는 마오쩌둥형 사회주의의 시기, (3) 문화대혁명의 시기라는 세 시기로 나누어 서술한다.

신민주주의(新民主主義)로부터 소련형 사회주의 건설로

1949년에 성립된 중화인민공화국은 공산당의 주도로 실현된 것이었고, 공산당 주석인 마오쩌둥이 국가 주석도 겸하면서 실권을 장악했다. 그러나 당초 그 정권의 성격은 공산당의 일당독재가 아니었고 노동자, 농민뿐만 아니라 민족자본가, 지식인도 포함하는 광범한 애국민주분자를 포함한 인민민주통일전선이라고 규정되어 있었다. 국가 만들기의 과제도 '신민주주의 국가의 건설'이어서 곧바로 사회주의화를 실행하려던 것은 아니었다.

'신민주주의'[1]란, 5·4운동 이전에 혁명의 목표였던 '구민주주의'와 대비되는 말로 다음과 같은 특징을 지녔다고 여겨진다. 첫 번째, 정치체제의 측면에서는 노동자가 지도하는 것이지만 공산당의 일당독재가 아니고 농민은 물론이고 민족 자본가 등을 포함한 혁명적인 모든 계급의 연합을 통한 정치이다. 두 번째, 경제의 측면에서는 자본주의적 성격과 사회주의적 성격을 한데 섞은 혼합경제이다. 세 번째, 외교관계에서는 외국 세력을 배제하고 독립적인 국가를 만드는 것과 동시에 제국주의를 반대하고 국제적인 평화와 우호를 도모한다. 이러한 단계가 어느 정도 오랫동안 지속된 바탕 위에서 사회주의 단계로 진입하는 것이라고 여겨졌다. 그러나 중국 정부는 당시의 엄혹한 국제정세, 급속한 경제건설의 필요성 등으로 압박을 받으면서 얼마 지나지 않아 그 목표를 신민주주의 국가 건설에서부터 사회주의 건설로 변화시키게 되었다.

1953년부터 시작되었던 제1차 5개년계획에서는 소련의 모델을 따르는 계획경제제도가 도입되었고, 중공업 부문을 우선시하고 근대적 대형기업을 육성하는 것을 목표로 삼았다. 소련으로부터는 거액의 원조가 이루어졌던 것 이외에 모두 1만 1천 명에 달하

---

1 마오쩌둥이 1940년에 발표했던 '신민주의론'에서 사용했던 말이다.

는 전문가, 기술자가 중국에 파견되었다.

이 시기에 중국이 사회주의로 급속하게 기울어지게 된 배경으로 당시의 국제정세를 생각할 필요가 있다. 제2차 세계대전의 종료 이후, 동유럽 여러 국가들의 전후처리를 둘러싸고 미국과 소련 사이에 대립이 발생하였고, 이른바 서방의 자본주의 진영과 동방의 사회주의 진영 간에 냉전이 시작되었다. 이러한 상황에서 중국은 사회주의 진영의 일원으로서 소련과 중소우호동맹상호원조조약을 체결하였고, 소련과 연대하는 형태로 안전보장을 도모했다. 1950년에 한국전쟁이 발발한 이후, 미국이 한반도에 군대를 파견했던 것에 대항하여 중국도 의용군을 파견하여 미국 군대에 타격을 입혔다. 이로 인해 미국을 필두로 한 서방 여러 국가와 중국의 관계는 악화되었고, 서방은 중국에 대한 엄혹한 봉쇄 정책을 취했다. 중국은 오로지 소련의 원조를 받으면서 국가를 지키기 위한 중공업의 발전, 군대의 근대화를 추진하지 않을 수 없게 되었다. 한편, 아시아의 여러 국가들과의 사이에서 중국은 적극적인 평화공존외교를 전개했다. 1955년에 인도네시아의 반둥에서 개최되었던 제1회 아시아·아프리카 회의에 중국 정부의 대표로 참가했던 저우언라이(周恩來)는 아시아와 아프리카의 신흥 독립국가의 지도자와 협력하면서 아시아와 아프리카의 여러 국가들의 주권 평등과 협력의 촉진을 외쳤던 반둥 10원칙 채택에 모든 힘을 쏟아 아시아와 아프리카의 여러 국가들로부터 지지를 모았다.

이 시기 농업의 측면에서는 토지개혁으로 토지를 분배받았던 소규모 농민의 경영 기반을 안정시키기 위해서 호조조(互助組)[2]를 조직하는 것이 장려되었고, 이를 시작으로 1950년대 내내 농업의 집단화가 급속하게 진전되어 갔다. 농업 집단화는 농민의 경영 안정에 도움이 될 뿐만 아니라 국가가 계획경제의 추진을 위해서 농업 부문에서부터 그 생산물을 안정적으로 확보하는 데에 있어서도 필요한 것이었다. 집단화의 과정은 예정보다 급속하게 진행되어 1956년 말까지 대략 96%의 농가가 고급합작사(高級合作社)[3]로 조직되었다.

상공업 부문에서는 외국의 자본, 국민정부와 관계된 대기업이 흡수되어 국유화되었고, 일반적 사영(私營) 상공업에 대해서도 사회주의로의 개조가 추진되었다. 사영 상공업자는 삼반오반운동(三反五反運動)[4]과 같은 정치운동에 휘말리면서 타격을 받은 한편, 원료의 통일적 구매와 생산물의 위탁 판매 등을 통해 유통의 측면에서 국가의 통제를 받으면서 상공업의 공사합영(公私合

---

2 농작업의 협력, 농기구와 가축의 공동 사용 등을 행하는 6~7호 정도의 소규모로 이루어진 호조(互助) 조직이다.

3 농경지를 필두로 모든 생산수단을 집단으로 소유하는 농업조직으로, 소련의 콜호스와 같은 것이다.

4 1951년에 시작되었던 정치 캠페인으로 뇌물을 주고받는 것, 탈세 등의 부정을 적발하고 박멸하는 것을 목표로 삼은 운동이다.

營)이 진행되었다. 도시에서는 식량배급제도가 실시되어 배급 문서가 없으면 곡물, 일용품을 입수할 수 없는 체제가 만들어졌다.

당초에는 '신민주주의 국가' 건설을 목표로 삼았던 중국에서 왜 사회주의 건설 노선이 선택되었던 것일까? 이 점에 대해서는 해외의 시장에 의지하지 않고 급속한 공업 건설을 이룩할 필요성이 있었던 것, 긴박했던 국제정세, '균'(均)을 이상으로 하는 전통적인 경제사상 등 몇 가지 측면에서 생각해 볼 수 있다. 사회주의 건설은 정치 캠페인과 연결되면서 급속하게 진행되어 갔다.

마오쩌둥형 사회주의로의 전환

1958년경부터 중국의 사회주의 건설 노선은 크게 변화하여 소련형 사회주의 건설에서부터 마오쩌둥형 사회주의 등이라고 일컬어지는 중국의 독자적 성격을 지닌 사회주의로 전환하게 되었다. 이렇게 된 하나의 계기가 되었던 것은 소련에서 1956년에 벌어진 스탈린 비판[5]이었다. 스탈린 비판을 계기로 동유럽의 사회주의 국가에서는 자유화를 향한 개혁이 일어났고, 소련은 군사 개입을 시행하여 그러한 움직임을 억압했지만 그 이면에서 소련

---

5 스탈린은 1920년대 말부터 소련의 정치를 지도했고, 1930년대 중반부터 대규모 숙청을 통해 개인독재를 행하였다. 스탈린이 1953년에 사망한 이후, 실권을 장악했던 흐루시초프는 1956년의 소련공산당대회에서 돌연 스탈린을 향한 개인숭배를 비판하였고 이는 사회주의 세계에 큰 충격을 주었다.

[초점] 중국에서 사회주의가 건설된 배경

카를 마르크스 등이 생각했던 원래의 사회주의 이론에서는 사회주의란 자본주의가 발전한 이후에 그 거대한 생산력을 기반으로 실현되는 체제로 여겨졌다. 그렇다면, 왜 자본주의가 발달하지 않은 중국에서 이 시기에 사회주의가 선택되었던 것일까?

첫 번째, 사회주의적인 국가통제는 개발도상국이 급속하게 공업화를 시행해 갈 때에 하나의 합리적인 전략이었다고 할 수 있다. 메이지 시대 이후의 일본 및 1970년대 이후 아시아의 NIES*와 같이 해외시장을 목표로 경공업을 먼저 발전시키는 방법도 있지만, 서양 여러 국가와의 경제관계를 단절하고 중공업을 스스로의 힘으로 급속하게 발전시키지 않으면 안 되었던 중국이 취했던 것은 정부의 통제 아래에 농업 부문으로부터 이익을 흡수하여 중공업에 중점적으로 투자하는 방법이었고 이는 소련과 같은 사회주의 체제 아래에서 시작될 수 있었다.

두 번째, 냉전 체제 아래에서의 긴박했던 국제정세이다. 일반적으로 전시체제 아래에서는 경제에 대한 국가의 관리가 강해지게 되는데, 냉전 중의 중국정부는 서방에 대항하기 위해서 국가의 경제 통제를 강화하고 국민에 대해서도 '미국 제국주의'의 위협을 강조하여 사회주의 경제건설에 동원했다. 중공업 건설이 경제가 발달해 있었던 연해 지역이 아닌 내륙 지역에 중점을 두어 시행되었던 것도 국방을 중시한 이 시기의 방침을 드러내고 있는 것이라고 할 수 있다.

세 번째, 자유경쟁에 따른 빈부의 격차가 확대되는 것을 억제하고, 국가가 인민의 생활을 보장하는 사회주의 정책이 중국의 전

통적인 사회정의에 대한 사고방식과 자연스럽게 겹쳐졌다는 점
이 있다. 『논어』에 '적은 것을 걱정하지 말고 균등하지 못한 것을
걱정하라'라는 말이 있는데, 빈부의 격차가 없는 '균'의 이상은 중
국 역사상 항상 존재하여 농민 반란의 슬로건이 되기도 했다. 사
회주의 건설 시대의 사람들에게 있어서 사회주의는 그러한 옛날
부터의 이상을 실현하는 것으로 받아들여졌다고 할 수 있다.

* 【역주】 Newly Industrializing Economies의 약자로 한국, 대만, 싱
　가포르, 홍콩 등 1990년대까지 높은 경제적 성장률을 보인 신흥공업경
　제지역을 지칭하는 말이다.

學習蘇聯先進經驗建設我們的祖國

1953년의 포스터 '소련의 선진적인 경험을 배워서 우리들의 조국을 건설하자.'

은 서방과의 평화공존노선을 내세우며 미국과의 관계개선을 도모했다.

스탈린 비판의 충격 아래에서 마오쩌둥은 '백화제방(百花齊放), 백가쟁명(百家爭鳴)'이라는 슬로건을 내세우고 공산당에 대한 솔직한 비판을 요구했다. 그러나 공산당 외부의 지식인들 사이에서 공산당 비판이 고조되고, 마오쩌둥 비판까지 이루어지게 되자 공산당은 급격하게 반격으로 전환하여 지식인에 대한 탄압을 시작했다. 이것이 1957년의 '반우파투쟁(反右派鬪爭)'이다. 마오쩌둥에 따르면, 자본주의 세력은 여전히 혁명을 뒤집어엎는 것을 목표로 삼고 있기 때문에 이러한 반혁명 세력에 대한 계급투쟁을 지속하지 않으면 안 된다고 여겨졌다. 그 후, 마오쩌둥을 비판하는 사람들은 혁명에 반대하는 부르주아(자본가 계급) 분자라는 딱지가 붙어 탄핵을 받게 되었고 비판을 허용하지 않는 불관용적 정치풍조가 확산되어 갔다.

1950년대 말 이후 평화공존노선으로 전환했던 소련과 세계혁명의 추진을 주장하며 사회주의 진영의 새로운 지도자가 되는 것을 목표로 삼은 중국의 균열은 점점 확대되었다. 1960년대에 들어와서는 중국 측이 소련공산당을 '수정주의'라고 공공연하게 비판하면서 중·소논쟁이 시작되었다. 중국과 소련 간 국경분쟁도 일어나면서 중국과 소련 사이의 긴장은 1960년대 말에 정점에 도달했다.

국내에서는 소련 모델에 따르지 않는 중국의 독자적 사회주의 건설을 목표로 삼아 1958년부터 대약진(大躍進) 정책이 시작되었다. 대약진 정책 아래에서 '15년 이내에 공업 생산이 높은 영국을 추월한다'는 높은 목표를 설정하고 대증산(大增産) 운동이 전개되어 공업과 농업의 동시 발전, 중앙공업과 지방공업 그리고 근대공업과 전통공업의 동시 발전이라는 '두 다리로 걷기' 방침이 채택되었다.

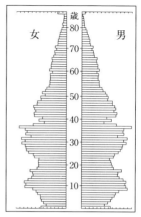

2000년의 제5회 인구조사에 따른 인구 구성 대략 중앙(40세 전후)의 크게 잘록해진 부분이 대약진 이후 자연재해의 시기에 출생했던 연대이다. 1970년대 말의 한 자녀 정책의 결과, 최근에는 출생률이 저하하여 전체적으로 방추형(紡錘形)을 보여주고 있다.

이 운동을 상징하는 것은 농촌에서 만들어졌던 '토법고로(土法高爐)'[6]였다. 전문적인 기술보다도 혁명적인 열정을 중시하는 풍조가 이러한 운동을 뒷받침하고 있었다.

대약진 정책과 병행하여 인민공사(人民公社)의 설립이 시작되었다. 인민공사란, 생산뿐만 아니라 공업·농업·상업·교육에서부터 민병의 조직에 이르기까지 생활 전반에 걸친 다양한 기능을 겸비했던 조직이었다. 인민공사에서는 종래 개인이 보유하고 있

---

6 재래기술을 사용하여 만든 소형 용광로를 가리킨다.

었던 작은 농경지, 가축도 거두어들여 집단의 소유로 만들었고, 식사도 개개인의 집에서 하지 않고 마을의 공동식당에서 먹는 등 철저한 집단화가 이루어졌다.

이러한 정책은 공산주의적 유토피아를 향한 첫걸음으로 사람들의 마음을 사로잡았지만, 대약진과 인민공사 정책의 실제 결과는 비참했다. 토법고로에 의한 철강 증산에 막대한 노력이 들어간 결과, 제철을 위해 쓰이는 석탄과 전력이 부족해졌고 농업 생산이 정체되는 등의 혼란이 발생하였으며 또한 토법고로에서 만들어진 철은 품질이 나빠서 결국 사용할 수 없는 물건이 되는 경우가 많았다. 홍수와 가뭄 등 심각한 자연재해도 겹쳐지면서 각지에서 식량이 부족해졌고, 사람들이 굶주리는 상태가 발생하였다.

이와 같은 위기에 직면하자 1959년에는 국방부장 펑더화이(彭德懷) 등에 의해 대약진과 인민공사 정책의 실패에 대한 비판도 이루어졌는데, 펑더화이가 공산당에 반대하는 우파로 몰려 해임되자 대약진 정책을 비판하는 사람도 없어지게 되었고 지방에서는 생산의 성적에 대해서 실제와는 동떨어진 과대한 수치로 보고하며 중앙의 환심을 사려는 현상이 나타났다. 자연재해는 1959년부터 1961년까지 3년 동안 지속되었고, 굶주림으로 인해 2천만 명이라고 추산되는 많은 사망자가 발생하였다.

이러한 상황에서 마오쩌둥도 정책의 실패를 인정하지 않을 수 없었고, 1961년부터 경제조정정책으로의 전환이 이루어져 농업을 중심으로 생산의 회복이 도모되었다. 농민의 생산 의욕을 증대시키기 위해 일부 농경지의 개인 소유 및 자유시장이 인정되었고, 1호 당 생산청부제도 도입되었다. 마오쩌둥의 위신은 상대적으로 저하되었고 류사오치(劉少奇)와 덩샤오핑(鄧小平) 등 현실주의적인 방침을 내세운 실무가형 정치가의 지도 아래에서 대약진으로부터 조정정책으로의 방향 전환이 추진되었다. 생산 회복을 목표로 삼은 류사오치 등과 계급투쟁을 중시하는 마오쩌둥 사이에는 점차 균열이 생겨났다. 마오쩌둥이 반격을 노리고 시행했던 것이 1966년에 시작되었던 프롤레타리아 문화대혁명이었다.

프롤레타리아 문화대혁명

문화대혁명의 발단은 상해의 어느 신문에 게재되었던 문예평론이었다. 이를 쓴 사람은 야오원위안(姚文元)[7]이었는데, 그 내용은 유명한 역사학자인 우한(吳晗)의 '해서파관(海瑞罷官)'이라는 역사 희곡을 비판했던 것이었다. '해서파관'은 명 제국 말기의 해서(海瑞)라는 정의로운 관료가 지주에 의해 빼앗겼던 토지를 농민에게 돌려주었던 것, 황제를 솔직하게 비판했다가 황제에 의해 파면되었던 것 등을 묘사한 희곡이었는데 이것이 집단화에 대한

---

7 문예평론가이다. 훗날 장칭(江靑) 등과 함께 이른바 '4인방'의 한 사람으로서 문화대혁명을 추진했다.

반대, 마오쩌둥에 대한 비판을 암시하는 것이라고 비판을 받았던 것이다. 당시 북경에서 문화와 관계된 정책을 담당하고 있었던 공산당 간부들은 이러한 문예상의 비판이 정치문제로 비화되는 것을 막으려고 했지만, 이러한 북경의 움직임에 대해 마오쩌둥은 부르주아적 경향을 지닌 지식인을 옹호하는 것이라며 엄혹하게 비판하면서 부르주아적 지식인의 권위를 일소하기 위한 사회주의 문화대혁명을 제창했다. 이는 동시에 류사오치 등의 당 지도부에 대한 공격이기도 했고, 류사오치 등은 '자본주의의 길을 걷는 실권파'로서 공격의 표적이 되었다.

마오쩌둥의 반격은 성공했고, 류사오치 등은 실각했다. 그 성공의 요인 중 하나는 국방부장 린뱌오(林彪)가 이끄는 해방군이 마오쩌둥의 측근에 있었다는 점을 언급할 수 있다. 당시는 미국의 개입에 의해 베트남 전쟁이 확대되고 있던 시기였고, 중국에서는 미국이 중국을 공격할 수도 있다는 위기감이 높아지고 있었다. 이러한 위기에 직면하여 해방군 중에서도 소련의 원조를 요구하려는 방향과 소련에 의존하지 않고 인민전쟁을 통해 승리를 거두고자 하는 방향이 대립하고 있었는데, 린뱌오는 후자인 인민전쟁의 입장에 서 있었고 소련을 비판하면서 계급투쟁의 지속을 주장하는 마오쩌둥과 연대하고 있었던 것이다. 문화대혁명의 시기에는 인민전쟁을 상정(想定)하고 공업의 측면에서도 일부 지역에 집중되지 않고 각지에 분산된 건설계획이 추진되었다.

문화대혁명이 확산된 또 하나의 요인으로는 '자본주의의 길을 걷는 실권파'와 전쟁을 한다는 마오쩌둥의 호소가 광범한 학생, 대중들을 끌어들였던 점을 언급할 수 있다. 지식인이 관료가 되

비판집회

어 농민과 노동자를 지배하는 체제는 중국에서 오랜 역사를 가진 것이었지만, 중화인민공화국의 성립 이후에도 지식인이 당 간부, 관료로서 일반 인민을 지배한다고 하는 기본구조는 그렇게 변화하지 않았다고 할 수 있다. 문화대혁명은 중국의 역사에 깊은 뿌리를 두고 있는 지식인 관료의 지배를 근본에서부터 뒤집고, 노동자와 농민이 지배하는 세상을 만들어내겠다는 유토피아적인 비전을 내세워서 학생의 이상주의를 자극하였다. 또한, 관료계에 만연해 있던 관료주의와 부정부패에 대한 싫증을 느끼고 있었던 노동자들의 마음을 사로잡았다.

중학교·고등학교·대학교 등에서는 마오쩌둥을 지지하는 홍위병(紅衛兵) 조직이 자발적으로 만들어졌고 교원, 학자와 당 간부들에 대한 비판투쟁을 전개하여 길거리에 계속 나와서 봉건적, 부르주아적인 것이라고 간주되었던 오래된 점포에 있는 상점들의 간판을 때려 부수고, 서화와 골동품을 약탈하여 불태웠으며

역사적 건물과 문화재를 파괴하곤 했다. 반혁명파로 지명되었던 사람들에 대한 비판집회에서는 그때까지 높은 지위에 있었던 사람들에게 삼각형의 모자를 덮어씌우고, 무릎을 꿇은 자세로 자기비판을 하게 했다. 마오쩌둥이 홍위병들의 행동을 지지하면서 보냈던 편지 속에 있었던 '조반유리(造反有理, 모반에는 도리가 있다)'라는 말은 전국으로 확산되었고 각지에서 폭력투쟁을 야기했다. 이는 중국 전역을 혼란으로 몰아넣었다.

문화대혁명은 오늘날 중국에서는 '당과 국가와 각 민족 인민들에게 커다란 재난을 초래했던 내란'으로 부정적 평가를 받고 있지만, 많은 젊은이들이 이상의 불길에 사로잡혀 열광적으로 여기에 참가했던 것은 사실이기 때문에 문화대혁명을 경험했던 사람들의 마음속에는 단순히 부정적인 것만 있는 것이 아니라 복잡한 감정이 존재한다고 말할 수 있을 것이다.

마오쩌둥의 동지라고 칭해졌던 린뱌오는 1971년에 마오쩌둥에 대한 쿠데타를 시도하려 했다가 실패하고 도망가던 중에 사망했다고 알려져 있는데, 이 사건에는 여전히 불가사의한 점들이 많아서 진상이 명확하게 밝혀지지 않고 있다. 그 이후, 국내에서는 저우언라이와 덩샤오핑 등 경제의 부흥에 중심을 두고자 했던 그룹과 문화대혁명의 추진을 주장하는 장칭·야오원위안 등 이른바 4인방이 대립하게 되었다. 한편, 국경분쟁으로 인해 소련과의 긴장이 고조되었던 중국에서는 1970년대에 들어오면서 외교방침의 극적인 전환이 이루어져 미국과의 관계 개선을 도모했고, 중국의 국제사회 복귀가 시작되었다. 일본·구미 등의 서방 여러 국가들과 경제교류도 활발해지게 되었고 서방으로부터의 공장 설비 수입, 공업 제품 수입이 증가해 갔다.

1976년, 저우언라이가 사망하자 저우언라이를 추도하는 민중 무리가 천안문에 모여 4인방을 비판하는 의사를 표시했다(제1차 천안문사건). 그 이후, 마오쩌둥도 같은 해에 사망하자 그가 사망하고 1개월도 지나지 않아 4인방이 체포되었고 문화대혁명은 종결로 향해 가게 된다.

[사료] 문화대혁명 시기 여자 중학생의 일기*

1966년 8월 26일 금요일

내가 항상 바라고 있었던, 홍위병이 되고 싶다는 생각이 오늘 드디어 실현되었다! 붉은색 완장을 팔에 둘렀을 때, 학급의 모든 사람들이 나를 홍위병으로 선발해 주었던 것은 나에 대한 신뢰와 격려라고 느꼈다. 마오 주석의 나에 대한 기대와 가르침을 절대 배신하지 말고, 오래된 관습과 오래된 풍속에 맹렬한 공격을 가해 오래된 세계에 선전포고하자!

오늘, 비판대회에 참가하여 계급의 적이 매우 교활하다는 것을 알았다. 홍위병이 분노한 나머지 잠깐 그를 때리면, 그는 즉시 "아 얏!" 혹은 "마오 주석 만세"라고 외쳤다. …… 계급의 적은 싸우지 않으면, 타도할 수 없다. 우리들이 증거를 확보한 다음에 그런 일이 있었는지 없었는지를 질문하면, "없었다"라고 말한다. 우리들이 그를 "좀도둑인 불량배"라고 하면, "좀도둑이 아니오. 틀렸소"라고 말한다. 게다가 화가 나는 것은 도망쳤던 악당 두 사람의 행방을 말하게 하려고 하자 그는 "부디 나를 때려라. 총살해라. 정말로 아무것도 알지 못한다"라는 식으로 말한다. 그에게 자백하게 하고자 하면, "이제 다 틀렸다. 물을 마시게 해 달라. 그렇지 않으면, 말을 할 수 없다"라고 말한다.

혁명적인 생도, 특히 홍위병은 당연히 '16조'(1966년 8월에 마오쩌둥이 주재한 당의 회의에서 채택되었던 '프롤레타리아 문화대혁명에 대한 결정'을 일컫는다 - 인용자)의 말처럼 지혜가 있고 기백이 있다. 확실히 이 회의에서는 최초부터 최후까지 생도들이 주도권을 장악했고, 당 중앙이 말하는 대로 충분히 민주성을 발휘하여 군중들 스스로가 자신을 해방시켰던 것이다. 생도들은 분노하면서 이 악한을 규탄했지만, 한편으로는 모든 사람들이 이 악한을 뭇매질하지는 못하게 했다. 그들은 정직하고 참된 마오 주석의 홍위병이고, 당의 가장 충실한 홍위병이다!(張新蠶, 『紅色少女日記』, 中國社會科學出版社, 2003년에서 인용)

* 1966년부터 1971년까지 5년간에 걸친 이 일기의 작자는 문화대혁명이 시작되었던 1966년 당시 14살이었고, 길림성 사평시(四平市)의 중학생이었다. 인용 부분에서는 열렬한 홍위병이었던 작자의 눈을 통해서 비판대회의 상황이 묘사되어 있다. 이 일기는 훗날의 회상이 아니라 실시간의 기록인 만큼, 당시의 분위기를 잘 전달하는 귀중한 증언이라고 할수 있다. 일기에는 그 이후에 시의 간부였던 모친이 비판을 받으면서 스스로가 길림성의 농촌으로 '하방(下放)'되었던 것 등 격동의 시대에 있었던 작자의 다양한 경험이 기록되어 있다.

15장
현대 중국이 직면한 여러 문제

15장에서는 1970년대 이후 중국의 서방을 향한 접근에서부터 개혁개방정책에 이르기까지 중국의 동향을 개관하고, 현재 중국이 직면한 문제를 세 가지로 나누어 서술하고자 한다. 첫 번째는 다민족국가 중국에서 국가통합의 문제, 두 번째는 민주와 법제의 문제, 그리고 세 번째는 급속한 시장경제화가 초래한 경제격차의 문제를 다룰 것이다.

개혁개방정책으로의 전환

1970년대에 들어와서 문화대혁명은 표면상 계속되고 있었지만, 소련과의 긴장 관계가 강화되는 상황에서 중국은 미국[1]과의 접촉을 계획했고 1971년에 미국의 탁구 팀을 중국에 초대한 것(이른

---

1 당시 미국은 베트남 전쟁에서 깊은 수렁에 빠지는 상황에 직면하였고, 이에 사회주의 진영과의 관계 개선을 도모하고 있었다.

바 '핑퐁외교')을 시작으로 키신저 특별보좌관의 중국 방문, 이듬해 닉슨의 중국 방문을 통해 미국-중국 관계는 급속하게 개선의 방향으로 향했다. 이와 병행하여 1971년에는 대만의 중화민국을 대신해 중국이 국제연합에 가입했고, 1972년에는 중국과 일본의 국교정상화가 이루어졌으며 중국은 서방 여러 국가들과의 사이에서 차례차례 국교를 정상화함과 동시에 경제교류도 활발하게 진행시켰다.

1976년에 저우언라이에 이어 마오쩌둥이 사망한 이후, 경제건설을 중시하는 실무가 그룹과 문화대혁명의 지속을 주장하는 이른바 '4인방' 사이의 대립이 격화되었지만, 실무가 그룹이 승리를 거두어 4인방을 체포하였고 실각시켰다. 이후 덩샤오핑 등에 의해 마오쩌둥 노선은 부정되었고, 문화대혁명을 부정하는 새로운 노선이 시행되었다. 1978년에 개최되었던 중국공산당 중앙위원회의 회의(제11기 3중전회)에서 그 노선이 대부분 확정되었고, 대규모의 대중적 계급투쟁이 종결된 것과 앞으로의 과제는 경제법칙에 따른 경제건설과 이를 보장하는 정치적 안정의 확립이라는 것이 선언되었다. 그리고 문화대혁명 등으로 실각했던 지도자의 명예회복이 이루어졌고, 1981년에는 '건국 이래 당의 역사문제에 관한 결의'에서 문화대혁명은 완전한 오류였다는 것이 확인되었다.

덩샤오핑 등이 추진한 새로운 노선이 목표로 삼은 것은 먼저 경제의 발전과 근대화였다. '4개 근대화'[2]를 목표로 삼아 시장경제의 도입을 계획했던 것이다. 인민공사는 해체되기 시작했고, 농지는 각 농가에게 할당하여 일정한 세금과 농산물을 공출하는 것을 조건으로 하여 경영을 맡기는 방식이 확산되었다. 대외적으로는 개방정책을 취하였고, 적극적인 외자(外資) 도입을 도모하였으며 이를 위해 경제특구[3]가 광동·복건 등 연해지역의 일부에 만들어졌다. 그러나 이러한 대외개방정책을 통해 서방의 문화와 사상이 유입되는 것은 공산당의 지배를 동요시키는 것으로 이어질 수도 있었다. 자유화와 대외개방의 이면에서 정치적인 통제를 계획하기 위해서 '4개 기본원칙'[4]을 견지해야 한다는 주장이 이루어졌다. 이렇게 한쪽에서는 시장경제를 발전시킴과 동시에 다른 쪽에서는 공산당의 지배를 유지하여 중국의 대국화(大國化)를 목표로 삼은 것이 그 후 중국의 기본 노선이 되었다.

　이러한 정책의 결과, 중국경제는 급속하게 발전했다. 국내총생산(GDP)을 통해 1978년을 경계로 경제 성장률의 차이를 살펴보

2　공업·농업·국방·과학기술 네 방면의 근대화를 가리킨다.

3　수출·수입과 출국·입국의 규제가 느슨하고 세금 제도상으로도 우대를 받았던 특별구역으로, 외국의 자본과 기술의 도입, 그를 통한 수출 산업의 진흥을 도모하기 위해 설치되었다. 광동성의 심천(深圳)과 복건성의 하문(廈門), 해남성(海南省) 등이다.

4　사회주의의 길, 인민민주주의 독재, 공산당의 지도, 마르크스·레닌주의·마오쩌둥 사상을 가리킨다.

면, 1953년부터 1978년의 계획경제 시기 성장률은 6.7%였고 특히 제2차 산업(즉, 공업)의 발전이 현저했는데 1979년에 개혁개방정책이 시작되면서 10%에 가까운 성장률로 전환했고 제1차 산업(즉, 농업)과 제3차 산업(즉, 서비스업)이 급속하게 성장했다. 이러한 경제적 측면에서의 급성장이라는 뒷받침을 받으면서 중국의 정치적 발언권도 증대하였고, 중국은 대국으로의 길을 계속 밟아나갔다고 할 수 있다.

그러나 다른 측면에서 중국은 거대한 국가 특유의 다양한 문제에 직면해 있다. 이를 몇 가지 문제로 나누어 살펴보고자 한다.

국가통합의 과제

1장에서 서술했듯이 중국은 다민족국가이고, 한족 이외에 중화인민공화국 수립 이후 민족 식별 작업을 통해서 현재는 55개의 소수민족이 인정되고 있다. 그 중에는 몽골·티베트·위구르 등 역사상 독립국가를 형성했던 적이 있는 민족도 있다. 또한, 소수민족 이외에 홍콩이나 대만처럼 특별한 역사적 사정을 가진 지역도 있다. 이러한 여러 민족, 여러 지역을 어떻게 안정시키고 통합해갈 것인가는 중국이 직면하고 있는 커다란 과제 중 하나이다.

중일전쟁 말기부터 국공내전 시기까지 중앙정부의 통제가 약화되면서 몽골·동투르키스탄(신강)·티베트 등 중국의 주변 지역에서는 민족 독립을 요구하는 움직임이 활발해졌다. 1944년에 신강의 일부에서는 독립을 요구하는 위구르인들에 의해 동투르키스탄 인민공화국이 일시적으로 수립되었다. 1945년 9월에는 내몽골에서 내몽골 인민공화국 정부 등의 설립이 선언되었고, 티베트에서는 같은 해에 달라이 라마 지배 아래에 있던 지방정부가 국민당 요원을 추방하고 자립을 도모하는 사건이 발생했다. 국공내전 시기에 공산당 내부에서는 소수민족에게 분리, 자결의 권리를 주어 연방제 국가를 만들자는 사고방식을 가진 사람도 있었지만, 중화인민공화국이 성립된 이후 정부가 신강·내몽골·티베트를 지배 아래에 넣으면서 정부는 각 민족의 자치구(自治區)를 설정함과 동시에 '민족의 자치구역은 모두 중화인민공화국과 분리될 수 없는 일부분'이라고 하면서 분리, 자결권을 부정했다. 자치의 내용은 민족의 언어와 문자의 사용, 민족 간부의 양성, 재정관리, 경제발전, 공안부대의 조직 등이었다.

1950년대 전반까지 이러한 소수민족 자치구들에서는 각각의 문화가 가진 특질을 배려하여 사회개혁을 행할 때에도 비교적 신중한 정책을 취했는데, 1957년의 반우파투쟁 시기 즈음부터 소수민족 자치구에서도 중앙정부의 의향에 따라 급진적인 개혁을 강행하는 움직임이 생겨났다. 이와 같은 중앙정부의 정책을 비판하는 소수민족 출신 간부의 움직임은 '지방민족주의'라며 탄압을 받았고, 신강에서는 많은 민족 간부들이 실각했다. 청해·티베트에서는 반란이 일어났고 1959년에 라싸에서 동란이 발생했던 때에 달라이 라마 14세는 인도로 망명하여 망명정부를 조직했다. 청해·티베트의 반란은 인민해방군에 의해 혹독하게 탄압을 받았다.

문화대혁명이 종료된 이후, 소수민족 지역에서 이러한 급진적인 정책에 대한 재검토가 이루어졌고 이전에 탄압을 받았던 사람들에 대한 명예회복도 시작되었다. 그러나 1980년대 후반부터 중국의 민족 문제는 새로운 국면을 맞이하게 된다. 소련의 붕괴에 수반하여 중앙아시아의 여러 국가들이 독립했던 것은 중국에 커다란 충격을 주었다. 대외개방정책으로 인해 위구르인, 몽골인 사이에서 국경을 넘는 제휴가 가능했던 것과 인권문제가 국제정치의 중요한 문제가 되면서 특별히 티베트·신강에서 중국정부의 소수민족 정치범에 대한 강경한 자세가 세계의 주목을 받게 되었던 것 등은 소수민족 사람들 내부에서 새로운 자각(自覺)이 생기게 했다. 이러한 동향을 '국가의 분열을 기도하는 움직임'으로 간주하고 중앙정부가 탄압하면 할수록 반발이 강력해지는 상태가 된다고 할 수 있을 것이다.

이러한 소수민족 문제 이외에도 중국의 국가통합에 있어서 큰 문제가 되었던 것은 중국정부에 의해 '본래 중국의 일부'라고 인식되면서도 중국의 지배 바깥에 있는 여러 지역이었다. 그 중에서 홍콩과 마카오에 대해 살펴보면, 중국은 영국과 포르투갈과의 교섭 끝에 평화적으로 문제를 해결하여 1997년에는 홍콩, 1999년에는 마카오의 반환이 실현되었다.[5] 홍콩과 마카오가 반환되었을 때에는 종래의 법과 제도를 유지한 채 중국의 일부가 되는 일국양제(一國兩制)의 방식이 채택되었다.

홍콩과 마카오의 반환이 실현된 이후, 최대의 문제가 된 것은 대만문제였다. 대만은 청일전쟁 이후에 일본의 식민지가 되었지만, 1945년에 일본이 패전한 이후에 중국의 군대가 진주(進駐)하면서 중국의 일부가 되었다. 1949년에는 장제스의 국민정부가 대만으로 이전하여 '중화민국'의 정통 정부로서 대만의 통치를 시행하게 되었다. 냉전이라는 상황 속에서 대만은 미국의 원조를 받았고, 중국에 대한 서방의 전선기지(前線基地) 중 하나라고 할 만한 역할을 맡았다. 국민당 정권에 의해 대만 전역에 계엄령이 내려지면서 대륙으로의 반공(反攻)이 제창되었다.[6]

1970년대 이후 대만의 상황은 크게 변화했다. 첫 번째, 중화인민공화국의 국제사회 복귀에 따라 대만은 중국을 대표하는 정권

5 홍콩은 아편전쟁 이후 남경조약으로 영국에 할양되었고, 그 이후 홍콩에 인접한 구룡반도 또한 1898년에 99년의 기한으로 영국에 조차되었다. 구룡의 조차 기한이 다 되어 중국에 반환할 때에 홍콩도 함께 반환되었던 것이다. 그리고 마카오의 경우에는 16세기 중반에 포르투갈인의 마카오 거주가 허락되었고, 그 이후 19세기 말에 마카오가 포르투갈의 영지(領地)라는 점이 확인되었다.

6 대륙 측은 '대만해방'을 주장하고, 대만 측은 '대륙반공(大陸反攻)'을 주장했다는 점에서 대륙의 공산당 정권과 대만의 국민당 정권이 취한 방침은 정반대이지만, 모두 대만과 대륙은 일체라고 하는 사고방식을 지니고 있는 것이다. 대만의 대륙 반공정책이 1990년에 포기된 이후, '하나의 중국'을 실현하는 것을 계획한 공산당과 국민당은 대만 독립에 반대하며 점차 공동의 보조를 취하게 되었다.

으로서의 자리를 중화인민공화국에게 빼앗겼다. '하나의 중국'을 주장하는 중화인민공화국 때문에 대만은 다른 여러 국가들과 정식으로 외교 관계를 체결하는 것이 어려워졌다. 두 번째, 대만에서 진척된 민주화의 움직임이다. 국민정부가 대만으로 이전한 이후, 대만에서는 국민당의 일당독재체제가 지속되었고 외성인(外省人)의 지배 아래에서 본성인(本省人)의 정치적 진출은 어려워졌다.[7] 그러나 장제스가 사망한 이후에 총통의 지위에 오른 장제스의 아들 장징궈(蔣經國)는 1970년대부터 정치의 민주화를 추진하면서 본성인의 등용, 계엄령의 해제, 야당 결성의 허가 등의 개혁을 시행했다. 장징궈가 사망한 이후, 본성인 리덩후이(李登輝)가 총통이 되자 정치의 민주화는 한층 더 진행되었다. 대만의 세 번째 변화는 아시아의 NIES 중 하나로서 대만경제가 고도로 성장한 것이다. 대만은 빈부의 격차를 그다지 확대시키지 않고 경제성장과 생활수준의 상승을 실현하는 데 성공했고, 이와 더불어 교육의 수준도 향상시키면서 이는 대만 사람들의 자신감을 강화시키는 요인이 되었다. 네 번째, 대륙과의 교류가 활발해졌다는 것이다. 1970년대 말 이후, 중화인민공화국 측에서는 '조국의 평화통일'을 슬로건으로 삼아 대만과의 접근을 시도했고 대륙에

---

7   전쟁 이후 대륙에서부터 대만에 온 사람들을 외성인이라고 부르고, 대만에서 원래부터 살고 있었던 사람을 본성인이라고 부른다.

서의 시장경제 도입에 수반하여 대만과 대륙 사이의 무역 및 대만 기업의 대륙에 대한 투자가 활발해지게 되었다. 사람의 왕래도 활발해지면서 TV 드라마, 책 등 문화의 교류도 확대되었다. 이러한 교류의 활성화에 근거하여 중화인민공화국 측은 홍콩 등과 같은 '일국양제' 방식에 의한 통일을 추진하고 있다.

하지만 이러한 대륙 측의 움직임에 대해 대만 측의 대응은 복잡하다. 대만 사람들의 대부분을 차지하는 것은 청 제국 시대에 대륙에서부터 건너 왔던 사람들의 자손인데, 그들 속에는 중국인으로서의 아이덴티티와 함께 대만의 아이덴티티도 존재한다. 대륙과 통일을 주장하는 사람들부터 대만의 독립을 주장하는 사람들까지 대만 내부에서도 의견이 다양한데, 대륙과의 통일에 대해서 대만 사람들이 느끼는 두려움은 주로 민주정치와 생활수준의 문제라고 할 수 있을 것이다.

민주정치에 대해서 말하면, 1947년에 일어났던 2·28사건[8]은 그 이후에도 외성인에 대한 본성인의 반감을 남기면서 오랫동안 영향을 끼치고 있다. 현재도 대륙에서 정치의 민주화에는 아직 큰 문제점이 있는 것이 사실이고, 통일 이후 대만 사람들의 민의(民

---

8   일본이 패전한 이후, 대륙에서부터 대만으로 왔던 중화민국의 군대에 대해서 그들의 강권정치와 부정부패에 대한 불만이 대만 사람들 사이에서 높아졌는데, 민중과 관헌의 사소한 다툼을 계기로 폭동이 발생했고 정부 측의 진압으로 인해 다수의 사망자가 발생했던 사건이다.

意)를 존중하는 것을 어떻게 보장할 것인가는 통일을 하게 될 때의 커다란 과제라고 할 수 있다. 또한, 생활의 수준과 교육의 수준에 대해서도 높은 수준에 있는 대만의 현재 상황이 통일로 인해 어떻게 변할 것인가라는 점은 중요한 문제이다. 이상과 같이 대만에 관해서는 신중하게 접근해야만 하는 문제가 아직도 많다고 할 수 있을 것이다.

민주와 법제의 문제

현대 중국이 직면한 문제 중 두 번째는 민주와 법제[9]의 문제를 언급할 수 있다.

건국 이래의 정치 캠페인 중에서 지도자는 '대중에 의거'한다는 것을 항상 강조하였고, 민주를 기본으로 여겼지만 이것은 사람들이 다양한 의견을 자유롭게 표출하고 토론하는 의미에서의 민주주의라고는 할 수 없다. 오히려 정부, 권력자에 대한 비판이 '인민의 적'으로서 탄압을 받는 경우도 적지 않았다. 권력자에 대한 비판이 이루어지기 위해서는 언론의 자유가 정부에서도 침해할 수 없는 인권으로서 법적으로 확립될 필요가 있다. 그러한 기본적 인권으로서의 언론의 자유도 중화인민공화국에서는 확립되어 있

---

9 '민주와 법제'란, 1970년대 말에 문화대혁명의 폐해에 대한 반성으로부터 공산당이 내세웠던 슬로건이다.

지 않았다.

　이는 중화인민공화국만의 문제는 아니고, 중국의 전통적 지배 체제로부터 계승되었던 특색이기도 하다. 애초에 덕이 있는 황제가 천명을 받아 만백성을 통치한다는 중국의 전통적인 지배 이데올로기 아래에서는 그러한 덕이 있는 지배자를 비판한다는 것 자체가 하늘을 거스르는 행위로 간주될 위험이 있었다. 신해혁명으로 황제 정치가 타도된 이후에도 국민당 정권이든, 공산당 정권이든 뛰어난 능력과 도덕을 지닌 지도자가 인민을 지도하는 형태의 정치체제를 채택했고, 정권에 대한 자유로운 비판을 제도적으로 보장하는 것에는 거의 노력이 들어가지 않았다고 할 수 있을 것이다.

　그러나 개혁개방정책으로 인해 자유민주주의 체제를 유지하는 국가들의 정보와 문화가 중국에 유입된 것에 따라 지식인, 학생들 사이에서 정권에 대한 자유로운 비판이라는 의미에서의 민주, 그리고 이를 보장하는 법 제도에 대한 관심이 높아져 갔다. 이러한 민주화의 조류에 대한 태도는 공산당 내에서도 다양했다. 1982년부터 공산당의 총서기가 되었던 후야오방(胡耀邦) 등은 정치적 민주화의 움직임을 지지하는 태도를 보였지만, 민주화 요구에 반대하는 보수파 사람들은 그러한 요구를 서방의 이상에 따르는 '정신오염'이라고 부르면서 '정신오염 반대'의 운동을 펼쳤다.

1989년 봄 민주화운동 천안문 광장에 집결했던 학생과 시민들이다. 가운데에 보이는 것은 학생들이 만든 '민주의 여신상'이다.

1986년 말에는 전국의 대학에서 민주화를 요구하는 학생운동이 시작되었고, 후야오방은 학생운동을 제어하지 않았다는 이유로 총서기에서 해임되었다. 그 후, 1989년 4월에 후야오방이 갑자기 사망하자

그를 추도하는 사람들이 북경의 천안문 광장에 모여서 후야오방의 명예회복을 시작하고 기본적 인권의 보장 및 민간 신문의 발행 허가, 공산당의 독재 타도 등 광범한 민주화를 요구하는 움직임을 보였다. 정부는 이를 억압하려고 했지만, 그러한 정부의 자세에 반발했던 학생들은 데모, 단식 투쟁으로 대항하였다. 학생들에게 동정심을 가진 시민들도 끌어들이면서 운동은 100만 명 규모로 팽창하였다. 북경에는 계엄령이 내려졌고, 군대가 동원되어 당분간 대립의 상태가 지속되었는데 같은 해 6월 4일에 공산당 지도부는 군대에 발포를 명령하여 천안문 광장을 제압하게 하였다(제2차 천안문사건). 이 광경은 세계에 중계되면서 충격을 주었다. 민주화 운동의 지도자였던 학생 활동가와 지식인은 체포되어 투옥되었고, 혹은 국외로 망명하곤 했다.

개혁개방정책의 리더이고, 당시 공산당의 최고 실력자로 간주되고 있었던 덩샤오핑은 공산당의 이러한 조치를 단호하게 지지

하는 태도를 명확히 했다. 이후, 역대 공산당 총서기로서 정치를 지도했던 장쩌민(江澤民), 후진타오(胡錦濤) 등에 의해 경제적으로는 개혁개방, 정치적으로는 공산당의 일당지배를 유지하기 위한 단속이라는 양 측면을 지닌 정책이 추진되어 간다. 1997년에 내세웠던 '사회주의민주'의 방침은 공산당의 지도 아래에서 공산당 이외의 사람들을 정책 결정에 참여시키는 것, 촌(村)과 현(縣) 등 하급 단위에서의 경쟁형 직접선거의 확대 등을 내용으로 하고 있었다. 또한, 1980년대 이후 법 제도의 정비는 급속도로 진척되었지만 그 중점은 인권을 지키면서 정부의 권력을 억제한다는 측면이 아니었고, 정부에 의한 질서 유지의 수단이라는 측면에서 이루어졌던 것이라고 할 수 있다.

시장경제의 발전과 경제격차의 확대

현대 중국이 직면한 세 번째 문제로는 급속하게 발전한 시장경제가 초래한 여러 문제를 언급할 수 있다. 제2차 천안문 사건 이후, 개혁개방 노선은 어려운 국면으로 진입하고 있었다. 민주화운동 탄압에 충격을 받은 서방 여러 국가들에서는 중국에 대한 투자와 경제 협력을 하지 않는 움직임이 생겨났다. 또한, 제2차 천안문 사건 전후로 동유럽의 사회주의 정권이 붕괴했던 것, 소비에트 연방이 해체된 것은 대외개방과 자유화에 대한 보수파의 경계심을 강화시켰다. 경제적 측면에서도 개혁개방정책에 대한

덩샤오핑

재검토와 단속이 시작되었고, 중국 경제는 저성장으로 전환했다. 이러한 상황 속에서 당의 최고 실력자 덩샤오핑은 개혁개방정책의 최전선이라고 할 수 있는 경제특구인 심천·주해(珠海)와 상해 등을 시찰하고 개혁개방정책을 단호하게 추진해야 한다는 점을 주장했다(남순강화南巡講話).

남순강화는 지방에서 열광적인 환영을 받았고, 투자 붐을 일으켰다. 이후, 중국의 경제는 매년 10%를 넘는 급속한 성장을 회복했다. 하지만 고도성장에 수반하는 역효과도 나타나게 되었는데, 그 최대의 문제는 경제격차의 확대라고 할 수 있을 것이다. 이러한 경제격차 중 첫 번째는 도시와 농촌의 격차이다. 2005년 도시 인구 1인당 평균 수입은 농촌 인구의 약 3배에 달하여 계획경제 시대보다도 증대하고 있다. 여기에 연금·실업보험·생활보호·공적 의료 등 사회복지의 정비 상황을 아울러 검토해보면, 도시 주민의 수입은 실질적으로 농촌의 4배에서 6배에 달한다고 추정된다. 이러한 상황 아래에서 농촌으로부터 도시로 타향살이를 하는 사람들도 증가하고 있고, 노동조건의 열악함과 불안정성으로 인한 분쟁도 발생하고 있다. 1990년대 이후 농촌경제의 정체와 농촌·농민·농업문제의 심각화는 '삼농문제(三農問題)'로 최근에 중요시되고 있고, 정부의 중점 과제로서 대책 마련이 촉구되고 있다.

격차 문제 중 두 번째는 지역에 따른 격차이다. 중국 동부의 연해지대가 개혁개방정책의 은택을 입어 급속하게 발전하고 있는 것에 반해 내륙의 경제발전은 대체로 뒤처지고 있다. 연해지대인 절강성과 내륙의 귀주성을 비교해보면, 1991년에 2.7배였던 1인당 GDP 격차는 2002년에는 5.3배가 되었다. 이러한 격차를 바로잡기 위해서 이른바 서부대개발(西部大開發)을 통해 내륙 지역의 경제를 발전시키려는 계획이 추진되고 있다. 이는 국내시장의 확대를 통해서 대외무역에 대한 의존을 줄이고 균형 있는 경제적 구조를 만들기 위한 방책이기도 하다.

격차문제 이외에 경제발전에 뒤따르는 공해, 환경문제와 기계화의 진행으로 인해 생기는 실업자의 증대 등으로 인해 중국의 발전하는 경제는 아직 해결되지 못한 다양한 과제에 직면해 있다.

[사료] 덩샤오핑, '남순강화'*(1992년)

　혁명이란 생산력을 해방하는 것이다. 개혁도 그러하다. 제국주의·봉건주의·관료자본주의의 반동통치를 타도하고 중국 인민의 생산력을 해방하는 것이 혁명이다. 그래서 혁명이란 생산력을 해방하는 것이다. 사회주의의 기본적 제도가 확립된 이후에도 생산력의 발전을 속박하는 경제체제는 근본적으로 개혁하고, 생기와 활력으로 가득한 사회주의 경제체제를 건설하여 생산력의 발전을 촉진하지 않으면 안 된다. 이것이 개혁이다. 그래서 개혁도 생산력을 해방하는 것이다.

　당의 제11기 3중전회 이래의 노선을 견지하는 열쇠는 '하나의 중심, 두 가지의 기본점'이다(하나의 중심이란 경제건설을 의미하고, 두 가지 기본점이란 개혁개방정책과 네 가지 기본원칙을 가리킨다 - 인용자). 사회주의를 견지하지 않고, 개혁개방을 하지 않고, 경제를 발전시키지 않고, 인민의 생활을 개선하지 않는다면 막다른 골목에 들어갈 뿐이다. 기본노선은 100년 동안 흔들리지 않고 지속되지 않으면 안 된다. 이 노선을 견지하는 것이야말로 인민들에게 신뢰를 받고 지지를 받게 된다. 만약 개혁개방의 성과가 없다면, '6·4'(천안문사건)라고 하는 난관을 우리들은 돌파할 수 없다. 돌파하지 못하면 동란이 일어나고, 동란이 일어나면 내전이다. 왜 '6·4' 이후 우리들의 국가는 안정될 수 있었을까? 그것은 우리들이 개혁개방을 하고, 경제 발전을 촉진하여 인민의 생활이 개선되었기 때문이다.

　개혁개방은 아주 대담하게 하지 않으면 안 된다. 전족을 한 여자 같으면 안 된다. 좋다고 생각하면 대담하게 시도하고, 대담하게 부딪친다. 심천(深圳)의 중요한 경험은 용감하게 부딪친 것이다. 부딪쳐보는 정신과 모험의 정신이 없다면, 기백과 기력이 없다면 좋은 길과 새로운 길로 나아갈 수 없고 새로운 사업을 할 수도 없다. 진실로 위험을 무릅쓰지 않고 무엇이든지 100%의 가능성이 없으면 하지 않으니 누가 그런 말을 할 수 있겠는가? 매년 지도자들이 경험을 총괄하여 올바른 점은 견지하고, 틀린 점은 곧바로 고쳐서 문제가 나오면 시급히 해결한다. 그렇게 해서 30년만 지나면, 우리들은 각 방면에서 보다 성숙해지고 보다 안정적인 제도를 형성할 수 있을 것이다.(『鄧小平文選』第3卷, 人民出版社, 1993년에서 인용)

* 개혁개방의 노선을 정착시켰던 중요한 강화(講話)이다. 여기에서는 생산력을 해방하여 생활수준을 향상시키는 것이 인민의 지지 획득 및 사회의 안정과도 연결된다는 덩샤오핑의 사고방식이 잘 표현되어 있다.

[초점] 도시와 농촌

중국어에서 도시를 '성시(城市)'라고 하는데, 본래 중국의 전통적 사고방식에서는 성벽으로 둘러싸여 있고 관청 등이 설치된 구역을 '성(城)'이라고 하고 그 외부 지역을 '향(鄕)'이라고 불렀다. '향' 내부에도 집들이 밀집한 상업 중심지('진(鎭)', '시(市)' 등으로 칭했다)가 있었지만, '성'과 '향'은 각각 거의 우리들이 칭하는 도시와 농촌에 해당된다고 할 수 있다. 중국의 '성'에는 관청이 있어서 정치의 중심이었던 것과 동시에 부유한 사대부와 상인이 거주했고, 소작료와 상업적 이익을 통해 풍요로운 생활을 영위했다. 농민이 빈곤해지면서 농지를 버리고 '향'에서 '성'으로 유입되어 서비스업 등에 종사하는 농민이 늘어나면서 사회문제가 되었다.

근대 이후, 상해 등 대도시에서 도시공업이 발달하자 도시로 유입된 인구가 증가했는데 중화인민공화국 성립 이후에는 호적제도를 통해 농촌에서 도시로의 인구 유입을 억제시키고 있다. 개혁개방정책이 채용된 이후 농촌에서는 가정을 단위로 하는 청부생산책임제가 채용되었고, 또한 향진기업(鄕鎭企業, 농촌에 자리잡은 기업. 식품가공, 의료 등 소규모 제조업이 많다)의 설립이 장려되면서 1980년대에는 농촌의 현저한 부유화가 진행되어 '만원호(萬元戶, 수만 위안(元)의 연 수입을 올리는 부유한 호)'가 다수출현했다. 그러나 1990년대 이후, 농산품 가격의 하락과 향진기업의 성장 둔화, 지방행정비용의 팽창에 뒤따른 농민부담의 증가 등의 요인이 겹쳐지면서 농촌의 빈곤화가 진행되어 '삼농(三農, 농업의 저생산성, 농촌의 황폐화, 농민의 빈곤)'문제가 심각한 과제로 인식되고 있다.

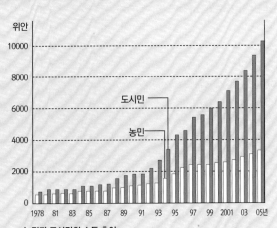

농민과 도시민의 소득 추이
개혁개방정책이 시작되었던 1970년대 말의 시점에서 격차는 2.5배 정
도였는데, 1980년대에는 격차가 축소되어 2배 전후가 되었다. 그 이후
에 격차가 확대되어 2000년대 중반에는 3배를 뛰어넘게 되었다.

　이러한 도시-농촌의 격차는 농촌에서 도시로 타향살이를 하는
노동자의 이동이라는 현상을 만들어내고 있다. 1980년대부터 시
작되었던 이러한 농촌으로부터의 이탈은 당초 '맹류(盲流)'라고
불렸는데, 1990년대부터는 '민공조(民工潮, 농민 노동자 붐)'라는
용어가 사용되었다. 그 형태는 단기간의 타향살이에서부터 장기
간의 정착으로 옮겨가고 있고, 농촌 호적을 가지고 있으면서 도시
에서 태어나고 자란 제2세대 농민 노동자도 증가하고 있다. 그들
은 도시에서의 생활에 익숙해지면서 취직, 교육의 기회에 제한이
있음에도 불안정한 비정규 취업을 받아들이지 않을 수가 없다. 이
러한 사람들의 불만을 완화하는 것도 정부가 직면한 중요한 과제
이다.

결론을 대신하여

　제2차 세계대전 이후 1970년대 즈음까지 일본의 중국사학계에
서는 중화인민공화국의 성립으로 인해 종래 중국사회의 다양한
문제는 모두 해결되었다는 것처럼 이상화하여 파악하는 견해도
있었다. 그러나 개혁개방정책이 시행되고, 중국과 일본의 교류가
활발해졌던 것에 수반하여 현대 중국이 안고 있는 여러 문제는
우리들의 눈에도 계속 명확하게 드러나고 있다. 중국과 같은 거
대한 국가가 근대화를 추진하고 있기 때문에 여기에서 다양한 문
제가 나타나는 것은 당연한 일이다. 성급하게 이상화하거나 비판
하지 말고, 역사적인 시야로부터 이해할 필요가 있다.

　현대 중국이 직면한 문제들 중에는 역사 속에 깊은 뿌리를 두고
있는 문제도 존재한다. 예를 들어 민족 문제에 대해서 말해보면,
그것은 청 제국 이래 계승되었던 다민족적인 국가 구성을 근대의
국민국가 체제 속에서 어떻게 다시 만들어 갈 것인가라는 어려운
과제와 관련되어 있다. 또한, 민주와 법제를 어떻게 발전시켜 갈
것인가라는 것도 중국의 전통적인 정치 방식을 생각한다면, 결코
쉬운 과제는 아닐 것이다.

　최근에 이른바 역사인식 문제와 관련되어 중국 사람들로부터
일본인은 역사를 알지 못한다는 비판이 나온 적이 있다. 확실히

일본인 중에는 일본이 중국을 침략했던 역사에 대해서 잘 알지 못하는 사람이 있는데, 이것은 비판을 받아도 어쩔 수 없는 부끄러운 일이다. 그러나 역사의식 문제에서 주로 언급되는 근현대사를 배우는 것은 물론이고, 그 이전의 역사도 포함시켜서 중국의 현재를 커다란 역사의 흐름 속에서 파악할 수 있도록 유의해 보자. 이를 통해서 현재 중국의 민족주의와 경제의 방식이 어떠한 역사와 문화에서 유래한 것인지를 보다 깊이 이해할 수 있을 것이다.

문고판 후기

이 책은 2007년에 일본 방송대학의 교재로서 출판되었던『중국 사회의 역사적 전개』(방송대학교육진흥회에서 출판)의 문고판이다. 일본 방송대학의 교재는 일반적 서적과는 달리 방송이 끝나면 그 역할을 다하는 것이어서 증쇄(增刷) 등은 행하지 않지만, 이번에 치쿠마 학예문고의 후지오카 타이스케(藤岡泰介) 씨가 제안해주신 것을 계기로 문고판 제작을 부탁드리게 되었다.

원서(原書)에서는 중국사라고 하는 거대한 대상을 어느 정도 균형 있게 거시적인 흐름으로 정리하겠다는 도전적인 과제에 직면하여 집필할 때에 상당한 고생을 했지만, 협소한 전문 분야를 뛰어넘는 영역을 배울 수 있어서 열심히 공부할 수 있는 좋은 기회를 주신 것이라고 생각하고 있다. 결과적으로는 문체도 교과서처럼 되었고, 특별히 신기한 이야기가 있는 것도 아니어서 고등학교의 세계사 교과서와 거의 다르지 않은 개설서가 아닌가라고 느끼는 독자 분들도 있을 것이라 생각하지만, 원서의 머리말에서 서술했듯이 약간 고민을 했던 부분도 있었기 때문에 조금이라도 재미있다고 생각해 주신다면, 이보다 더한 기쁨은 없을 것이다.

문고판의 내용은 거의 원서 그대로이고, 대폭적인 개정이나 보완을 행하지는 않았지만 지면의 공간에 맞추어 '초점' 등의 칼럼 내용을 보충하였고, 어구의 설명 등을 약간 더 붙여놓았다. 참고 문헌에서는 새로운 것들을 꽤 보충하였다. 그리고 원서는 교재였기 때문에 '키워드', '과제' 등 학습용 문구가 들어가 있었지만 문고판으로 바꿀 때에는 삭제했다.

2007년에 원서를 출판하고 나서 8년 정도가 지났고 그 사이에 중국도 크게 변화하고 있다. 최근의 동향에 대해서 본문에서 보충해야 할 것인지 고민을 했는데, 원서의 장절 구성 방식을 무너뜨리는 것을 피하기 위해서 본문은 그대로 놓고 후기에서 약간의 내용을 덧붙여보고자 한다.

2008년 이후, 일본에서도 대대적으로 알려진 중국에서의 사건을 연표의 형식으로 언급해보면, 다음과 같이 될 것이다. 독자 여러분들도 인상 깊게 생각이 나는 사건이 많으실 것이다.

2008년

독이 들어간 만두 사건(1월), 티베트 자치구에서의 폭동(3월), 사천성의 대지진(5월), 북경 올림픽(8월), 멜라민 성분이 섞여 들어간 분유 사건(9월), 영팔헌장(零八憲章, 12월. 민주파 지식인 300여 명이 연명(連名)으로 민주화를 요구하는 선언문을 발표한 것)

2009년

신강위구르자치구에서의 폭동(7월)

2010년

지구유(地溝油, 배수구 내의 침전물로 만든 재생 식용유)의 문제화(3월), 상해만국박람회 시작(5월), 센카쿠 열도[1] 어선충돌사건(9월), 민주파 지식인 류샤오보(劉曉波)가 노벨 평화상 수상(10월), 이 해에 중국의 GNP가 일본을 추월하여 세계 2위로 상승.

2011년

오감촌사건(烏坎村事件, 12월. 광동성 산미시汕尾市의 오감촌에서 일어났던 주민운동. 그 결과, 주민의 자주적인 직접 선거를 통해 촌의 간부가 선출되었다.)

2012년

중경시 당위원회서기인 보시라이(薄熙來)가 실각함(3월), 해남성 삼사시(三沙市)의 성립(7월. 베트남, 필리핀 등과 영유권을 다투고 있는 남중국해의 섬들을 관할하는 시로서 설립된 것), 센카쿠의 국유화 문제를 계기로 일어난 반일폭동(9월), 시진핑(習近平) 체제의 발족(11월. 시진핑이 중국공산당 중앙위원회 총서기로 선출됨. 이듬해에는 국가주석이 됨.)

---

1 【역주】 중국과 일본이 서로 영유권을 주장하는 지역으로, 일본에서는 센카쿠 열도라고 칭하고 중국에서는 댜오위다오(釣魚島) 및 부속 도서라고 부르고 있다.

2013년

미세먼지에 의한 대기오염의 문제화(1월), 중국이 동중국해에 방공식별권 설정(11월)

2014년

대만의 해바라기학생운동(3월), 홍콩의 반정부 데모(9월. 우산혁명이라고도 부른다)

  몇 년 동안에 보이는 가장 두드러진 동향은 GNP가 세계 제2위로 뛰어오른 것, 북경 올림픽, 상해만국박람회의 개최에서 드러나듯이 중국이 '대국화'하는 움직임이다. 이에 수반하여 중국 정부는 덩샤오핑 시대에 유지했던 것과 같은 '도광양회(韜光養晦, 힘을 겉으로 드러내지 않고 신중한 태도를 취하는 것)'의 대외정책 대신에 센카쿠 문제, 남중국해 문제에서 보이는 것처럼 주위 국가들과의 대립도 불사하는 강경한 정책을 취하고 있다. 중국의 경제적, 정치적 존재감이 급속하게 커지고 있고, 세계 사람들은 고도성장을 지속하는 경제의 활력 및 제2차 세계대전 이후의 국제질서에 도전하는 것으로도 보이는 대외정책이라는 두 가지 측면에서 중국의 일거수일투족에 주목하지 않을 수 없게 되었다고 할 수 있다.

  이제 이 책의 15장에서 서술했던 세 가지 문제에 의거하여 이

10년 정도 동안의 상황을 개략적으로 살펴보자. 첫 번째, 국가통합의 과제이다. 티베트·신강에서의 민족문제는 종래부터의 과제였는데 2008년부터 2009년에 일어났던 티베트와 신강에서의 폭동은 그 규모의 크기, 국제적으로 주목을 받는 정도의 측면에서 종래와는 다른 것이었다고 할 수 있다. 2008년, 북경 올림픽의 해에 티베트에서 폭동이 일어난 이후에 외국에서 성화 봉송 중에 중국 정부의 탄압에 항의하는 인권단체와 이에 대항하는 중국 측 집단과의 사이에서 승강이가 종종 벌어졌고, 사건은 국제적으로 확산되는 모습을 보였다. 이듬해인 2009년에는 광동성의 공장에서 발생했던 위구르인 종업원 살해사건에 대한 항의를 발단으로, 우루무치 시에서 위구르족과 한족 사이의 충돌이 일어났다. 그 이후에도 위구르인이 일으켰다고 하는 폭력사건이 중국의 언론으로부터 '테러'로 종종 보도되고 있는데, 정부의 보도규제가 엄격한 측면도 있어서 국제사회에서는 그 진상에 대해 회의적인 견해도 적지 않다. 중국 측이 강경하게 '테러리스트'를 비난하고 엄격한 대응을 하면 할수록 현지 주민의 반감을 초래하고, 또한 국제적으로도 인권 억압이라는 비판을 받는 악순환은 쉽게 해결되지 못할 것이다.

대만과 홍콩에 대해서는 2014년 대만의 해바라기학생운동[2]과

---

2 대만과 대륙 사이의 서비스 분야의 시장개방을 목적으로 삼은 법안이 심의를 거

홍콩의 반정부 데모[3]가 최근의 동향을 잘 보여주고 있다. 이 사건들은 모두 정치적인 민주화를 옹호하는 움직임이었고 동시에 이 운동은 대만에서도, 홍콩에서도 중국 대륙과의 긴밀한 연결이 없이는 경제가 발전할 수 없다는 난제에 직면해 있다. 대만과 홍콩의 관점에서 보면, 중국에 정치적으로 흡수되지 않고 중국의 경제적 활력으로부터 이득을 얻는 것이 가능할 것인가라는 문제가 있고 또한 거꾸로 중국 대륙 측의 관점에서 보게 되면, 경제적 이익을 지렛대로 삼아 이러한 민주화 운동을 억압해 가는 것이 가능할 것인가라는 문제도 있다. 홍콩과 대만에 대해서도 중국이 강경한 태도를 취하면 할수록 상대방의 반발과 두려움이 강해진다는 난제가 존재하기 때문에 중국이 목표로 하는 국가통합이 반드시 순조롭지는 않을 것이다.

두 번째, 민주와 법제의 문제에 대해서 살펴보자. 2008년에 류샤오보 등 민주파 지식인은 공산당의 일당독재 폐지, 삼권분립, 입법원의 직접선거, 인권의 보장 등을 주장하는 영팔헌장을 인터넷에 발표했다. 류샤오보는 발표 직전에 구속되어 '국가정권'

칠 때에 민주적인 절차가 이루어지지 않았다는 것에 항의하여 학생들이 입법원(立法院)을 20여 일 동안에 걸쳐 점거했던 사건이다.

3 2017년에 시행될 예정에 있던 홍콩 행정장관 선거에 대해서 후보를 미리 일정 수로 한정시키는 방침이 중국 정부에서 발표된 것에 대응하여 진정한 보통선거를 요구하며 학생과 시민들이 홍콩의 중심가를 80일에 걸쳐 점거했던 사건이다.

전복을 선동한 죄'로 11년의 징역에 처해졌지만, 복역 중이었던 2010년에 노벨 평화상을 수상했던 것은 잘 알려져 있을 것이다. 중국 정부는 내정간섭이라며 이에 강력하게 반발했고, 노벨상 위원회에 항의함과 동시에 국내에서의 수상 보도를 가로막으면서 류샤오보가 수상했다는 뉴스는 인터넷을 통해 광범하게 확산되었다. 정부는 비판적인 언론을 제어하기 위해서 인터넷 규제를 시행했는데, 네티즌 측에서 이러한 규제를 피하는 방법도 발달하고 있다. 튀니지의 자스민 혁명으로 촉발되었던 민주화 집회의 호소가 인터넷에서 확산되었고, 정부가 이를 봉쇄해야 하는 지경에 몰리게 되었던 사례(2011년 2월)에서 볼 수 있듯이 불특정다수의 시민에 의한 이러한 정치 운동이 빈발하게 된다면, 정부가 이를 억압하는 것이 쉽지는 않을 것이다.

그러나 류샤오보와 같은 서양식의 자유민주주의를 지향하는 사람들은 국민 전체 중에서 반드시 다수파인 것은 아니라고 생각된다. 권력과 재력을 가진 엘리트가 서민을 억압하는 불공정에 대해서 불만을 지닌 사람들이 많은데, 정부 측에서도 자유민주주의와는 전혀 다른 형태로 그러한 불만에 대응하려고 한다. 시진핑이 '법에 의한 국가통치'를 강조하고 정력적으로 추진하고 있는 부패박멸 캠페인이 하나의 예이다. 이는 민주주의라고 하기보다는 오히려 청렴하고 유능한 위정자에 의한 선정(善政)이라는 형태로 서민의 지지를 얻고자 하는 것이라고 할 수 있다. 다만, 보시라이(薄熙來)와 저우융캉(周永康, 전 정치국 상무위원) 등 유력 정치가의 체포와 처벌에서 보이듯이 그러한 정책이 정적의 숙청이라는 측면을 가지고 있다는 점도 또한 분명하다고 할 것이다.

세 번째, 시장경제의 발전에 수반하는 문제이다. GDP의 성장률이 10% 전후였던 2000년대와 비교하면, 최근 몇 년은 성장률이 다소 둔화하면서 2015년 전국인민대표대회의 정치활동보고에서는 경제 성장률 목표가 7% 전후로 설정되었다. 그러나 이 수치도 높은 성장률이라는 점에는 변함이 없다. 2000년대에는 연해 지역과 내륙 지역, 농촌과 도시 등의 소득격차가 주목을 받았고 격차는 여전히 크지만 2000년대 후반을 정점으로 점차 감소하는 경향을 보이고 있다. 농촌과 도시의 격차를 고정화시키는 호적문제에 대해서는 농촌 호적과 도시 호적의 통일을 점진적으로 추진해가겠다는 방침을 내세우고 있다.

경제 성장이 초래한 부작용으로서 최근에 심각해지고 있는 것은 미세먼지로 대표되는 대기오염과 환경파괴의 문제이다. 정부는 벌칙을 강화하면서 규제에 몰두하고 있지만, 이 문제는 단순히 정부의 규제로만 해결되는 문제가 아니라 기업 측의 윤리적인 자세도 중요하다. 최근 중국에서는 멜라민이 섞여 들어간 분유와 지구유(地溝油)에서 보이는 것처럼 소비자의 생명과 건강을 희생시키면서 영리를 추구하는 업자들이 적발되었고, 이는 소비자의 불신을 초래하고 있다. 음식물의 문제는 아니지만, 사천성에서 대지진이 일어났을 때에 학교 등 공공건축물이 붕괴하여 많은 사망자가 나오면서 그 부실공사가 비판을 받았던 것 등도 수단을 가리지 않고 영리를 추구하는 것에 따른 부작용이 드러났던 사례일 것이다.

이러한 부정적 측면을 계속 수반하면서 급속하게 성장해 왔던 중국경제는 보다 안정적이고 성숙한 국면을 목표로 하여 아픔이 뒤따르는 조정을 필요로 하는 분기점에 서 있다고 할 수 있을 것이다.

본문의 마지막 부분에서도 서술했지만, 이러한 현대적인 과제와 깊이 연관되어 있는 중국의 민족구성, 정치문화, 경제적 행동양식 등의 문제는 역사에 뿌리를 두고 있는 부분도 많다. 일본인들에게 있어서는 이해하기 어렵다고 생각되는 현상도 많이 있을 것인데, 그렇기 때문에 그 뿌리를 역사 속에서 찾아보는 것에도 의미가 있을 것이다. 이 책이 그에 일조한다면 다행이겠다.

이 책의 간행 과정에서는 치쿠마 서방(書房)의 후지오카 타이스케 씨와 마스다 타케시(增田健史) 씨께서 자상한 배려를 해 주셨다. 두 분을 필두로 하여 관계된 모든 분들에게 진심으로 감사의 말씀을 드린다.

2015년 4월

키시모토 미오

옮긴이 후기

2017년에 옮긴이가 박사학위를 취득하고 대학교 강단에서 중국사 강의를 담당하게 되면서부터 중국사를 어떤 방식으로 학생들에게 가르쳐야 할지를 늘 고민하게 되었다. 박사학위논문은 원제국 중기와 후기의 정치사를 소재로 삼아 썼기 때문에 박사학위를 가지고 있다고는 해도 중국사의 전체적인 흐름에 대한 지식과 식견에서까지 '박사'라고 할 수는 없었다. 그러다보니 강의를 준비하면서 새롭게 중국사 개설 혹은 통사(通史)를 공부해야만 했다. 그래서 강의 준비를 위해 필요한 교재 성격의 자료와 학생들에게 참고문헌으로 소개할만한 것들을 도서관에서 찾아내 훑어보는 또 다른 공부에 시간을 투자했다.

중학교의 『역사』 교과서, 고등학교의 『세계사』와 『동아시아사』

교과서부터 시작하여 기존에 출간된 여러 중국사 개설서들을 참고하면서 살펴보니 개설서는 시간이 조금만 지나도 수정하거나 보완해야 할 부분이 생길 수밖에 없다는 것을 절감했다. 세계의 학계에서 중국사 관련 연구 성과들이 대량으로 쏟아져 나오고 있고, 그 성과들을 통해 기존의 지식이나 관점에 새로운 변화들이 계속 생겨나고 있기 때문이다. 개설서나 교과서는 이러한 최신 경향들을 최대한 충실히 반영할 필요가 있으므로 시중에 꽤 많은 중국사 개설서들이 출간되어 있다는 것은 그리 놀라운 일이 아니다.

다만 이렇게 많은 중국사 통사 서적들 중 어떤 것을 교재 혹은 참고서적으로 정할 것인가는 매우 어려운 문제였다. 연구자의 입장에서 바라본 개설서와 중국사를 배우는 학생들의 입장에서 바라본 개설서가 갖추어야 할 수준이나 내용에 큰 차이가 생기고 있었기 때문이다. 그래서 중국사 교양 강의에서 다룰 수 있는 책은 중국사의 흐름을 전반적으로 명료하게 제시하면서 그 흐름에 가장 큰 영향을 미친 사건들을 유기적으로 연결하여 서술한 것이어야 한다는 생각이 들었다. 그리고 중요하다고 여겨지는 것들을 이리저리 다 서술하면서 분량이 많아진 책은 될 수 있으면 피해야겠다고 생각했다. 이렇게 범주를 좁히다보니 해당되는 좋은 책들이 눈에 들어왔고, 한국의 연구자들이 출간한 개설서들이 훌륭한 구성과 내용을 갖추고 있다는 것을 새삼 느끼게 되었다.

그런데 왜 좋은 책들이 많다고 하면서『중국의 역사』라는 이 책을 굳이 또 번역했는가? 여기에는 나름대로의 이유가 있다. 원서의 저자인 키시모토 미오는 중국의 명·청 제국 시대 역사를 전공한 학자로『청대 중국의 물가와 경제변동』,『명청교체와 강남사회』,『1571년: 은의 대유통과 국가통합』,『명말청초 중국과 동아시아 근세』등의 저서들을 출간하면서 세계의 명·청 제국사 연구를 이끌고 있다. 이렇게 꾸준히 연구 저서들을 펴내면서도 동시에 중국사 개설서, 세계사 개설서 등의 집필에도 다른 연구자들과 함께 공동으로 참여하여 많은 책을 출간했다. 우리나라에도 이미 키시모토 미오가 집필에 참여한 책들 중『조선과 중국 근세 오백년을 가다』,『현재를 보는 역사, 조선과 명청』,『동아시아 속의 중국사』,『동아시아의 근세』등이 번역되어 있을 정도로 그의 저술은 이미 그 가치를 인정받았다. 그렇게 오랜 세월에 걸쳐 개설서의 공동 집필에 힘써왔던 키시모토 미오가 2015년에 단독으로 출간한 중국사 개설서가 바로『중국의 역사』인 것이다. 오랜 경험과 학문성과를 바탕으로 축적된 중국사 개설서 집필의 노하우가 담긴 이 책의 번역을 시도한 첫 번째 이유는 바로 키시모토 미오의 업적이 가진 이러한 성격 때문이다.

이 책을 번역한 두 번째 이유는 이 책 자체가 가지고 있는 특성에 있다. 이 책은 키시모토 미오가 오랫동안 개설서 집필에 참여하면서 저술된 내용들에 수정과 보완이 가해져서 만들어진 것으로, 앞서 언급했듯이 시시때때로 업그레이드가 이루어져야 하는 중국사 개설서의 의무를 비교적 충실히 수행한 책이라고 평가할 수 있다. 2003년에 키시모토 미오가 하마구치 노부코와 공동으로 집필한 『동아시아 속의 중국사』에서 서술된 내용들이 바탕이 되어 2007년에는 키시모토 미오 단독으로 『중국사회의 역사적 전개』라는 중국사 교재를 출판했고, 이것이 2015년에 『중국의 역사』라는 제목의 문고판으로 출간되면서 또 다시 수정·보완, 내용 추가 등의 작업이 진행되었다. 이렇게 계속 업그레이드의 과정을 거쳐서 탄생한 이 책을 번역하게 되면, 어느 한 일본인 학자가 중국사 개설서를 오랫동안 다듬어 왔던 행적을 추적해볼 수 있겠다는 생각이 들어 번역을 하게 된 것이다.

이 책을 번역하는 과정에서 가장 큰 도움을 받았던 책이 있다. 바로 『동아시아 속의 중국사』라는 책이다. 키시모토 미오가 하마구치 노부코와 공동으로 집필했던 이 책은 2015년에 이화여자대학교 사학과 정혜중 선생님의 작업을 거쳐 한글 번역본이 출간되었고, 『중국의 역사』는 이 책의 내용을 기본 바탕으로 하여 수정·보완 등이 이루어졌기 때문에 두 책을 비교하면서 어느 부분이 수정, 첨가되었는지를 파악할 수 있었던 것이다. 개설서의 꾸준한 업그레이드를 위해 늘 최신 연구 동향을 주시해야만 하는 부지런함이 반드시 필요하다는 점을 이 책의 번역을 통해서 새삼 느끼지 않을 수 없었다. 그래서 중국사의 전반적인 흐름을 공부해보겠다고 시작한 번역이었는데, 번역을 마치고나니 해야 되는 공부가 더욱 많아지게 되었던 셈이다.

이제 이 책의 번역 과정에서 도움을 받았던 분들에게 감사의 인사를 드리고자 한다. 우선 중국사 개설서를 번역하거나 집필하신 한국학계의 수많은 중국사 연구자 선생님들께 감사드린다. 각종 개설서들을 훑어보면서 개설서가 갖추어야 할 내용과 구조를 흥미롭게 비교해 볼 수 있었기 때문이다. 특히 『동아시아 속의 중국사』를 번역하신 이화여자대학교 정혜중 선생님께는 더 큰 감사의 말씀을 드려야 할 것 같다. 정혜중 선생님의 번역본을 통해 키시모토 미오의 중국사 개설서에 드러난 관점들을 더욱 분명하게 확인할 수 있었기 때문이다. 그리고 옮긴이가 진행하는 중국사 개설 강의를 듣고 귀중한 질문과 제언을 해 준 고려대학교, 이화여자대학교 학생들에게도 진심으로 감사의 말씀을 드린다. 이 책을 번역하려는 마음을 가지게 된 것도 학생들을 대상으로 한 강의에서 비롯된 것이었기 때문이다. 그리고 이 책의 번역 출간을 흔쾌히 허락해주신 도서출판 온샘의 신학태 대표님께도 감사의 말씀을 드리고, 책의 교정과 편집에 힘써주신 관계자 여러분들께도 감사의 인사를 올린다.

옮긴이가 지금까지 출간한 여러 번역서들에서 늘 빼놓지 않고 감사의 말씀을 드리는 분은 바로 부모님이다. 오랜 시간을 투자해야 하는 공부에 매달리는 자식을 끊임없이 응원하고 지원해

주셨기 때문에 이 번역 작업을 포함하여 여러 성과들을 출간할 수 있었기 때문이다. 부모님의 사랑과 인내에 고개 숙여 감사드린다.

중국사에 관심이 있으신 분들, 중국사의 전체적인 흐름을 공부하고자 하는 학생들에게 이 책이 조그만 도움이라도 된다면 그것만큼 기쁜 일이 없을 것이다. 그리고 옮긴이가 이 책을 번역하면서 생각했던 또 다른 방향의 중국사 공부에도 흥미를 잃지 않고 키시모토 미오처럼 꾸준히 관심을 기울일 수 있도록 노력해야겠다는 다짐도 감히 해 본다.

2022년 7월
옮긴이 권용철

중국역사연표

기원전 1700년경	은(殷)이 왕조를 개창함.
기원전 1070년경	주(周)가 왕조를 개창함.
기원전 770	주가 낙양으로 천도(동주東周). 춘추시대 시작.
기원전 679	제(齊)나라의 환공(桓公)이 처음으로 패자(霸者)가 됨.
기원전 551	공자가 태어남.
기원전 403	전국시대 시작.
기원전 359	진(秦)나라에서 상앙(商鞅)의 제1차 개혁이 시행됨.
기원전 221	진왕 정(政, 시황제)이 천하를 통일(진 제국)하고, 군현제를 시행.
기원전 214	만리장성 건설을 시작함.
기원전 213	분서(焚書)를 명령하고, 이듬해에는 갱유(坑儒)를 시행.
기원전 209	진승(陳勝), 오광(吳廣)이 거병. 유방, 항우 등도 반란을 일으킴. 이때 흉노에서 묵돌선우가 즉위함.
기원전 207	진 제국이 멸망함.
기원전 202	항우가 패사하고, 유방이 제위에 오름(한 제국). 장안을 수도로 삼음.
기원전 195	고조 유방이 죽고, 여후(呂后)의 전제(專制)가 시작됨(~ 기원전 180).
기원전 154	오, 초 등 7개 제후국이 반란을 일으켰다가 평정됨.
기원전 140	이때 무제가 장건(張騫)을 서역에 파견함.
기원전 129	장군 위청(衛靑)이 흉노를 토벌함(1차 토벌).
기원전 127	한 제국이 '추은령'을 발포함.
기원전 119	소금, 철을 전매하고 오수전(五銖錢)[1]을 제정함.
기원전 108	한반도에 한의 사군을 설치함.
기원전 106	최초로 주의 자사(刺史)를 배치함.
기원후 8	왕망이 황제가 되어 국호를 신(新)으로 정함.
18	적미(赤眉)의 난이 일어남.
25	유수(劉秀, 광무제)가 즉위하면서 후한 제국이 시작됨.
57	후한이 조공하러 온 노국(奴國)을 책봉함.
68	이때 불교가 중국에 전래됨.

73	명제(明帝)가 반초(班超)를 서역에 파견함.
184	황건(黃巾)의 난이 일어남.
220	조조(曹操)의 아들 조비(曹丕)가 위(魏)를 건국하면서 후한이 멸망함.
221	유비(劉備)가 촉(蜀)을 건국함.
222	손권(孫權)이 오(吳)를 건국함. 삼국시대 시작.
239	히미코, 최초의 견위사(遣魏使)를 보냄.
265	위의 권신 사마씨 일족인 사마염(司馬炎)이 진 제국(서진)을 세우고 263년에 멸망했던 촉, 280년에 멸망했던 오를 병합하며 천하를 통일함.
268	서진 제국이 태시율령(泰始律令)을 공포함.
280	서진 제국이 점전(占田), 과전(課田)의 법²을 시행함.
300	서진에서 팔왕(八王)의 난이 일어남(~ 306).
304	흉노의 유연(劉淵)이 산서(山西)에서 한(漢, 이후 전조前趙로 개칭)을 세움(~ 329). 오호십육국 시대(~ 439) 시작.
310	서역의 승려 불도징(佛圖澄)이 낙양에 옴.
313	고구려가 낙랑군을 멸망시킴.
316	한(전조)의 유요(劉曜)가 서진을 멸망시킴(영가永嘉의 난).
317	서진 황실의 일족인 사마예(司馬睿)가 건강(建康, 현재의 남경)에 도읍을 정하고 동진 제국을 세움.
386	선비족 탁발규(拓跋珪, 도무제)가 북위 제국을 세움. 북조(北朝)의 시작.
399	승려 법현(法顯)이 구법(求法)을 위해 인도로 감.
401	구자(龜玆)에서부터 후진(後秦)의 장안에 왔던 인도계 승려 구마라습(鳩摩羅什)이 경전 번역을 시작함.
413	동진에서 토단법(土斷法)³을 시행함.
420	동진이 멸망하고, 유유(劉裕, 무제)가 송(宋)을 세움. (남조: 송, 제, 양, 진)
439	북위가 장강 이북을 통일함.
460	북위의 대동(大同)에서 운강(雲崗) 석굴사원이 조영되기 시작함.
478	왜왕 무(武)가 송과 통교함.
485	북위에서 균전법(均田法)을 발포함.
494	북위가 낙양으로 천도함. 북위에서 용문(龍門) 석굴사원이 조영되기 시작함.

524	북위에서 육진(六鎭)의 난이 일어남.
550	이때 서위(西魏)에서 부병제(府兵制)를 시행함.
552	몽골 고원의 돌궐이 처음으로 통일을 이룩함(제1가간국).
581	서위의 대장군의 아들로, 북주(北周)의 수왕(隋王)인 양견(楊堅, 문제)이 수 제국을 세움.
583	수가 대흥성으로 천도함. 돌궐이 동, 서로 분열됨.
587	수 제국이 과거제를 시작함.
589	수 문제가 남조의 진(陳)을 멸망시키고 천하를 통일함.
607	일본이 견수사(遣隋使)를 파견함.
610	대운하가 완성됨.
612	고구려 침략에 착수하지만, 결국 실패로 끝남.
618	수가 멸망하고, 당 제국이 건국됨.
624	당 제국이 균전법, 조용조법을 시행하기 시작함.
626	고조(이연)가 퇴위하고, 태종(이세민)이 즉위함(정관의 치).
628	현장이 구법을 위해 인도로 떠남.
630	동돌궐이 당에 항복하고, 당의 기미정책에 복종함(~ 679). 일본이 견당사(遣唐使)를 파견하기 시작함(~ 894).
645	고구려를 침략(~ 649)했으나 실패함. 일본에서는 다이카(大化) 개신(改新)이 시행됨.
663	백촌강(白村江) 전투. 일본이 당과 신라의 군대에 패배함.
668	고구려가 멸망함(안동도호부가 설치됨).
671	승려 의정(義淨)이 구법을 위해 바닷길로 인도에 감(~ 695).
682	돌궐이 당의 지배에서 벗어나 제2가간국 시대(~ 744)에 진입함.
690	측천무후가 제위에 올라 국호를 주(周)라고 함.
698	발해가 건국됨.
710	하서절도사가 설치되고, 721년까지 변경에 10명의 절도사가 배치됨. 일본은 헤이조쿄로 천도함.
712	현종이 쿠데타에 성공하여 군주 권력을 회복함(측천무후, 위황후, 태평공주의 전권이 종결됨).
722	부병제가 붕괴됨.
744	위구르가 돌궐 제2가간국을 멸망시킴.

745	현종이 양귀비를 총애함.
751	당 제국 군대가 탈라스 강변에서 아바스 왕조의 군대에게 대패함.
755	안녹산이 반란을 일으키고(안사의 난), 내지에 절도사가 설치됨.
780	양세법을 시행함.
875	황소의 난(~ 884)이 일어남.
907	절도사 주전충이 당 제국을 멸망시키면서 오대십국의 분열기에 진입함.
916	거란의 야율아보기가 '대거란'국 황제를 칭함(947 ~ 983, 1066 ~ 1125 년에는 국호를 '요'라고 칭함).
918	신라 말기의 동란 속에서 왕건이 고려를 건국함(태조).
926	거란이 발해국을 멸망시킴.
935	신라가 고려에 합병됨.
936	오대의 후진이 거란에 연운십육주를 내어줌.
960	후주의 금군을 거느리던 조광윤이 송(북송)을 건국함(태조).
968	베트남이 독립하여 정조(丁朝)가 시작됨.
979	송 제국이 남방의 10국을 평정(978)한 이후, 대략 통일을 완성함.
1004	송 제국이 거란(요)과 전연의 맹약을 체결함.
1038	탕구트족의 이원호가 서하('대하'라고 자칭)를 건국함.
1069	왕안석의 신법이 실시됨(~ 1085).
1115	여진의 완안아골타가 금을 건국함.
1125	금이 요를 멸망시킴.
1127	북송이 금에 의해 멸망하고, 황족 조구(趙構)가 화중과 화남 지역에서 송을 부흥함(남송).
1132	이때에 야율대석이 서요(西遼)를 건국함.
1149	금에서 해릉왕의 쿠데타가 일어남.
1190	주자가 사서(四書)를 선정함.
1192	일본에서 가마쿠라 막부가 성립됨.
1206	몽골 고원에서 테무진이 통일을 이룩하고, 칭기스 칸이라는 이름을 취함.
1219	칭기스 칸이 서방으로 대원정을 시작함.
1227	몽골이 서하를 멸망시킴. 칭기스 칸이 사망함.

1234	몽골이 금을 멸망시킴.
1256	고려가 몽골에 항복함.[4]
1258	훌레구의 군대가 바그다드를 공략함.
1260	쿠빌라이가 내몽골의 개평부(훗날의 상도)에서 즉위함. 이듬해부터 남송을 공격함. 몽골의 서방 원정군이 맘루크 군대에게 패배함.
1271	마르코 폴로가 동방으로 여행을 떠나 쿠빌라이 휘하에서 복무하다가 1295년에 귀국함. 쿠빌라이(세조)가 국호를 대원(大元)으로 정하고, 이듬해 중도(中都)인 연경(燕京, 현재 북경)을 대도(大都)로 정함.
1274	원의 일본 침공(문영文永의 역役).
1276	원이 남송을 공략하여 임안(臨安)에 무혈입성함.
1294	몬테 코르비노가 대도에 와서 주교가 됨(1328년 사망).
1342	이 무렵부터 황하의 범람이 계속됨.
1351	백련교도의 반란이 일어나 홍건(紅巾)이라 칭함.
1367	주원장이 군웅 장사성, 방국진과의 전투에서 승리함.
1368	주원장이 명 제국을 응천부(현재의 남경)에서 개창함(태조 홍무제).
1380	호유용의 옥이 일어남. 중서성을 폐지함.
1381	이갑제를 시행하고, 부역황책을 제작함. 해외무역을 엄격히 단속하는 해금을 시행함(~ 1567).
1392	이성계가 고려를 멸망시키고 왕위에 오름(조선왕조).
1399	연왕(燕王)이 북평(北平)에서 거병함(정난의 역, ~ 1402).
1404	명과 일본 사이에 감합무역이 시작됨.
1405	정화의 함대가 동남아시아, 인도양으로 원정을 시작함(1433년까지 7회 원정).
1421	영락제가 북경으로 천도함.
1429	쇼하시(尚巴志)가 류큐의 삼산(三山)을 통일함.
1449	서몽골의 오이라트가 강성해지면서 정통제가 포로가 됨(토목의 변).
1530년경	이 무렵부터 일본의 은이 대량으로 밀수됨(후기 왜구).
1540년경	이 무렵부터 일조편법이 실시되고, 재정이 개혁됨.
1550	몽골 군대가 북경을 포위함. '북로남왜'의 문제가 심각해짐.
1557	포르투갈이 마카오에서 거류권을 획득함.
1571	명과 몽골의 화의가 성립함.

1582	마테오 리치가 마카오에 도착하여 중국에서 포교활동에 들어감.
1616	누르하치가 여진을 통합하여 즉위하고 후금의 한이라고 칭함. 팔기제도를 정비함.
1636	홍타이지(태종)가 대원전국(大元傳國)의 옥새를 입수하고 국호를 청으로 고침.
1638	청이 이번원을 설치함.
1644	이자성이 북경을 공략하여 명을 멸망시킴. 오삼계는 청의 군대를 이끌고 화북으로 침입하여 청의 군대가 북경에 입성해 청이 중국의 제국이 됨.
1673	삼번의 난이 일어남(~ 1681).
1683	대만에 근거하고 있던 정성공 일족이 평정됨.
1689	청이 러시아와 네르친스크 조약을 체결함.
1697	강희제가 갈단의 군대를 격파하여 외몽골에서 청의 패권을 수립함.
1720	청의 군대가 티베트로 출병하여 준가르 군대를 쫓아냄.
1723	기독교를 금지하고 탄압함.
1727	러시아와 캬흐타 조약을 체결함.
1729	옹정제가 『대의각미록』을 반행(頒行)함.
1757	서양 여러 국가와의 해외무역 장소를 광주로 제한함.
1759	청의 군대가 동투르키스탄을 평정함.
1793	영국의 사절 매카트니가 열하에서 건륭제를 알현함.
1796	백련교도의 난이 일어남(~ 1801).
1813	아편의 사무역을 금지함.
1834	영국 본국이 동인도회사의 대중국 무역 독점을 폐지함.
1840	6월 아편전쟁이 시작됨. 청이 열세에 놓임. 8월 대고(大沽)에서 교섭이 이루어짐.
1841	5월 전투가 재개됨. 평영단(平英團)이 삼원리(三元里)에서 투쟁함. 10월 임칙서가 파면됨.
1842	8월 남경조약이 조인됨. 위원이 『해국도지』를 완성함.
1843	7월 영국과 다섯 항구 통상장정을 체결함. 10월 호문채(虎門寨) 추가조약을 체결함.
1844	7월 미국과 망하(望廈)조약을 체결함. 10월 프랑스와 황포(黃埔)조약을 체결함.
1850	8월 상해에서 『노스 차이나 해럴드』가 발간됨.

1851	태평천국운동이 시작됨. 금전촌(金田村)에서 기의함.
1853	3월 태평천국이 남경을 점령함. 천조전무제도를 공포함. 증국번이 상군(湘軍)을 편성함.
1856	태평천국의 내홍이 시작됨. 10월 애로호사건으로 제2차 아편전쟁이 시작됨.
1857	영국, 프랑스 군대가 광주를 점령함.
1858	5월 러시아와 애혼(愛琿)조약을 조인함. 6월 4개국과 천진조약을 조인함.
1860	10월 영국, 프랑스 연합군이 북경에 입성함. 원명원이 불에 타서 파괴됨. 북경조약을 조인함.
1861	1월 총리아문을 설립함. 11월 동치제가 즉위하여 서태후가 동태후와 수렴청정을 시행함. 『상해신보(上海新報)』가 발간됨.
1862	태평천국의 군대가 상해 공격에 실패함. 회군(淮軍)이 상승군(常勝軍)과 협력함.
1863	상해의 공동조계가 성립됨.
1864	7월 상군 등이 남경을 포위하고 태평천국이 멸망함. 『만국공보(萬國公報)』가 발간됨.
1865	염군이 하남, 산동에서 활동함(~ 1868). 9월 상해에서 강남제조국이 설립됨.
1868	일본에서 메이지 유신이 행해짐.
1871	9월 청일수호조규를 조인함.
1874	4월 일본이 대만에 출병함. 청과 화약을 맺고 12월에 철수함.
1875	1월 동치제가 사망하고 광서제가 즉위함.
1878	7월 개평광무국(開平礦務局)이 설립됨.
1881	10월 러시아와 이리조약을 조인함.
1884	8월 청불전쟁 11월 신강성을 설치함. 12월 조선에서 갑신정변이 일어나 청, 일본이 모두 출병함.
1885	6월 프랑스의 베트남 보호권을 승인함.
1886	7월 영국의 미얀마 보호권을 승인함. 11월 천진에서 『시보』(時報)가 발간됨.
1888	11월 강유웨이가 변법자강을 상주함.
1889	광서제의 친정이 시작됨.

1890	황준헌(黃遵憲)이 『일본국지(日本國志)』[5]를 간행함.
1891	정관응(鄭觀應)이 『성세위언(盛世危言)』[6]을 간행함.
1894	3월 조선에서 갑오농민전쟁이 일어남. 8월 청일전쟁이 시작됨. 11월 쑨원이 흥중회(興中會)를 조직함.
1895	4월 시모노세키 조약을 조인함. 5월 캉유웨이의 공거상서.
1896	1월 캉유웨이 등이 『강학보(强學報)』를 발간함. 6월 러시아에게 동청철도 부설권을 넘겨 줌. 8월 량치차오 등이 『시무보(時務報)』를 발간함.
1897	10월 옌푸(嚴復) 등이 『국문보(國聞報)』를 발간함. 11월 독일이 교주만을 점령함. 12월 러시아가 대련, 여순을 점령함.
1898	3월 러시아가 대련, 여순을 조차함. 6월 변법유신의 상유가 내려짐. 9월 변법유신이 실패함. 7월 경사대학당이 설치됨. 12월 량치차오가 요코하마에서 『청의보(淸議報)』를 발간함.
1899	9월 미국이 중국에게 문호개방을 제안함. 11월 프랑스가 광주만을 조차함.
1900	6월 의화단을 상대하여 8개국 연합군이 공동으로 출병함.
1901	1월 신정(新政)의 조서를 내림. 9월 신축조약(북경의정서)을 조인함. 11월 위안스카이가 직예총독, 북양대신에 취임함.
1902	1월 영일동맹이 조인됨. 2월 량치차오가 요코하마에서 『신민총보(新民叢報)』를 발간함. 6월 천진에서 『대공보(大公報)』가 발간됨.
1903	5월 쩌우룽(鄒容)이 『혁명군(革命軍)』을 출판함. 9월 상부(商部)가 설립되어 실업(實業)을 진흥함. 11월 황싱(黃興), 쑹자오런(宋敎仁)이 화흥회(華興會)를 설립함.
1904	2월 러일전쟁(~ 1905), 청 제국 정부는 국외(局外) 중립을 발표함. 10월 차이위안페이(蔡元培)가 광복회를 설립함.
1905	5월 미국에 대한 보이콧 운동이 일어남. 7월 다섯 명의 대신을 구미 여러 국가로 파견함(출국은 12월). 8월 쑨원 등이 중국동맹회를 결성함. 9월 러시아, 일본이 포츠머스 조약을 조인함. 과거제를 폐지함. 11월 『민보(民報)』가 발간됨. 일본이 청의 유학생을 단속하는 규칙을 공포함.

1906	9월 청 제국에서 입헌을 준비하는 상유를 내림. 12월 중국동맹회의 봉기가 실패함.
1907	1월 추진(秋瑾)이 『중국여보(中國女報)』를 발간함. 7월 추진이 체포되어 처형됨.
1908	9월 흠정헌법대강(欽定憲法大綱)을 공포함. 11월 광서제가 사망하고, 서태후도 사망함. 12월 선통제가 즉위함.
1909	10월 각 성에 자의국(諮議局)이 설립됨.
1910	1월 입헌파가 국회의 조기 개설을 위한 청원운동을 실시함. 5월 산동 내양(萊陽)에서 농민들이 봉기함. 10월 자정원(資政院)이 설립됨.
1911	4월 황화강(黃花崗)에서 봉기가 일어남. 5월 철도국유령을 공포함. 6월 사천에서 보로(保路)운동이 일어남. 10월 무창의 기의로 각 성이 독립함. 신해혁명. 12월 남경에서 17성 대표회의가 열려 쑨원을 중화민국 임시대총통으로 선출함.
1912	1월 중화민국 임시정부가 수립되고, 쑨원이 임시대총통에 취임함. 2월 선통제가 퇴위하면서 청 제국이 멸망함. 3월 위안스카이가 임시대총통에 취임함. 중화민국 임시약법을 공포함. 8월 국민당이 성립함. 12월 국회의원 선거가 실시됨.
1913	3월 쑹자오런이 암살됨. 4월 선후대차관(善後大借款)[7]을 체결함. 7월 제2혁명이 일어남. 10월 영국, 독일 등 13개국이 중화민국을 승인함.
1914	5월 신약법을 공포함. 7월 제1차 세계대전이 시작됨.
1915	1월 일본이 중국에 대해 21개조를 요구함. 9월 신문화운동이 전개됨. 12월 위안스카이에 의한 황제 정치(~ 1916년 3월)가 이루어짐. 제3혁명이 일어남.
1916	6월 위안스카이가 사망하고 리위안훙(黎元洪) 대총통과 단치루이 내각이 옛 약법과 옛 국회를 회복시킴.
1917	7월 장쉰(張勳)의 복벽(復辟)이 실패로 끝남. 8월 쑨원이 광동군정부를 조직함. 9월 호법전쟁(護法戰爭)[8]이 일어남. 11월 러시아 혁명이 일어남.

1918	1월 윌슨이 14개 조항을 제시함. 소련과의 불평등조약을 파기함. 11월 제1차 세계대전이 종결됨.
1919	1월 파리 강화회의가 열리고 6월에 베르사유 조약이 맺어지면서 종결됨. 5월 ○○이 일어남. 7월 제1차 카라한 선언이 발표됨.
1920	7월 안직전쟁(安職戰爭)에서 직예파가 승리함. 9월 제2차 카라한 선언이 발표됨.
1921	7월 중국공산당이 창립됨. 11월 워싱턴 회의(~ 1922).
1922	4월 제1차 봉직전쟁(奉職戰爭)에서 직예파가 승리함.
1923	2월 2·7사건이 일어남. 9월 일본에서 관동대지진이 일어남.
1924	1월 제1차 국공합작(~ 1927년 7월). 11월 쑨원이 북상을 선언하며 국민회의 운동을 호소함.
1925	3월 쑨원이 사망함. 5월 5·30운동이 일어남. 7월 광동국민정부가 성립됨. 11월 국민당 우파인 서산회의파가 형성됨.
1926	7월 북벌이 시작됨(~ 1928년 6월).
1927	2월 무한국민정부가 성립됨. 4월 4·12쿠데타가 일어남. 남경국민정부가 성립됨. 10월 정강산의 근거지가 건설됨.
1928	6월 북벌 군대가 북경에 입성함. 장쭤린이 폭살됨. 7월 공산당 소비에트혁명 노선이 결정됨. 10월 훈정대강(訓政大綱)이 발표됨. 12월 국민당에 의해 전국이 통일됨.
1931	5월 훈정시기 약법이 채택됨. 9월 만주사변(9·18)이 일어남. 11월 중화소비에트공화국이 수립됨.
1932	1월 상해사변이 일어남. 3월 만주국이 수립됨. 10월 리튼 보고서가 공표됨.
1933	1월 일본이 화북으로 침공함. 독일에서는 나치 정권이 탄생함. 3월 일본이 국제연맹에서 탈퇴함. 5월 당고(塘沽) 정전협정이 체결됨.
1934	2월 장제스가 신생활운동을 제창함. 10월 장정(~ 1935년 10월)이 시작됨.

1935	1월 준의회의(遵義會議)[9]가 열림. 8월 8·1선언이 발표됨. 11월 화폐제도를 개혁함. 12월 기찰정무위원회(冀察政務委員會)가 수립됨.
1936	2월 전국 각계의 구국연합회가 성립됨. 12월 서안사변이 일어남.
1937	7월 노구교사건으로 중일전쟁이 시작됨. 9월 항일민족통일전선이 결성됨. 10월 국민정부가 중경으로의 천도를 결정함.
1939	9월 제2차 세계대전이 시작됨(~ 1945).
1940	3월 왕징웨이가 남경에서 국민정부를 수립함. 9월 일본, 독일, 이탈리아의 삼국동맹이 조인됨.
1941	4월 일본과 소련이 중립조약을 조인함. 12월 태평양전쟁이 시작됨.
1942	10월 영국과 미국이 불평등조약 폐지를 선언함(1943년 1월에 조인)
1945	2월 얄타회담이 열림. 8월 일본이 무조건 항복하고, 제2차 세계대전이 종결됨. 10월 쌍십협정이 성립됨.
1946	1월 국민당과 공산당의 정전협정이 성립됨. 5월 5·4지시[10]가 내려짐. 여름에 국공내전이 시작됨.
1947	9월 인민해방군이 총반격을 선언함. 10월 중국토지법대강을 공포함.
1948	8월 대한민국이 성립됨. 9월 조선민주주의인민공화국이 성립됨.
1949	4월 인민해방군이 남경에 입성함. 9월 중국인민정치협상회의가 개최됨. 10월 중화인민공화국이 성립됨. 12월 국민정부가 대만으로 도피함.
1950	2월 중소우호동맹상호원조조약이 조인됨. 5월 혼인법을 공포함. 6월 토지개혁법을 공포함. 10월 한국전쟁에 의용군을 파견함.
1953	농업의 집단화를 시작함. 8월 과도기의 총노선을 지시함. 혼인법 관철운동이 일어남. 제1차 5개년 계획을 실시함.
1954	9월 제1기 중국인민대표대회 1회 회의가 열림. 중화인민공화국 헌법을 채택하여 공포함.

1956	4월 백화제방, 백가쟁명을 제창함. 9월 중공 제8회 당대회에서 고급합작사화로의 정책을 발표함.
1957	6월 반우파투쟁(~ 1958)이 일어남. 11월 마오쩌둥이 '동풍은 서풍을 압도한다'는 의견을 말함.
1958	5월 대약진운동이 시작됨. 8월 인민공사가 설립되고, 철강의 대대적 증산 등을 결의함.
1959	4월 류사오치를 국가주석으로 선임함. 중·소대립이 격화됨. 자연재해가 발생함.
1960	중·소논쟁이 지속됨. 자연재해가 계속됨.
1961	1월 경제조정정책을 결정함. 7월 소련과 북한이 우호협력상호원조조약을 체결함.
1963	5월 사회주의교육운동이 일어남. 사청운동[11]이 일어남.
1965	1월 마오쩌둥이 당 내부에서 자본주의의 길을 걷는 실권파를 언급함.
1966	5월 마오쩌둥이 5·7지시를 내림. 홍위병 운동이 일어남. 10월 류사오치 등이 자기비판을 함.
1967	1월 탈권투쟁이 일어나고, 군대가 개입함. 2월 상해 코뮌이 수립됨. 각지에서 무장 투쟁이 일어남.
1968	9월 전국에 혁명위원회가 수립됨. 10월 공산당이 류사오치를 제명함. 12월 하방 운동이 실시됨.
1969	3월 중·소 국경에서 무력 충돌이 각지에서 지속됨.
1971	9월 린뱌오가 쿠데타에 실패하고 사망함. 10월 중국이 국제연합에 복귀함.
1972	2월 닉슨 미국 대통령이 중국을 방문하여 공동성명을 발표함. 9월 중국과 일본의 국교 정상화가 이루어짐.
1973	4월 덩샤오핑이 부총리로 복귀함.
1975	1월 신헌법을 공포함. 4개 근대화를 제시함.
1976	1월 저우언라이가 사망함. 4월 제1차 천안문사건이 일어남. 덩샤오핑이 해임되고, 화궈펑(華國鋒)이 수상으로 취임함. 9월 마오쩌둥이 사망함. 10월 4인방이 체포됨.
1978	8월 중국과 일본이 평화우호조약에 조인함. 12월 중공 제11기 3중전회에서 개혁개방노선을 결정함. 문화대혁명이 종결됨.

1979	1월 미국과 중국의 국교가 수립됨. 명예회복이 이루어짐. 한 자녀 정책이 실시됨.
1980	5월 경제특구가 결정됨. 8월 자오쯔양(趙紫陽)이 수상으로 취임함.
1981	1월 4인방의 재판이 진행됨. 6월 '역사결의'를 채택함. 후야오방(胡耀邦)이 당 주석으로 취임함(1982년 4월부터는 총서기).
1982	9월 당 대회에서 사회주의 현대화 정책을 제기함. 11월 신헌법을 채택하여 공포함.
1985	6월 인민공사를 해체함. 향, 진 정부가 수립됨.
1986	9월 4개의 기본원칙을 견지함. 12월 민주화를 요구하는 학생 운동이 일어남.
1987	1월 후야오방 총서기가 사임함. 10월 사회주의 초급단계론이 제기됨.
1989	4월 후야오방이 사망하자 추도대회가 일어나고, 민주화 요구의 목소리가 높아짐. 5월 중·소 관계가 정상화됨. 6월 제2차 천안문사건이 일어남. 서방에 의해 인권탄압이라는 비난을 받고 경제적 제재를 당함. 장쩌민이 총서기가 됨. 11월 베를린 장벽이 붕괴됨.
1990	1월 계엄령이 해제됨. 7월 적극적 외교를 전개함. 8월 인도네시아와 국교를 회복함. 12월 '국민경제, 사회발전 10년 계획과 제8차 5개년 계획요강'이 발표됨. 최초의 증권거래소가 개업함.
1991	4월 대만이 국공내전의 종결을 선언함. 5월 장쩌민 총서기가 소련을 방문하여 동부의 국경협정을 조인함. 11월 '인권백서'를 발표함. 중국과 베트남의 관계가 정상화됨. 12월 소비에트 연방이 소멸됨.
1992	1월 덩샤오핑의 남순강화로 개혁개방이 가속화됨. 8월 한국과 중국의 국교가 수립됨. 10월 일본의 천황과 황후가 중국을 방문함. 제14회 당 대회에서 '사회주의 시장경제화'의 방침을 정함.
1993	3월 헌법을 개정함. 국영기업을 국유기업으로 바꿈. 장쩌민이 국가주석에 취임함. 4월 중국과 대만이 실무 교류 촉진을 합의함. 8월 반부패 투쟁을 발표함.

1994	1월 중국, 러시아, 몽골이 국경협정을 조인함. 9월 중국과 인도가 국경협정을 조인함. 12월 장강 중류의 삼협댐을 착공함.
1995	1월 장쩌민이 대만에 대한 '8항목제안'을 발표함. 6월 리덩후이가 미국을 방문한 것에 항의하여 주미대사를 소환함. 9월 홍콩입법의회 선거에서 민주파가 승리함. 중국이 대만해협에서 군사훈련을 함.
1996	5월 대만의 총통선거로 리덩후이가 취임함.
1997	2월 덩샤오핑이 사망함. 7월 홍콩의 주권을 회복함. 9월 제15회 당 대회에서 장쩌민 체제를 강화함. 10월 장쩌민 주석이 미국을 방문하여 전략적 파트너 관계를 확인함. 12월 미국, 중국, 한국, 북한 4개국이 협의함. 남아프리카가 중국과 국교를 수립하고 대만과 단교함.
1998	3월 주룽지(朱鎔基)가 수상에 취임함. 6월 클린턴 미국 대통령이 중국을 방문함. 7월 중국과 일본의 공산당이 관계를 정상화함. 11월 장쩌민 주석이 일본을 방문하여 역사 문제를 제기함.
1999	3월 헌법이 개정되고, 비공유경제를 승인함. 4월 주룽지 수상이 미국을 방문함, WTO 문제가 제기됨. 7월 오부치(小渕) 수상이 중국을 방문하여 중일관계의 중요성을 확인함. 파룬궁(法輪功)에 해산을 명령함. 10월 건국 50주년 기념식을 개최함. 12월 마카오가 반환되어 마카오 특별행정구정부가 성립됨.
2000	3월 서부대개발 판공실이 발족함. 5월 장쩌민 총서기가 '3개의 대표'에 의한 당 건설을 강조함. 9월 미국이 중국에 대해 최혜국대우를 공여하는 안건을 가결함. 11월 제5회 인구조사를 실시함.
2001	3월 제10차 5개년 계획요강이 채택됨. 7월 중국과 러시아가 우호조약을 체결함. 9월 미국에서 동시다발 테러가 발생함. 11월 중국이 WTO에 가입함.
2002	'남수북조'(南水北調)[12], '서기동수(西氣東輸)'[13] 등의 프로젝트를 착공함. 중일국교 정상화 30주년이 됨. 11월 제16회 당 대회에서 후진타오가 총서기로 취임하면서 지도부가 젊어짐. '3개의 대표'를 제기함.
2003	3월 미국과 영국이 이라크에 침공함. 4월 SARS(신형폐렴)가 중국, 대만 등에서 유행함(7월 무렵까지). 5월 장강의 삼협댐이 저수를 시작함. 10월 유인우주선 신주(神舟) 5호 발사가 성공함.

2004	9월 후진타오 총서기가 2003년 국가주석에 취임한 것에 이어 당 중앙 군사위원회 주석에 취임하면서 당, 국가, 군대 삼권의 최고 직위를 겸임함.
2005	고이즈미 수상의 야스쿠니 신사 참배 등을 이유로 중국과 일본 사이의 마찰이 커짐. 4월 일본이 국제연합 안보리 상임이사국에 가입하는 것 등에 반대하며 반일 데모가 중국 각지에서 빈발함. 대만 국민당의 렌잔(連戰) 주석과 중국의 후진타오 총서기가 회담함. 7월 인민폐가 절상(切上)되고, 관리변동상장제를 채용함.
2006	3월 전인대에서 경제격차 시정이 중점으로 여겨짐.
2008	3월 티베트자치구에서 폭동이 일어남. 5월 사천성에서 대지진이 일어남. 8월 북경 올림픽이 열림. 12월 영팔헌장이 발표됨.
2009	7월 신강위구르자치구에서 폭동이 일어남.
2010	5월 상해 만국박람회가 열림. 9월 센카쿠 제도에서 어선 충돌 사건이 일어남. 10월 류샤오보가 노벨평화상을 수상함. 이 해에 중국의 GNP가 일본을 추월하여 세계 2위가 됨.
2012	9월 센카쿠 문제를 계기로 반일 폭동이 일어남. 11월 시진핑 체제가 발족함.
2013	1월 미세먼지 문제가 심각해짐.
2014	3월 대만에서 해바라기학생운동이 일어남. 9월 홍콩에서 우산혁명이 일어남.

1 오수전은 전한 무제 시기에 처음으로 주조된 화폐로, 당 제국 초기에 폐지될 때까지 유통되었다.

2 서진은 한 제국 이래 지속된 권농정책의 일환으로 점전, 과전의 제도를 시행하였다. 점전은 토지의 소유를 제한하는 성격을 지닌 제도였고, 과전은 토지로부터 일정액의 세금을 징수하기 위한 성격의 제도였다. 이 두 제도는 이후 북위의 균전제 성립에 큰 영향을 끼쳤다.

3 토단법은 동진 및 남조 시기에 시행했던 호적 정리의 법이다. 화북에서부터 도망쳐 강남으로 온 백성들을 이전의 거주지인 화북 지역이 아닌 실제 거주지인 강남 지역으로 호적에 등재하여 조세를 늘리고 국가 권력을 강화하고자 했던 것이다.

4 고려가 태자를 보내 몽골에 항복의 의사를 전달한 것은 1256년이 아니라 1259년의 일이다.

5 황준헌이 일본에서 외교관으로 활동하면서 일본의 정치, 역사, 지리 등을 체계적으로 소개한 책이다. 또한, 우리에게 있어서 황준헌은 『조선책략』을 저술해 김홍집에게 전달했던 인물로 잘 알려져 있다.

6 청 제국 말기의 개혁론자인 정관응이 제국주의 열강으로부터 중국을 지키기 위해 언론, 산업, 법률 등의 여러 문제를 근대적으로 개혁해야 함을 주장한 책이다.

7 위안스카이가 5개국의 은행으로부터 거액의 차관을 국회의 동의 없이 빌린 것을 가리킨다.

8 돤치루이의 독선적인 행보 때문에 쑨원 및 남방의 군벌들이 연합하면서 일어난 내전이다.

9 공산당의 장정이 이루어지던 도중에 준의에서 개최된 중국 공산당 중앙정치국의 회의를 가리키는 것이다. 이 회의를 통해서 마오쩌둥의 권력은 더욱 공고해졌고, 이를 기반으로 장정을 이끌게 되었다.

10 공산당이 자신의 지배 지역에 반포한 명령으로, 일본에 협력한 지주의 토지를 몰수하여 농민에게 분배하는 정책이었다.

11 마오쩌둥에 대한 비판에 대응하여 일어난 사회주의 교육운동의 핵심운동이다. 사상 정화, 정치 정화, 조직 정화, 경제 정화를 내세우면서 공산당 내부의 부패와 관료 엘리트주의를 청산하고자 한 것이었고 이는 마오쩌둥이 류사오치 등 공산당 지도부를 공격하는 것이기도 했다.

12 남쪽의 물을 북쪽으로 운반하는 것을 가리킨다.

13 서부의 천연가스를 동부로 운송하는 것을 가리킨다.

참고문헌

*는 문고판을 만들 때에 추가한 것이다.
한글 번역본이 있는 책은 역자가 각주에 표시한 것이다.

개설서 (전반적인 것)

尾形勇·岸本美緒 編,『中國史(新版世界各國史 3)』, 山川出版社, 1998.
岩波講座『世界歷史』全29卷, 岩波書店, 1997~2000. 특히 3, 9, 11, 13,
      20, 23~28권.
『世界の歷史』全30卷, 中央公論社, 1996~1999. 특히 2, 6, 7, 9, 12, 19,
      25~30권.(* 中央公論社의 문고판은 2008~2010년에 출간)
宮崎市定,『中國史』上·下, 岩波書店, 1977·1978.(* 岩波書店의 문고판은
      2015년에 출간)[1]
松丸道雄 他 編,『世界歷史大系 中國史』全5卷, 山川出版社,
      1996~2003.
『中國の歷史』全12卷, 講談社, 2004~2005.
堀敏一,『中國通史』, 講談社學術文庫, 2000.

*『興亡の世界史』全21卷, 講談社, 2006~2010. 특히 2, 5, 8, 15, 17, 18권.
* 吉澤誠一郎 他,『歷史からみる中國』, 放送大學教育振興會, 2013.

개설서 (근현대)

姫田光義 他,『中國20世紀史』, 東京大學出版會, 1993.[2]

---

1   미야자키 이치사다 지음, 조병한 편역,『중국사』, 역민사, 1989; 미야자키 이치사
    다 지음, 조병한 옮김,『중국통사』, 서커스, 2016.
2   히메다 미쓰요시 외 지음, 김순호 옮김,『20세기 중국사』, 돌베개, 1995.

池田誠 他, 『圖說 中國近現代史』第2版, 法律文化社, 2002.

岩波講座 『現代中國』1 ~ 6, 別卷 1·2, 岩波書店, 1989·1990.

山田辰雄·渡邊利夫 監修, 『講座 現代アジア』1 ~ 4, 東京大學出版會, 1994.

東アジア地域研究會 編, 『講座東アジア近現代史』全6卷, 靑木書店, 2001.

毛里和子 他 編, 『現代中國の構造變動』1 ~ 8, 東京大學出版會, 2000·2001.

* 飯島涉·久保亨·村田雄二郎 編, 『シリーズ 20世紀中國史』全4卷, 東京大學出版會, 2009.

* 和田春樹 他 編, 『岩波講座 東アジア近現代通史』全11卷, 岩波書店, 2010 ~ 2011.

* 『叢書 中國的問題群』全12冊(2015년 5월 현재 9종의 책 발간), 岩波書店, 2009 ~

* 『シリーズ 中國近現代史』全6卷(2015년 5월 현재 5권까지 발간) 岩波新書, 岩波書店, 2010 ~ [3]

* 『日中關係史 1972 ~ 2012』I ~ Ⅳ, 東京大學出版會, 2012 ~ 2014.

연구동향, 연구입문 (전반적인 것)

山根幸夫 編, 『中國史研究入門』(增補改訂版) 上·下, 山川出版社, 1991·1995.

---

3 〈시리즈 중국근현대사〉는 5권까지 한국어로 번역 출간되었다. 1권은 요시자와 세 이이치로 지음, 정지호 옮김, 『중국근현대사 1 - 청조와 근대 세계 19세기』, 삼천 리, 2013. 2권은 가와시마 신 지음, 천성림 옮김, 『중국근현대사 2 - 근대국가의 모색 1894-1925』, 삼천리, 2013. 3권은 이시카와 요시히로 지음, 손승회 옮김, 『중국근현대사 3 - 혁명과 내셔널리즘 1925-1945』, 삼천리, 2013. 4권은 구보 도 루 지음, 강진아 옮김, 『중국근현대사 4 - 사회주의를 향한 도전 1945-1971』, 삼 천리, 2013. 5권은 다카하라 아키오, 마에다 히로코 지음, 오무송 옮김, 『중국근현 대사 5 - 개발주의 시대로 1972-2014』, 삼천리, 2015.

礪波護 他 編, 『中國歷史研究入門』, 名古屋大學出版會, 2005.

谷川道雄 編, 『戰後日本の中國史論爭』, 河合文化敎育硏究所, 1993.[4]

* 桃木至朗 編, 『海域アジア史研究入門』, 岩波書店, 2008.[5]

연구동향, 연구입문 (근현대)

小島晋治·並木賴壽 編, 『近代中國研究案內』, 岩波書店, 1993.

野澤豊 編, 『日本の中華民國史研究』, 汲古書院, 1995.

辛亥革命史硏究會 編, 『中國近代史研究入門 現狀と課題』, 汲古書院,
         1992.[6]

* 飯島涉·田中比呂志 編, 『21世紀の中國近現代史研究を求めて』, 研文出版, 2006.

* 岡本隆司·吉澤誠一郎 編, 『近代中國研究入門』, 東京大學出版會, 2012.

* 久保亨 編, 『中國經濟史入門』, 東京大學出版會, 2012.

자료집, 사전, 연표, 지도 등

『中國古典文學大系』全60卷, 平凡社, 1967~1975.

西順藏 編, 『原典中國近代思想史』1~6, 岩波書店, 1976·1977.

『原典中國現代史』1~8別卷, 岩波書店, 1995·1996.

山田辰雄 編, 『近代中國人名辭典』, 霞山會, 1995.

天兒慧 他 編, 『現代中國事典』, 岩波書店, 1999.

『近代日中關係史年表』, 岩波書店, 2005.

竹內實 編, 『中國近現代論爭年表』上·下, 同朋舍出版, 1992.

譚其驤 主編, 『中國歷史地圖集』全8冊, 上海·地圖出版社, 1982~1987.

---

4 타니가와 미치오 편저, 정태섭 외 공역, 『日本의 中國史論爭: 1945년 이후』, 신서
   원, 1996.

5 모모키 시로 엮음, 최연식 옮김, 『해역아시아사 연구 입문』, 민속원, 2012.

6 신해혁명연구회 엮음, 김종원 옮김, 『중국근대사연구입문』, 한울, 1997.

久保亨, 『中國經濟100年のあゆみ: 統計資料で見る中國近現代經濟史』
　　第2版, 創研出版, 1995.

* 歷史學研究會 編, 『世界史史料』 全12卷, 岩波書店, 2007~2013. 특히 3, 4,
　9~12권.
* 野村浩一 他 編, 『原典 中國近代思想史』 全7卷, 岩波書店, 2010~2011.
*『現代日中關係史年表』, 岩波書店, 2013.

1장 '중국'이란 무엇인가?

橋本萬太郎 編, 『民族の世界史5 漢民族と中國社會』, 山川出版社, 1983.
可兒弘明 他 編, 『民族で讀む中國』 朝日選書, 朝日新聞社, 1998.
川本芳昭, 『中國史のなかの諸民族』, 山川出版社, 2004.
茂木敏夫, 『變容する近代東アジアの國際秩序』, 山川出版社, 1997.
佐藤愼一, 『近代中國の知識人と文明』, 東京大學出版會, 1996.
吉澤誠一郎, 『愛國主義の創成: ナショナリズムから近代中國をみる』, 岩
　　波書店, 2003.[7]

* 葛兆光(辻康吳 監修·永田小繪 譯), 『中國再考: その民族·領域·文化』 岩波現代文
　庫, 岩波書店, 2014.[8]

2장 중국 초기왕조의 형성

嚴文明, 「中國古代文化三系統論」, 『日本中國考古學會會報』 4, 1994.
白川靜, 『甲骨文の世界』 東洋文庫, 平凡社, 1972.
白川靜, 『金文の世界』 東洋文庫, 平凡社, 1971.

7　요시자와 세이치로 지음, 정지호 옮김, 『애국주의의 형성』, 논형, 2006.

8　葛兆光 지음, 이원석 옮김, 『이 중국에 거(居)하라: '중국은 무엇인가'에 대한 새로
　　운 탐구』, 글항아리, 2012.

張光直(小南一郎 他 譯), 『中國靑銅時代』, 平凡社, 1989.[9]

松丸道雄 他 編, 『殷周秦漢時代史の基本問題』, 汲古書院, 2001.

* 岡村秀典, 『夏王朝: 王權誕生の考古學』, 講談社, 2003(再刊 『夏王朝: 中國文明の原像』講談社學術文庫, 講談社, 2007).
* 竹內康浩, 『中國王朝の起源を探る』, 山川出版社, 2010.
* 費孝通 編著(西澤治彦 他 譯), 『中華民族の多元一體構造』, 風響社, 2008.

3장 춘추·전국시대에서 진의 통일로

增淵龍夫, 『中國古代の社會と國家』, 弘文堂, 1960(新版, 岩波書店, 1996).

西嶋定生, 『中國古代の社會と經濟』, 東京大學出版會, 1981.

渡邊信一郎, 『天空の玉座』, 柏書房, 1996.[10]

鶴間和幸, 『秦の始皇帝』, 吉川弘文館, 2001.

稻葉一郎, 『中國の歷史思想: 紀傳體考』, 創文社, 1999.

* 中國出土資料學會 編, 『地下からの贈り物: 新出土資料が語るいにしえの中國』, 東方書店, 2014.

4장 한 제국과 주변 지역

冨谷至, 『木簡·竹簡の語る中國古代: 書記の文化史』, 岩波書店, 2003(增補新版, 2014).[11]

堀敏一, 『中國と古代東アジア世界: 中華的世界と諸民族』, 岩波書店,

---

9 장광직 지음, 하영삼 옮김, 『중국청동기시대』, 학고방, 2013.

10 와타나베 신이치로 지음, 임대희·문정희 옮김, 『천공의 옥좌: 중국 고대제국의 조정과 의례』, 신서원, 2002.

11 도미야 이타루 지음, 임병덕 옮김, 『목간과 죽간으로 본 중국 고대 문화사』, 사계절, 2005.

1993.[12]

沢田勲, 『匈奴』, 東方書店, 1996.[13]

籾山明, 『漢帝國と邊境社會』中公新書, 中央公論社, 1999.

小島毅, 『東アジアの儒教と禮』, 山川出版社, 2004.[14]

* 林俊雄, 『遊牧國家の誕生』, 山川出版社, 2009.

5장 분열과 융합의 시대

堀敏一 他 編, 『魏晋南北朝隋唐時代の基本問題』, 汲古書院, 1997.

三崎良章, 『五胡十六國: 中國史上の民族大移動』, 東方書店, 2002.[15]

川勝義雄, 『六朝貴族制社會の研究』, 岩波書店, 1982.

西嶋定生(李成市 編), 『古代東アジア世界と日本』岩波現代文庫, 岩波書店, 2000.[16]

川本芳昭, 『魏晋南北朝時代の民族問題』, 汲古書院, 1998.

谷川道雄, 『隋唐帝國形成史論』增補版, 筑摩書房, 1998.

* 森公章, 『倭の五王: 5世紀の東アジアと倭王群像』, 山川出版社, 2010.

---

12 호리 도시카즈 지음, 정병준·이원석·채지혜 옮김, 『중국과 고대 동아시아 세계: 중화적 세계와 여러 민족들』, 동국대학교출판부, 2012.

13 사와다 이사오 지음, 김숙경 옮김, 『흉노』, 아이필드, 2007.

14 코지마 쯔요시 지음, 김용천 옮김, 『유교와 예』, 동과서, 2007.

15 三崎良章 지음, 김영환 옮김, 『五胡十六國: 中國史上의 民族 大移動』, 경인문화사, 2007.

16 니시지마 사다오 지음, 이성시 엮음, 송완범 옮김, 『일본의 고대사 인식: '동아시아세계론'과 일본』, 역사비평사, 2008.

6장 수·당제국의 형성

石田幹之助, 『增訂 長安の春』 東洋文庫, 平凡社, 1967.[17]
礪波護, 『唐の行政機構と官僚』 中公文庫, 中央公論社, 1998.
金子修一, 『隋唐の國際秩序と東アジア』, 名著刊行會, 2001.
妹尾達彦, 『長安の都市計劃』 講談社選書メチエ, 講談社, 2001.[18]
關尾史郎, 『西域文書からみた中國史』, 山川出版社, 1998.
植木久行, 『唐詩の風景』 講談社學術文庫, 講談社, 1999.

* 石見淸裕, 『唐代の國際關係』, 山川出版社, 2009.
* 森部豐, 『安祿山: 「安史の亂」を起こしたソグド人』, 山川出版社, 2013.

7장 송 그리고 북방의 여러 민족

內藤湖南, 「槪括的唐宋時代觀」, 『內藤湖南全集』 第8卷, 筑摩書房, 1969.
島田虔次, 『朱子學と陽明學』 岩波新書, 岩波書店, 1967.[19]
佐竹靖彦 他 編, 『宋元時代史の基本問題』, 汲古書院, 1996.
平田茂樹, 『科擧と官僚制』, 山川出版社, 1997.[20]
島田正郎, 『契丹國: 遊牧の民キタイの王朝』, 東方書店, 1993.
ジャック·ジェルネ(栗本一男 譯), 『中國近世の百萬都市』, 平凡社, 1990.[21]

* 伊原弘, 編, 『淸明上河圖』を讀む』, 勉誠出版, 2003.

---

17 이시다 미키노스케 지음, 이동철·박은희 옮김, 『장안의 봄』, 이산, 2004.

18 세오 다쓰히코 지음, 최재영 옮김, 『장안은 어떻게 세계의 수도가 되었나』, 황금가지, 2006.

19 시마다 겐지 지음, 김석근 옮김, 『주자학과 양명학』, AK, 2020.

20 히라다 시게키 지음, 김용천 옮김, 『과거와 관료제』, 동과서, 2007.

21 자크 제르네 지음, 김영제 옮김, 『전통중국인의 일상생활』, 신서원, 1995.

8장 원에서 명으로

杉山正明, 『大モンゴルの世界: 陸と海の巨大帝國』角川選書, 角川書店, 1992.

杉山正明, 『クビライの挑戰: モンゴル世界帝國への道』朝日選書, 朝日新聞社, 1995.

檀上寬, 『明の太祖 朱元璋』, 白帝社, 1994.

村井章介, 『中世倭人傳』岩波新書, 岩波書店, 1993.[22]

黃仁宇(稻畑耕一郎 他 譯), 『萬曆十五年: 1587「文明」の悲劇』, 東方書店, 1989.[23]

* 檀上寬, 『永樂帝: 中華「世界システム」への夢』講談社選書メチエ, 講談社, 1997(再刊 『永樂帝: 華夷秩序の完成』講談社學術文庫, 講談社, 2012).[24]

9장 청 제국의 평화

石橋崇雄, 『大淸帝國』講談社選書メチエ, 講談社, 2000(再刊 『大淸帝國への道』講談社學術文庫, 2011).[25]

岸本美緒, 『東アジアの「近世」』, 山川出版社, 1998.[26]

ブーヴェ(後藤末雄 譯), 『康熙帝傳』東洋文庫, 平凡社, 1970.

宮崎市定, 『雍正帝』岩波新書, 岩波書店, 1950.[27]

---

22 무라이 쇼스케 지음, 이영 옮김, 『중세 왜인의 세계』, 소화, 1998.

23 레이 황 지음, 김한식 외 옮김, 『1587, 만력 15년 아무 일도 없었던 해』, 새물결, 2004.

24 단죠 히로시 지음, 한종수 옮김, 『영락제: 화이질서의 완성』, 아이필드, 2017.

25 이시바시 다카오 지음, 홍성구 옮김, 『대청제국 1616~1799: 100만의 만주족은 어떻게 1억의 한족을 지배하였을까?』, 휴머니스트, 2009.

26 기시모토 미오 지음, 노영구 옮김, 『동아시아의 「근세」』, 와이즈플랜, 2018.

27 미야자키 이치사다 지음, 차혜원 옮김, 『옹정제』, 이산, 2001.

平野聰, 『淸帝國とチベット問題: 多民族統合の成立と瓦解』, 名古屋大學
　　出版會, 2004.
山田賢, 『中國の秘密結社』 講談社選書メチエ, 講談社, 1998.

* 岡田英弘, 編, 『淸朝とは何か』(別冊 「環」 16), 藤原書店, 2009.

10장 청 제국 말기의 동란과 사회의 변용

坂野正高, 『近代中國政治外交史』, 東京大學出版會, 1973.
ポール·コーエン(佐藤慎一 譯), 『知の帝國主義』, 平凡社, 1988.[28]
小島晋治, 『洪秀全と太平天國』 岩波現代文庫, 岩波書店, 2001.
大谷敏夫, 『中國近代政治思想史槪說』 汲古選書, 汲古書院, 1993.
鈴木智夫, 『洋務運動の硏究』, 汲古書院, 1992.
高橋孝助 他 編, 『上海史: 巨大都市の形成と人々の營み』, 東方書店,
　　1995.

* 岡本隆司, 『中國「反日」の源流』 講談社選書メチエ, 講談社, 2011.

11장 중국 민족주의의 형성

宮崎滔天, 『三十三年の夢』 東洋文庫, 平凡社, 1967.
高田淳, 『中國の近代と儒敎: 戊戌變法の思想』, 紀伊國屋書店, 1970.
三石善吉, 『中國、1900年: 義和團運動の興亡』 中公新書, 中央公論社,
　　1996.
市古宙三, 『近代中國の政治と社會』 增補版, 東京大學出版會, 1977.
吉澤誠一郎, 『天津の近代: 淸末都市における政治文化と社會統合』, 名古
屋大學出版會, 2002.

28　폴 A. 코헨 지음, 이남희 옮김, 『학문의 제국주의: 오리엔탈리즘과 중국사』, 순천
　　향대학교출판부, 2013.

* 坂元ひろ子, 『中國民族主義の神話: 人種·身體·ジェンダ』, 岩波書店, 2004.[29]

12장 5·4운동과 중국사회

横山宏章, 『孫文と袁世凱: 中華統合の夢』, 岩波書店, 1996.

J. チェン(守川正道 譯), 『袁世凱と近代中國』, 岩波書店, 1980.

野村浩一, 『近代中國の思想世界: 『新青年』の群像』, 岩波書店, 2000.

中央大學人文科學研究所 編, 『五·四運動史像の再檢討』, 中央大學出版部, 1986.

栃木利夫 他, 『中國國民革命: 戰間期東アジアの地殼變動』, 法政大學出版局, 1997.

* ラナ·ミッター(吉澤誠一郎 譯), 『五四運動の殘響: 20世紀中國と近代世界』, 岩波書店, 2012.

13장 항일전쟁과 중국혁명

中國現代史研究會 編, 『中國國民革命史の研究』, 汲古書院, 1986.

エドガー スノー(宇佐美誠二郎 譯), 『中國の赤い星』 ちくま學藝文庫, 筑摩書房, 1995.[30]

野村浩一, 『蔣介石と毛澤東: 世界戰爭のなかの革命』, 岩波書店, 1997.

西村成雄, 『中國ナショナリズムと民主主義: 20世紀中國政治史の新たな視界』研文選書, 研文出版, 1991.

石島紀之, 『中國抗日戰爭史』, 青木書店, 1984.

* 石島紀之, 『中國民衆にとっての日中戰爭: 飢え、社會改革、ナショナリズム』, 研文出版, 2014.

---

29 사카모토 히로코 지음, 양일모·조경란 옮김, 『중국 민족주의의 신화: 인종·신체·젠더로 본 중국의 근대』, 지식의풍경, 2006.

30 에드거 스노 지음, 홍수원·안양노·신홍범 옮김, 『중국의 붉은 별』, 두레, 2013.

* 笹川裕史·奧村哲, 『銃後の中國社會: 日中戰爭下の總動員と農村』, 岩波書店, 2007.

14장 사회주의 건설의 시대

ウィリアム·ヒントン(加藤祐三 他 譯), 『翻身: ある中國農村の革命の記錄』, 平凡社, 1972.[31]
アニタ·チャン 他(小林弘二 監譯), 『チェン村: 中國農村の文革と近代化』, 筑摩書房, 1989.
三谷孝 他, 『村から中國を讀む: 華北農村五十年史』, 靑木書店, 2000.
安藤正士 他, 『文化大革命と現代中國』岩波新書, 岩波書店, 1986.[32]
張承志(小島晋治 他 譯), 『紅衛兵の時代』岩波新書, 岩波書店, 1992.

* 田原史起, 『二十世紀中國の革命と農村』, 山川出版社, 2008.

15장 현대 중국이 직면한 여러 문제

毛里和子, 『現代中國政治 改訂版』, 名古屋大學出版會, 2004.[33]
毛里和子, 『周緣からの中國』, 東京大學出版會, 1998.
關志雄, 『中國經濟のジレンマ: 資本主義への道』ちくま新書, 筑摩書房, 2005.
劉傑, 『中國人の歷史觀』文春新書, 文藝春秋, 1999.
天兒慧, 『現代中國: 移行期の政治社會』, 東京大學出版會, 1998.

---

31 윌리엄 힌튼 지음, 강칠성 옮김, 『翻身: 혁명은 중국의 한 농촌을 어떻게 변화시켰는가』, 풀빛, 1986.

32 안도오 마사시 외 지음, 이균은 옮김, 『現代中國의 展開: 文化大革命의 繼承과 否定』, 연구사, 1995.

33 모리 가즈코 지음, 이용빈 옮김, 『현대중국정치: 글로벌 강대국의 초상』, 한울아카데미, 2013.

若林正丈,『臺灣: 變容し躊躇するアイデンティティ』ちくま新書, 筑摩書
房, 2001.

* 丸川知雄,『チャイニーズ・ドリーム: 大衆資本主義が世界を變える』ちくま新
書, 筑摩書房, 2013.
* 阿古智子,『貧者を喰らう國: 中國格差社會からの警告』, 新潮社, 2009(增補版 新
潮選書, 2014).
* 楊海英,『植民地としてのモンゴル: 中國の官制ナショナリズムと革命思想』, 勉
誠出版, 2013.

키시모토 미오(岸本美緒)

1952년 생. 중국 명청시대사를 전공한 연구자로, 오차노미즈 여자대학(お茶の水女子大學) 명예교수이다. 주요 저서로는『청대 중국의 물가와 경제변동』(1997년),『동아시아의 '근세'』(1998년),『명청교체와 강남사회 - 17세기 중국의 질서문제』(1999년),『풍속과 시대관 - 명청사논집 1』(2012년),『지역사회론재고 - 명청사논집 2』(2012년),『예교·계약·생존 - 명청사논집 3』(2020년),『사학사관견 - 명청사논집 4』(2021년),『명말청초 중국과 동아시아 근세』(2021년) 등이 있고, 중국사 개설서의 공동 집필에도 활발히 참여하여 여러 중국사 개설서들을 펴냈다.

권용철(權容徹)

1983년 생. 고려대학교 동양사학과를 졸업하고, 같은 대학교 대학원 사학과에서 석사 및 박사학위를 취득했다. 현재 단국대학교 북방문화연구소 연구원으로 재직 중이며 고려대, 이화여자대학교 등에서 강의를 진행하고 있다. 저서로는『원대 중후기 정치사 연구』가 있고, 원 제국의 정치와 인물에 관한 논문을 30여 편 집필했다. 번역 기획 공동체 '창窓'의 일원으로 활동하면서『몽골족의 역사』,『킵차크 칸국』,『칭기스의 교환』,『몽골제국』,『랍반 사우마의 서방견문록』 등을 우리말로 옮겼다.

중국의 역사

초판 인쇄 2022년 11월 21일
초판 발행 2022년 11월 30일

지은이 키시모토 미오
옮긴이 권용철

펴낸이 신학태
펴낸곳 도서출판 온샘

등 록 제2018-000042호
주 소 서울시 용산구 한강대로62다길 30, 204호
전 화 (02) 6338-1608 팩스 (02) 6455-1601
이메일 book1608@naver.com

ISBN 979-11-92062-15-0 93910
값 20,000원
ⓒ2022, Onsaem, Printed in Korea